# Diferença e Metafísica

## — ENSAIOS SOBRE A DESCONSTRUÇÃO —

---

Dados Internacionais de Catalogação na Publicação (CIP)

S819d Stein, Ernildo.

Diferença e metafísica : ensaios sobre a desconstrução / Ernildo Stein. – 3. ed., rev. – Porto Alegre : Livraria do Advogado, 2018.

235 p. ; 23 cm. – (Série filosofia)

Inclui bibliografia.

ISBN 978-85-9590-046-2

1. Metafísica. 2. Diferença (Filosofia). 3. Heidegger, Martin, 1889-1976. 4. Hermenêutica. I. Título. II. Série.

CDU 11
CDD 110

Índice para catálogo sistemático:

1. Metafísica 11

(Bibliotecária responsável: Sabrina Leal Araujo – CRB 10/1507)

Ernildo Stein

# DIFERENÇA E METAFÍSICA

## Ensaios sobre a desconstrução

3ª EDIÇÃO
revista

livraria DO ADVOGADO editora

Porto Alegre, 2018

*Capa, projeto gráfico e diagramação*
Livraria do Advogado Editora

*Grafismo da capa*
freepik.com

*Revisão*
Rosane Marques Borba

*Direitos desta edição reservados por*
**Livraria do Advogado Editora Ltda.**
Rua Riachuelo, 1300
90010-273 Porto Alegre RS
Fone: 0800-51-7522
editora@livrariadoadvogado.com.br
www.doadvogado.com.br

Impresso no Brasil / Printed in Brazil

Para a Suzana Albornoz.

# Nota para a terceira edição

Estamos acostumados a olhar os textos que lemos, contando com um pressuposto essencial: a questão do sentido. É pelo sentido que fazemos qualquer ligação com a Filosofia, seja pela leitura, seja pela escrita. Fazemos isso, com tal confiança, porque temos como condição de compreensão poder apontar para algo escrito, pressupondo que o interlocutor é estimulado por algum tipo de sentido que está suposto no texto. Essa é a razão porque o conhecimento de uma língua se define pela capacidade que tem, aquele que a usa, de ser capaz de estabelecer o sentido das frases que a compõem.

Certamente é tradição pressupormos sempre uma hermenêutica, quando tratamos a linguagem entre indivíduos que se comunicam. No entanto, estamos num tempo em que já estão em uso maneiras de olhar as línguas de outro modo. Um texto falado é capaz de chamar nossa atenção apenas pela materialidade dos sinais que o constituem. Com isso se separa a presença, de um texto, de seu sentido. As consequências dessa afirmação são o surgimento de uma separação entre texto e sentido. Se nos concentramos para ouvir o texto, levados pelo sentido que ele nos traz, é porque nosso interesse está apenas no sentido. Entretanto, podemos ouvir a leitura de um poema, numa língua que não compreendemos e, contudo, sermos atingidos pela sua apresentação. Nessa perspectiva se amplia nossa ligação com a linguagem.

Ao fazermos essa separação, introduzimos um modo de relação com o texto. Na maneira clássica de compreender a questão da linguagem, sempre somos levados a uma redução ao sentido. Poderíamos, no entanto, falar de uma redução de sentido. A transformação que se introduz, através de tal tipo de comportamento, poderia suscitar muita estranheza, pois nele vem sugerido que é possível separar sentido e linguagem. Com isso estaríamos desrespeitando as indicações da tradição, as regulações da linguagem, ambas esperando que não devemos romper a unidade da nossa relação com a linguagem.

Muito mais profundo do que o que afirmamos, até agora, foi o efeito produzido pelo pensamento de Jacques Derrida. Esse filósofo, com a introdução da desconstrução na filosofia, não pergunta mais pelo fundamento de qualquer sentido, mas unicamente pela origem de um pensamento. Ele concebe cada campo de investigação como parte de um texto infinito e se mantém numa infinita estrutura de remissão, sem pretender alcançar quaisquer origens. É isso que ele denomina exibir os fundamentos ontológicos da filosofia. Para sermos explícitos, a obra de Derrida introduziu, com isso, a composição entre significado e texto, entre palavra e escrita. O filósofo procurou inverter as hierarquias clássicas, segundo as quais o primado é atribuído à palavra antes da linguagem. Derrida encontra aplicação para o conceito que leva a uma primazia da retórica sobre a lógica. No fundo, ele tornou vitorioso o excesso retórico de significação contra o sentido literal que pretendem os textos científicos. A consequência desse procedimento é que textos filosóficos são tratados como literários e, assim, devem ser niveladas diferenças de validade.

Derrida denomina de "jogo" esse seu procedimento. Não o reconhece como método. Esse "jogo", no fundo, é uma crítica da razão, na medida em que segue as regras da razão apenas na aparência. O "jogo", portanto, erige armadilhas para a razão, apresentando casos que podem ser distinguidos, usando linguagem de duplo sentido. Assim, o filósofo denuncia qualquer pretensão de uniformidade. As consequências desse "jogo", que ele arma, conspiram contra o *logos*, não lhe importando muito a contenda entre *verdade de fato* e *verdade de razão*. Está, assim, introduzido o princípio fundamental de todo pensamento de Derrida: a escolha da diferença, em lugar da identidade, como princípio básico.

Chegamos, dessa forma, ao ponto em que Derrida produz a linha divisória originária de dois mundos da Filosofia, em que se permite a crítica da metafísica como presença, o *logocentrismo*, em que rege o *logos*, onde impera a linguagem da metafísica. Aqui surge Heidegger, que, ao mesmo tempo em que será o foco da crítica, oferece-lhe a palavra *Destruktion* (destruição); lugar de origem de seu método de procedimento, a palavra "desconstrução", em que impera a escrita (o rastro, o traço), será comandada pela "diferença" (*différance*) para acentuar a particular força da diferenciação da escrita.

Temos, assim, frente a frente, Heidegger (*logos*, linguagem) e Derrida (*escrita*, traço, rastro). Ao mesmo tempo em que a desconstrução produz os dois universos, aquele que culmina em Heidegger, na leitura fenomenológica de *logos* (que Derrida critica e do qual é a dependente contra-face) e aquele universo que culmina em Derrida, onde é o menos, o *logocentrismo*. Com ele, Derrida tem o todo, sem o qual não pode produzir, pela crítica ao domínio do *logos*, a dispersão e a disseminação. A crítica ao império do *logos*, na metafísica, permite a Derrida introduzir a "*différance*", a "diferança", mudando na *escrita*, aquilo que na *fala* é tornado presente. Daí que aquilo que a grafia de *différence* não traz é introduzido pela sua mudança para "*différance*" na escrita, para que apareça o que soa na fala e contudo está ausente. Com esse "jogo", o filósofo introduz a presença da fala pela escrita, "*différance*" é o suplemento de "*différence*".

Reconheçamos no *logos*, a identidade e na *escrita*, a diferença e teremos os dois lados de um conflito do qual depende o "jogo": do *logos* muito particular de Heidegger, no qual há uma identidade que recolhe e da "diferança" de que nasce uma diferença ("*différance*" – em que aparece o "a" mudo de *différence*) muito particular de Derrida que é, ao mesmo tempo, a fonte da escrita de que nasce o duplo sentido da "diferança" – a diferença e o adiamento.

Nesse complicado percurso, finalmente surgiram as palavras "Diferença e Metafísica", que trazem para o título do livro – agora, publicado pela Livraria do Advogado Editora, em sua terceira edição – a complexidade do confronto entre Heidegger e Derrida. Desconstrução e Hermenêutica subjazem a esse título e mereceram uma análise vinda de várias direções, não para definir a discordância entre Heidegger e Derrida, mas para que aparecesse que todo o esforço que Derrida traz consigo, desde suas origens, na leitura francesa da fenomenologia e do neo-estruturalismo, não conseguiu, com sua desconstrução, superar a *Destruktion* ou o *Abbau* (destruição) de Heidegger. Desconstrução não pergunta pelo fundamento, mas unicamente pela origem de um pensamento. Desconstrução, como dissemos acima, concebe cada campo de investigação como parte de um texto infinito e se mantém numa infinita estrutura de remissão, sem pretender alcançar quaisquer origens.

É com muita razão que Heidegger afirma: "A superação da metafísica não é o fim da metafísica". A destruição da metafísica aponta para um aprofundamento e não para uma disseminação ou dispersão. Ou, quem sabe, Gadamer acertou ao afirmar: "Sempre nos moveremos dentro da metafísica".

Porto Alegre, junho de 2018.

# Prefácio

Os impulsos filosóficos iniciais para os capítulos deste livro vieram do conjunto de problemas levantados na discussão do que seria uma atividade de desconstrução de determinados conceitos no campo da psicanálise.

O uso do conceito de desconstrução no exame da questão do eu e da relação de objeto exigiu, em pouco tempo, uma definição mais apurada.

A relação entre anamorfose e interpretação já me trouxera sérios problemas sobre a atividade da interpretação e me pusera em contato com a desconstrução como ponte entre anamorfose e a leitura de determinados textos filosóficos.

As interpretações de textos da Filosofia por Heidegger e a atividade de Lacan sobre a obra de Freud revelavam uma eficácia discutível da leitura anamorfótica que se aproxima de uma desconstrução do texto pela inversão dos conceitos.

Levado a discutir a destruição heideggeriana dos conceitos metafísicos como desconstrução aplicada à revisão de conceitos centrais da psicanálise, tive de definir melhor a relação entre o conceito de desconstrução em Heidegger e Derrida.

Configuraram-se, assim, os limites dentro dos quais foram escritos os trabalhos escolhidos para comporem uma certa unidade temática.

O fundo unificado dos escritos, no entanto, é definido pela questão que sustenta o debate da desconstrução, a relação entre diferença e metafísica.

Ainda que o conceito *déconstruction* tenha sido resultado da tradução que Derrida fez do conceito *Destruktion* de Heidegger e tenha, dessa maneira, um compromisso filosófico com o projeto de *Ser e tempo* e com a ontologia fundamental, ele nasceu no contexto francês do estruturalismo e serviu para o debate de questões típicas da Filosofia da vertente linguística saussurreana da segunda metade do século XX.

O emprego indiscriminado do conceito de desconstrução na Filosofia, na Literatura, na Psicanálise e nas ciências da linguagem multiplicou não apenas seus efeitos, mas sobretudo seus significados.

Não poderemos mais recuperar o emprego uniforme do conceito, mas temos condições de acompanhá-lo em sua gênese e nas questões filosóficas que lhe deram origem.

Assim, é possível limitar seu potencial de crítica à metafísica ocidental pela filosofia da diferença, salvando então seu uso como conceito produtivo também no contexto da abordagem de textos filosóficos.

A questão filosófica central que veio à tona no desconstrucionismo é a crise da representação na Filosofia, problema central da Filosofia moderna. E esta crise toma suas formas nos problemas da possibilidade do conhecimento e da intersubjetividade, no contexto atual, a discussão do problema do sentido e do significado e o problema do outro.

Dessa forma, o desconstrucionismo não se reduz a uma simples questão de método, tocando em centrais questões da metafísica, sem, no entanto, encontrar os elementos cruciais da metafísica, mas, ao contrário, insistindo na superação da metafísica como fim inevitável, por causa de seu logocentrismo.

No livro, essas questões filosóficas estão por trás das análises e ocupam um lugar privilegiado, porque sem elas a desconstrução, de termo da moda, se converte em mecanismo de encobrimento dos problemas.

Os capítulos sobre a desconstrução, em Heidegger, procuram definir o verdadeiro lugar de origem de todo o problema na ideia da superação da metafísica, mediante os teoremas da finitude: diferença ontológica e círculo hermenêutico.

Os trabalhos que tratam de desconstrução a partir de Derrida tomaram forma no confronto com a hermenêutica filosófica, ainda que Derrida esteja em debate em muitas outras passagens.

Os capítulos sobre certos conceitos da Psicanálise procuram destacar o processo de desobjetificação dos conceitos pela desconstrução e a recuperação de um lugar mais adequado para o debate da metapsicologia freudiana.

O material de apoio que resulta dos ensaios sobre algumas questões a partir de Tugendhat faz referência a uma possível instância corretiva para a desconstrução, sobretudo na sua forma exacerbada da incontrolabilidade do sentido e da disseminação do significado.

A maioria dos capítulos desse livro é inédita. A parte dos outros capítulos publicada em periódicos nacionais foi reescrita para esta edição.

Os textos foram escritos no período compreendido entre 1997 e 1999.

*Ernildo Stein*

# Sumário

# Apresentação

A temática da diferença e da desconstrução dominou em grande parte a paisagem da Filosofia francesa na segunda metade do século 20. Foram, sobretudo, os filósofos influenciados pela obra de Heidegger que desenvolveram, no contexto da tradição francesa, uma verdadeira revolução para o tratamento de algumas questões filosóficas que dominariam o cenário dos debates entre o neoestruturalismo e suas transformações pela incorporação da fenomenologia alemã.

Em Husserl foi empregado o termo *Abbau* para um tipo de atividade da fenomenologia sobre o pensamento da tradição. Heidegger adota o termo *Destruktion* para designar a desmontagem das ontologias da tradição desenvolvidas a partir do conceito metafísico de tempo. Na França, a recepção dessa postura crítica desenvolvida pela fenomenologia teve seu ponto alto na criação do conceito de *déconstruction*, por Jacques Derrida, em sua *Gramatologia*. Ligado ao conceito de *différance*, acabou sendo criado um binômio que comandou o desenvolvimento da notável obra de Derrida.

O que se passou a chamar a Filosofia da diferença era o nome para a crítica ao pensamento metafísico. Com isso se encontrara uma forma de dar ao neoestruturalismo um suporte filosófico de efeitos insuspeitados sobre a produção de muitos filósofos. Era inevitável que a recepção da crítica feita por Heidegger ao pensamento metafísico passasse por uma mudança decisiva no viés em que ela seria construída no contexto do estruturalismo e de sua concepção de linguagem. Podemos, desse modo, afirmar que a intenção heideggeriana da desconstrução foi deslocada pela maneira como essa mudança levava a compreender a superação da metafísica. Se Heidegger afirma que "a superação da metafísica não é o fim da metafísica", a Filosofia da diferença se ergue sobre o pressuposto da substituição da metafísica como um pensamento identitário que deveria ser levado a seu término.

Não é fácil compreendermos, numa avaliação conjunta, as várias ramificações da Filosofia da diferença e a grande produtividade teórica que resultou de cada uma das suas tendências. O que nos importa agora, no entanto, é chamar a atenção para os equívocos e as tensões intencionais que foram surgindo nas diversas obras das Filosofias da diferença. Talvez seja impossível tentar estabelecer uma linha harmônica em que se pudessem fixar os diferentes aspectos das correlações entre as intenções da fenomenologia heideggeriana e os desdobramentos do desconstrucionismo. Mesmo não pretendendo exigir posturas ortodoxas de interpretação da Filosofia de Heidegger, importa reconhecer que o filósofo inaugurara, com sua obra *Ser e tempo*, um novo modo de pensar o ser a partir da diferença ontológica, e uma nova interpretação das ontologias da tradição, a partir da desconstrução.

Nos 80 anos de efeitos múltiplos sobre seus leitores, *Ser e tempo* serviu de ponto de partida para a obra posterior de Heidegger, que levou os intérpretes a reler a obra a partir de diversas influências e pontos de vista. É por isso que a Filosofia da diferença, como uma das linhas ulteriormente desenvolvidas, levou a uma postura antimetafísica e a uma crítica da insuficiência da distinção entre ser e ente na diferença ontológica. Não se trata simplesmente de recusar esta nova produtividade, mas de proteger as possibilidades e os limites da manipulação das intenções do autor de *Ser e tempo*. Temos de usar esta obra como antídoto aos efeitos dela mesma sobre as escolas que cresceram no contexto do neoestruturalismo. É por isso que se impõe voltar ao sentido profundo da analítica existencial e da ontologia fundamental para descobrir modos de interpretação que triunfaram na tradição francesa.

Essa apresentação pretende ser exatamente uma reflexão sobre o modo como *Ser e tempo* ramificou seus efeitos sobre as filosofias de seu tempo. O mais produtivo para isso é mostrar como *Ser e tempo* representa a grande tentativa do século XX de convocar a comunidade dos filósofos a abandonar a ortodoxia e voltar um olhar para a questão central da Filosofia ocidental.

Ao lermos uma obra importante do pensamento, estamos confrontados com o desafio de situá-la em seu contexto histórico e em seu poder inovador de um tema ou de uma questão clássica. Heidegger entrou na comunidade dos grandes filósofos anunciando que retomaria a questão central da Filosofia, dando-lhe um novo fundamento e ao mesmo tempo revisando as respostas principais que lhe haviam sido dadas.

Temos em mãos somente duas seções da obra sistematicamente elaboradas. Sem citar a questão do sentido do ser, o filósofo discorre na primeira seção sobre a *Análise fundamental preparatória do Dasein* e, na segunda, sobre o *Dasein e da temporalidade*. Somente na terceira seção, que ainda não foi publicada, aparece a questão: *Tempo e ser*.

O contexto histórico de seu projeto teórico de pensar a questão do ser seria apresentado numa segunda parte. Como todas as inovações radicais, também a interrogação heideggeriana nasceu evolutivamente. Pode ter sido uma espécie de explosão repentina no meio da história da Filosofia ocidental, mas representa um processo evolutivo na biografia do filósofo.

*Ser e tempo* representa a confluência do conhecimento da Filosofia clássica e a competência no manejo dos recursos novos da fenomenologia. Tudo, porém, será envolvido numa renovação de sentido, tanto a ontologia quanto a questão transcendental, de um lado, como a antropologia e a fenomenologia, de outro. Esse novo contexto foi criado pela analítica existencial desenvolvida como análise da cotidianidade e pela nova interpretação do conceito de temporalidade. A obra que os contemporâneos passaram a ler é constituída apenas por esse assunto. Talvez por isso o impacto tenha sido tão grande a ponto de desenvolver toda a Filosofia existencial e o existencialismo no século XX.

Heidegger levaria quase meio século para discutir a questão do ser e sua leitura da história da Filosofia ocidental. Isso deveria ter sido propriamente o restante de *Ser e tempo*. Poucos filósofos iniciam sua trajetória na história da Filosofia com uma obra que termina sendo uma espécie de destino. Ou seja, toda obra posterior do filósofo passa a explicitar questões do livro fundamental, ou então a mostrar as consequências para as interpretações posteriores.

*Ser e tempo* nasceu na escola husserliana da fenomenologia transcendental e terminou se transformando numa fenomenologia hermenêutica. É isso que faz a diferença entre os dois filósofos, Husserl e Heidegger. Sem a constante presença do projeto fenomenológico de Husserl, entretanto, Heidegger talvez teria perdido o rumo altamente personalizado de seu modo de filosofar. Husserl expressou a identidade e a diferença entre os dois com duas pequenas frases: "A fenomenologia, isso somos eu e Heidegger"; "A fenomenologia como projeto comum chegou ao fim da possibilidade de ser pensada". Nada mais revelador da diferença radical entre os dois se verifica ao longo do desenvolvimento de *Ser e tempo*, mas é lá também que se registra o reconhecimento por ter Heidegger sido educado na escola de Husserl.

Não são apenas características psicológicas que afastam Heidegger do projeto de Husserl e, assim, da tradição ocidental, mas é a competição do aluno com o mestre que, sob a "angústia da influência" (Harold Bloom), passa por um aprendizado para produzir um conhecimento novo.

Para compreendermos a importância de *Ser e tempo* na história da Filosofia, e a consciência que o filósofo tinha dessa importância, podemos empregar sem temor a palavra *ecumenismo*. Heidegger revelou em *Ser e tempo* não apenas um novo começo para pensar a questão do ser, mas mostra também que não mitificou nenhum autor clássico, no sentido de que tenha tomado o partido de um ou outro. Todos os grandes autores foram convocados para um reexame da questão do ser, a começar por Platão. É assim que o ecumenismo heideggeriano revela independência com relação a respostas de autores clássicos, mas, ao mesmo tempo, os convida mediante uma reinterpretação para um novo modo de pensar a questão do sentido do ser.

O verdadeiro filósofo se revela em Heidegger ao mesmo tempo mostrando-o como um grande leitor, sendo, entretanto, como tal, um intérprete que, em suas próprias palavras, revela "a violência da interpretação". *Ser e tempo*, portanto, não é apenas o livro para onde confluem as leituras das aulas e dos seminários, que eram um exercício de interpretação, mas ele se tornou *o livro* da Filosofia hermenêutica. Isso quer dizer que o tema principal da Filosofia não é mais simplesmente o ser como objeto principal, mas a compreensão do ser, o que implica também uma compreensão do *Dasein*. Esta compreensão, no entanto, tem sempre dois sentidos: a compreensão que é própria do *Dasein* e a compreensão que ele tem de si mesmo.

Temos aqui, portanto, sempre os dois genitivos: o genitivo objetivo e o genitivo subjetivo. A analítica existencial descreve fenomenologicamente os modos de ser do *Dasein* que terminam dirigidos para a questão da compreensão. E esta deve ser tomada em duas direções: uma, que visa explicitamente à estrutura compreensiva do *Dasein*, e a outra, que procura se aproximar da compreensão do ser.

É com esta ideia da compreensão do ser que a obra de Heidegger quer mudar o modo como a metafísica tratava o problema do ser. Esse não é mais nem ideia, nem substância, nem *ipsum esse*, nem *cogito ergo sum*, nem o *eu penso* de Kant, nem o *saber absoluto* de Hegel. Ser é um conceito que o homem necessita para poder pensar os entes. Conhecer e pensar os entes e falar deles em enunciados é o que marca a presença do ser humano na história das conquistas da ciência e da técnica, mas sem a concomitante pré-compreensão do ser, nada disso seria possível. É por isso que Heidegger pode afirmar: "Tão finitos somos nós que precisamos do conceito de ser para pensar".

Quando antes afirmava que Heidegger convoca para um ecumenismo, queria ressaltar o fato de o filósofo não tomar partido nem por seus principais interlocutores, como Aristóteles, Kant e, de outro lado,

São Paulo, Agostinho, os místicos medievais, Hölderlin, Trakl e Nietzsche, mas, ao mesmo tempo, procurava encontrar nos outros pensadores da metafísica um dizer em que aparecia o não dito do acontecer da história do ser.

Mesmo que o filósofo não tenha desenvolvido a segunda parte de *Ser e tempo*, ele anuncia a tarefa de uma desconstrução da história da ontologia. Isso significava uma interpretação de Aristóteles, Descartes e Kant, mostrando que os três filósofos tinham realizado uma entificação do conceito de ser por lhes faltar o conceito de tempo como temporalidade, assim como o filósofo o faz na analítica existencial. Se Heidegger, após a obra principal, passa grande parte de sua atividade a interpretar todos os principais filósofos da metafísica ocidental, é para mostrar como neles acontece uma história do esquecimento do ser.

*Ser e tempo* se tornou, deste modo, o livro que percorre a obra posterior, na medida em que ela representa uma sucessão de etapas marcadas pelos paradigmas dos principais filósofos. São os assim chamados princípios epocais, que têm maior ou menor duração nas culturas em que se enraízam. Se eles marcam, ao mesmo tempo, os modos de entificação do conceito de ser, também atravessam os diversos fenômenos da cultura de cada época. Dessa maneira, o princípio epocal do *eu penso* da revolução copernicana passa a influenciar a Antropologia, a História, a Psicologia, a política dessa mesma época.

É possível afirmar que *Ser e tempo* está na raiz desses princípios epocais que são como que ondas metafísicas que percorrem a cultura ocidental. Pode vir-nos à mente uma espécie de teoria dos ciclos, em que um conjunto de integrações filosóficas e culturais marcam as formações históricas. Nesses ciclos aconteceriam inovações radicais da Filosofia própria de cada contexto histórico. Temos também aí uma espécie de cada vez novas taxas de aprendizagem da história da Filosofia, em que sistemas competem entre si não tanto para derrotar o sistema anterior, mas para assimilar, na competição, aprendizados que possam ajudar a produzir novos conhecimentos e estabilizar durante decênios ou séculos o novo sistema. Nesse sentido, em lugar de pensarmos *Ser e tempo* como uma obra monolítica que aborda um enigma de cuja solução apenas o autor possui o segredo, ela representa uma convocação para uma interdisciplinaridade do filosofar.

A gramática filosófica de *Ser e tempo*, na medida em que ela é uma aprendizagem do filósofo para pensar o primado ôntico-ontológico do ser, está no começo de uma problematização esquecida. Quando Heidegger, depois dos anos 30, se dedica especialmente aos pré-socráticos, ele não o faz para resgatar aqueles autores, mas para encontrar neles uma etapa anterior a uma objetificação e entificação do ser, semelhante àquela que ele mesmo investiga em *Ser e tempo*. Desse modo, porém, é inevitável que os pré-socráticos sejam vistos como a aurora que prenuncia a sucessão encobridora dos princípios epocais da história da metafísica.

Uma avaliação de toda a extensão das mudanças trazidas por *Ser e tempo* pode ser feita nas conseqüências que tem para percebermos o que Heidegger chama a superação da metafísica. *Ser e tempo*, portanto, não é uma obra que vem substituir a metafísica, mas nos ensina que é preciso libertar o conhecimento e a cultura humanas de um dualismo que remonta ao começo das distinções míticas entre sensível e suprassensível, e a aceitação de dois mundos. "A superação da metafísica não é o fim da metafísica".

Com sua obra principal, Heidegger revela a aquisição de uma taxa de aprendizagem da Filosofia pela qual ela passa a se reconhecer como uma tarefa humana. Não é gratuitamente que, após a analítica existencial do *Dasein*, Heidegger mostre – nos últimos parágrafos, 43 e 44 –, a nova forma de pensar a relação entre *Dasein, mundaneidade e realidade*. No parágrafo 43, o autor apresenta a realidade como problema do ser, e responde a Kant que o escândalo não é não termos ainda encontrado uma ponte entre consciência e mundo, mas de estarmos ainda a procurar essa ponte. No conceito de mundo, portanto, está a grande novidade pela qual o filósofo supera o dualismo da metafísica e introduz o radical modo de ser-no-mundo, que é o *Dasein*, enquanto no parágrafo 44, *Dasein, abertura e verdade*, afirma que o *Dasein* está na verdade. E Heidegger acrescenta que "este enunciado tem um sentido ontológico", (...) mas que "faz parte de sua constituição existencial a abertura de seu ser o mais próprio".

As consequências da destruição (ou desconstrução, *Abbau*) da metafísica implica um novo conceito de verdade, aquela que já sempre acontece como abertura com o modo de ser-no-mundo do *Dasein*, e assim é condição de possibilidade da verdade dos enunciados. É por isso que o filósofo pode afirmar que "não é o enunciado que é o lugar da verdade, mas a verdade o lugar do enunciado".

Mesmo que de *Ser e tempo* tenha-se produzido uma vasta influência pensada como Filosofia existencial ou existencialismo, por causa da analítica existencial, a obra atinge a totalidade da Filosofia ocidental, e por si só, sem o conjunto da obra póstuma, inaugurou um novo paradigma na Filosofia.

*Ernildo Stein*

# Introdução

— I —

O título *Diferença e metafísica* não pretende simular a unidade de um conjunto de ensaios. *Diferença e metafísica* denomina um determinado contexto de problemas. Trata-se de problemas da Filosofia contemporânea. Em seu núcleo, no entanto, eles acompanham a Filosofia ocidental desde o seu começo. Eles tomaram formas variadas em diversos autores, mas podemos afirmar que marcaram, sobretudo, a Filosofia moderna por intermédio de Hegel. Na Filosofia contemporânea a formulação desses problemas que teve mais influência e representou um fator de perturbação no discurso foi a questão da diferença ontológica apresentada na Filosofia de Heidegger.

O discurso da diferença, entretanto, expandiu-se historicamente, de maneira surpreendente na recepção que tiveram Heidegger e outros filósofos no contexto do pensamento francês, na segunda metade do século XX. O conjunto de temas que aí se passou a discutir ocupou praticamente todo o espaço público, não apenas na Filosofia, mas também nas ciências humanas. A expressão "diferença" tornou-se um lugar-comum para onde foram drenados temas epistemológicos da Filosofia e das ciências humanas, sobretudo no contexto do estruturalismo, como pode ser observado na Psicanálise, na Antropologia, na Sociologia, na Literatura e na crítica à Filosofia clássica.

Nesse contexto, as questões da diferença se desenvolvem como arma de crítica, polêmica e combate contra toda uma assim chamada herança da tradição metafísica, convertendo-se em instrumento, ao menos pretenso, de renovação filosófica.

*Diferença e metafísica* tornou-se um binômio para muitos problemas. O crescimento da literatura filosófica, sobretudo na epistemologia, multiplicou várias frentes de debate que, no entanto, se realizaram na base de alguns mal-entendidos e não tanto mediante exitosas análises e de argumentação consistente. Este livro pretende tocar em questões centrais que o debate de 40 anos levantou. Escolheram-se alguns núcleos produtivos para a discussão e sobretudo se tentou trazer para ela parâmetros novos e principalmente critérios para a avaliação da bibliografia que se apresentou na análise dos problemas. O motivo principal dos trabalhos nasceu da constatação de um inusitado brilho, aliado a uma acentuada confusão, nas posições assumidas. A isso se acrescenta um diagnóstico de uma riqueza nova produzida no ensaio e erro – e só aqui essa modalidade de filosofar é realmente incorporada – que os filósofos defendem e apresentam como soluções, às vezes muito transitórias. É como se o fascínio do efêmero e do contingente fosse finalmente substituir o velho ranço de posições clássicas retomadas sempre da mesma forma.

O que as leituras críticas da produção da filosofia da diferença revelam é que os problemas relativamente simples da aproximação entre diferença e metafísica são exacerbados muitas vezes, acentuando-se por demais a importância da diferença ou atribuindo uma espécie de sentido negativo à metafísica, para reduzir sua presença a zero ou para convertê-la num espectro que então apenas serve para objeto de crítica.

O entusiasmo do discurso da diferença termina produzindo um jargão intrincado diante do qual a maioria dos leitores recua e renuncia ao debate ou que é tomado e repetido até a exaustão, sem consciência do que propriamente se está falando, criando-se, assim, uma adesão sem a compreensão necessária do que se diz nas palavras, suscitando então, não raras vezes, a criação de seitas fechadas.

Pode-se constatar que a perda de um certo bom-senso levou os filósofos da diferença a não mais respeitarem os limites necessários para uma discussão produtiva, nem se deterem em uma linguagem filosófica sem contradições. Os problemas propriamente ditos da Filosofia desaparecem e terminam por se dissolver no automatismo de uma torrente incontrolável de palavras e enunciados fáceis e de efeito. Nem sempre os filósofos da diferença o percebem, mas sua crítica à metafísica acaba eliminando os próprios problemas metafísicos. É no vazio produzido pelo discurso que se infiltram, no entanto, falsos problemas *novamente metafísicos,* mas ingenuamente julgados como superadores da metafísica e então considerados os verdadeiros problemas produzidos pela vitória da diferença sobre a metafísica.

Trata-se, portanto, de filosofias que produzem seus problemas mediante uma apressada objetivação da linguagem e da equívoca interpretação das verdadeiras questões filosóficas. Trata-se, porém, preponderantemente de um discurso que traz importado e termina misturando certas constantes da discussão das ciências humanas, sobretudo as da linguagem, com a Filosofia. Aquelas então reproduzem o que resulta dessa confusão e, assim, se apresentam problemas filosóficos como sendo seus problemas, altamente sofisticados e com nova vestimenta verbal. Isto é considerado um progresso do conhecimento das ciências humanas e de sua epistemologia. A obscuridade é, dessa maneira, repetida no debate para ironizar a clareza e o desejo de ser organizado na linguagem.

Os últimos 50 anos da Filosofia e da epistemologia francesas foram marcados por sucessivas ondas de irracionalismo produzido pela mistura de questões filosóficas com questões das ciências humanas ou até com a importação de questões das ciências exatas. Neste contexto, nada leva a uma busca da verdade e muito menos à procura de critérios para a justificação da verdade.

O livro pretende descobrir, em meio a essa babel de discursos da diferença, ainda assim, verdadeiros problemas ou lados novos revelados em problemas clássicos da metafísica, pela radicalização dos equívocos repetidos produzidos pelos *modismos da diferença*.

As duas questões que estão em jogo, em um nível mais profundo, nas filosofias da diferença, são questões clássicas centrais da história da Filosofia e que entraram em crise na modernidade: o problema do conhecimento do mundo exterior e o problema da intersubjetividade. A forma de apresentação varia de autor para autor, mas basicamente se resume na questão do *sentido* e na questão do *outro*.

As dificuldades com o *sentido* e o *outro* resultantes da crise do fundamento na metafísica fizeram com que as filosofias do século XX, no contexto francês, passassem a culpar a metafísica pelos problemas com o *sentido* e com o *outro* e fossem procurar a solução nas filosofias da diferença.

O fato de pôr em discussão a metafísica como pensamento identitário e declará-la superada pela filosofia da diferença, em vez de ser apresentado como uma tarefa de análise de um problema *dentro da metafísica*, portanto dentro da história da Filosofia, terminou sendo convertido em questão de fundo nova e avaliada como questão alternativa: ou *diferença ou metafísica*.

Não é pela introdução da diferença na metafísica ou contra a ontologia da metafísica que é resolvido o sério problema do *outro*. Posta assim a questão, a alteridade seria uma simples função de posições metafísicas e teria de se transformar, em sua discussão e compreensão, no próprio ritmo da sucessão de posições filosóficas.

Dado o surgimento das duas questões, do *sentido* e do *outro* na crise da modernidade, poderíamos perguntar-nos o seguinte: As posições metafísicas ontológicas que perguntam pelo sentido terminam elas efetivamente por expulsar de seu âmbito de discussão a questão da alteridade? Se assim fosse, teríamos de renunciar às questões realmente filosóficas sobre o sentido e assumir uma Filosofia da alteridade. Isso, contudo, terminaria sendo um equívoco fundamental, impondo a opção por uma altenativa: ou é possível deduzir a alteridade das questões da metafísica e da ontologia ou devemos renunciar a elas em favor da alteridade.

Se as questões do *sentido* (e da verdade) que envolvem o problema do conhecimento do mundo fossem levar-nos à questão do outro (da intersubjetividade) cairíamos na *falácia naturalística.* Isso é, na verdade, o que enfrenta toda a tentativa de fundar a intersubjetividade numa teoria do conhecimento do mundo. Ou, dito de outra maneira, significaria exigir de uma ontologia que fundamentasse a ética ou de esperar da ética a possibilidade de uma ontologia.

As duas questões que resultaram da crise do fundamento da metafísica – a do conhecimento e a da intersubjetividade – não podem ser reduzidas simplesmente à questão *diferença e metasfísica* e muito menos podem levar a uma afirmação da *diferença contra a metafísica.*

No livro será discutido o problema que está na base de todo o discurso da diferença, sobretudo no nível em que proliferou na França. Trata-se de um sério problema da recepção da fenomenologia de tradição alemã. Certas questões tiradas de Husserl, como a do *outro,* são consideradas intocáveis e aceitas como solução, e outras, recebidas da Filosofia de Heidegger, são submetidas a uma crítica feroz porque propõem outra solução, diferente da sugerida por Husserl. Essas questões são, no entanto, postas num contexto com contribuições definitivas de Heidegger que se assumem (recepção, no entanto, equívoca) como superação da metafísica, diferença ontológica, etc.

Trata-se, portanto, de esclarecer muitos equívocos de compreensão, mas também de encontrar critérios seguros para avaliar as posições da filosofia da compreensão deles resultantes.

## — II —

Vamos abordar sucintamente, como exemplo, os dois conceitos de desconstrução que resultam da importação equívoca de concepções e mostrar como isso funciona aplicado ao eu, à reflexão.

Segundo Derrida, nem tudo é apanhado, pensado e compreendido a partir da crítica que Heidegger faz à tradição metafísica. O primeiro elemento é o fato de não existir a palavra "ser", a palavra "é", em todas as línguas, mas apenas nas línguas ocidentais. E o segundo elemento supõe que "é" e "ser" estão ligados ao problema da presença e por isso esse problema da presença não foi corretamente analisado por Heidegger. Derrida tem em mira o problema da presença na metafísica ocidental e a sua desconstrução conclui que Heidegger ainda é vítima da metafísica e, portanto, não conseguiu sair dela. Existe, portanto, quer na posição de Levinas quer na de Derrida, a ideia de que podemos sair da metafísica. Este é um problema que poderíamos discutir longamente. Esse ponto de vista de um observador fora da metafísica, porém, não é o ponto de vista desde lugar nenhum? Podemos estabelecer um observador que veja do lado de fora da metafísica?

Essas são as duas críticas mais fortes, e elas visam, justamente, àquele do qual se extraiu a ferramenta para fazer as duas críticas. Os autores que pretendem um tipo de desconstrução tiram do autor, Heidegger, a categoria da desconstrução a partir da tradução do conceito de destruição. Tiram a ferramenta para fazer a crítica daquele mesmo que eles criticam sob esses dois aspectos. Afirma-se: Heidegger é insuficientemente amplo e não atinge o *outro* e, portanto, a ontologia fundamental não é tão fundamental, e de outro lado, Heidegger, ao tomar como ponto de partida o ser, põe demais no conceito de ser, este não é característica de todos os seres humanos na sua linguagem e por isso o filósofo reduz o ser à presença.

Há, ainda, um elemento não apenas tirado da problemática da Filosofia de Heidegger, mas extraído da ferramenta da desconstrução da filosofia de Heidegger, mas se silenciou sobre Heidegger. Ou seja, para poder fazer a redução do pensamento de Heidegger a isso, isto é, afirmar que a presença do *outro* não é suficientemente colocada a partir da ontologia fundamental, de um lado, diz-se, de outro lado, que o *outro*, o sempre aberto, o nunca definido, o nunca prisioneiro de um único sentido como Derrida o pensa, também é o *outro*. Isso foi atribuído a uma dupla deficiência de Heidegger. O filósofo, portanto, não abriu a questão do ser para o *outro* e ao mesmo tempo não deixou a questão do ser suficientemente *em aberto*. Assim sendo, não apenas se tiraram os elementos dessa discussão, não apenas se tirou o método de Heidegger, mas também se procurou anular a questão da qual se tiraram os argumentos para falar de uma análise dita insuficiente em sua radicalidade.

Então chegamos à pergunta que devemos fazer sobre a origem da desconstrução em Heidegger: É possível partir de Heidegger para se desenvolver o conceito de desconstrução assim como foi feito, ou existem, necessariamente, dois conceitos de desconstrução? O fato de se ter recorrido ao parágrafo sexto de *Ser e tempo*, no qual Heidegger se refere à destruição da metafísica ocidental a partir da categoria do tempo, não impediu que se colocasse a pergunta se não existem dois conceitos de desconstrução. Esta é uma questão que se deveria aprofundar a partir da diferença ontológica. Os dois conceitos de desconstrução são então possíveis. Heidegger propôs a desconstrução da metafísica ocidental e se diz que a desconstrução que ele pretendeu não foi suficiente e foi necessário introduzir-se um outro conceito de desconstrução que seria suficiente e melhor para a tarefa de teria de ser realizada com a primeira desconstrução.

Se há dois conceitos de desconstrução, então temos dois efeitos fantásticos sobre temas como o eu, a consciência, etc. Freud, Derrida e Heidegger nos põem diante do problema do eu, da desconstrução do eu, da desmontagem do eu, ou da destruição do eu, com dois tipos de críticas que não se equivalem. Esses dois tipos de crítica diferentes não haviam sido aventados na Filosofia até agora, justamente porque não se tinha consciência daquilo que examinaremos e que lentamente vai se percebendo a partir do conceito de desconstrução de Heidegger.

De outro lado, temos uma crítica que em Heidegger teria sido insuficiente, e de outro, um novo conceito de desconstrução que seria suficiente e que mostra que o primeiro conceito de desconstrução é insuficientemente radical. Qual é o problema que se omite? Qual é o ponto nevrálgico em que a desconstrução se coloca a partir do problema do uso da palavra *ser*?

Podemos observar um conceito de desconstrução, e isso se mostra nas análises sobre Derrida, que representa duas atitudes diferentes diante do conceito de ser. Temos a posição de Heidegger no parágrafo sexto de *Ser e tempo*, no qual o autor apresenta os parâmetros para seu conceito de desconstrução a partir da concepção de tempo, para uma revisão das ontologias da tradição. A base dessa revisão é a analítica existencial.

Em Derrida, todavia, o conceito de diferença vem inteiramente desligado da questão da analítica existencial, da questão do ser humano enquanto compreende o ser. Desligado da questão da compreensão do ser, o conceito de desconstrução passa a ser a marca fundamental da interpretação da destruição que Derrida faz da proposta de Heidegger. Das diversas formas em que isso é apresentado, em textos, sempre se põe a questão do ser ligado à presença. Sem presença não há ser, pois ser é presença constante. Assim, a questão do ser se desliga da atividade da compreensão do ser humano como tal. Porque se ainda mantemos uma ligação entre o texto e o autor do texto, de alguma maneira preservamos a possibilidade de um primeiro significado, a possibilidade de um primeiro sentido que é aquele que se estabelece entre o autor e o texto.

Se desligamos o ser de um compromisso com a compreensão, se tomamos o ser como aquele que está presente demais, ou está ausente de maneira, muitas vezes geral demais, a questão do eu, do si mesmo, da consciência de si, se resume a um estilo de investigação, de busca exclusivamente no texto. O eu, a consciência de si ou os diversos modos de reflexão revelam-se então elementos que devem ser localizados no texto. Devem ser localizados e ao mesmo tempo não localizados, porque se os localizamos no texto com um certo sentido, com um certo significado, caímos na metafísica. Passamos então novamente a ter uma fonte de sentido, uma fonte de significado. Assim, por exemplo, a definição de reflexão, de eu, de consciência de si, não pode mais ser feita ao modo como ela o foi na tradição filosófica. A própria possibilidade de chegarmos a um acordo sobre o que é o eu, consciência de si e reflexão, é uma probabilidade altamente suspeita.

Essa incontrolabilidade surge do fato de o sentido não mais se juntar em determinado momento, numa unidade que pudéssemos chamar de reflexão, de consciência de si ou de eu. Assim, o sentido é aleatório, ou aproximativamente aleatório e se constitui, num primeiro esforço de aproximação a partir dessa dispersão, dessa disseminação, com extrema dificuldade. Seriam raros os momentos de um texto em que pudessem coincidir os rastros do eu, de tal sorte que constituíssem material para uma definição e que fossem encontrados por e para todos os seres humanos. Aliás, pode-se acrescentar ainda que na questão da desconstrução como é tratada por Derrida, a questão do ser humano não é mais questão, pelo menos no mesmo sentido em que dele em geral estamos falando. Então a transformação do conceito do eu, da reflexão e da consciência de si, num provável sentido, faz com que permaneça inteiramente aberta a dimensão do que propriamente significa eu, consciência de si, reflexão.

Se, para a desconstrução de Derrida, o "é" está em demasia na metafísica, porque há línguas em que não está presente e elas então estariam fora do traço da cultura humana e, se, em Heidegger, o ser é por demais afirmado, então podemos perceber que a questão do eu, da reflexão, da consciência de si, será de modo diferente objeto da atividade de desconstrução, quando dele se fala em Heidegger, daquele estabelecido pela tradição de desconstrução derridaiana.

Em Derrida, a questão da reflexão, da consciência de si, do eu, é altamente improvável de ser identificada com uma única definição, na determinação que tenha algum tipo de conformação teórica. A causa disso reside no fato de que a tradição francesa recebeu, de uma maneira difusa, aquilo que Heidegger chama o fim do sujeito, a superação da subjetividade, a superação do esquema sujeito-objeto. Derrida não escutou ou não quis ouvir da maneira como Heidegger o disse, o que significa a morte do sujeito. É aqui que apareceu a importação conceitual equívoca.

A morte do sujeito e a superação da subjetividade, segundo Heidegger, não visam à supressão do eu, da consciência de si e da reflexão. Ao filósofo interessa de que forma isso foi apresentado pela tradição e daí decorre a necessidade da desconstrução. Derrida levanta a hipótese a partir da qual o eu, a consciência de si e a reflexão são entregues a um provável encontro em algum momento em que alguma aproximação da significação possa ser apanhado.

Entendida de maneira errada, a questão da morte do sujeito, e portanto, pensado um tipo de desconstrução em que tudo é texto, ou em que tudo é reduzido a traços de cultura numa disseminação aleatória, resta-nos apenas a busca de indícios de sentido e de comunicação. É a presença do eco longínquo da crise da representação da modernidade: podemos conhecer algo, quais as condições para a intersubjetividade?

— III —

Da Filosofia da diferença alimenta-se a problemática da desconstrução que o livro examina em vários contextos e patamares. Não criasse o pensamento da diferença o clima favorável, Derrida não teria seguido o caminho da *différance*, nem teria partido para a sua leitura da desconstrução que se apresentou no projeto de *Destruktion* das ontologias clássicas que Heidegger expõe em *Ser e tempo*.

Essa afirmação faz sentido quando observamos que Heidegger instituiu o teorema da diferença ontológica como base para a sua desconstrução da metafísica e o liga ao outro teorema que sustenta a sua obra, que é o círculo hermenêutico. Ambos, por sua vez, nascem da compreensão do ser.

Derrida não dá a esses teoremas um sentido determinante para a desconstrução e por isso exige de Heidegger maior radicalidade na superação da metafísica pela desconstrução entendida a seu modo. Introduzindo a sua *différance* a partir de um problema do estruturalismo e da linguística saussureana, Derrida exige a eliminação da metafísica e não percebe que a desconstrução heideggeriana é muito mais um adentramento na metafísica para chegar à história do ser que nela se desenvolverá como esquecimento. Se para Derrida estas duas questões, da metafísica e do ser, devem levar a sua eliminação, para Heidegger precisamente essa eliminação, se ela fosse possível, levaria a uma nova objetificação e ao surgimento do que justamente se quer superar.

A desconstrução em Heidegger não elimina a questão do ser, pelo contrário, com ela começa. E a desconstrução da metafísica, por sua vez, apenas revela a história do encobrimento do ser pela objetificação, pelo dualismo e pela subjetividade, como entificação do ser. Chegamos, assim, ao fim de uma história da metafísica, e não ao desenlace da metafísica.

Se Derrida, pela desconstrução, enfrenta a crise da representação da modernidade – a crise do *conhecimento* e a crise do *outro* – e apela à *différance* para falar da disseminação do significado por causa da sua incontrolabilidade do sentido, é porque não compreendeu a diferença ontológica, teorema fundamental de Heidegger para a desconstrução oculta no seu projeto de *Destruktion*.

Para Heidegger, certamente desaparece a controlabilidade do sentido pela entificação ou pela objetificação que se deu na história da metafísica ocidental, como ontoteologia, mas o sentido é recuperado pela compreensão do ser e pelo segundo teorema, o *círculo hermenêutico*, vencendo-se, assim, a dispersão do significado.

Os dois teoremas situam a ambivalência do sentido na *temporalidade* mas, nela mesma, nos limites da finitude. É um sentido que se dá e se encobre. Por isso, a maneira de Heidegger enfrentar a crise da representação da modernidade não remete à crise do conhecimento e à crise do outro, ao aleatório da incontrolabilidade, como o faz Derrida e outros filósofos da tradição francesa da segunda metade do século XX.

Sem explicitar a afirmação, podemos afirmar que o conceito de *ser-no-mundo*, no desdobramento que recebe em *Ser e tempo*, introduz um novo paradigma para pensarmos o problema do conhecimento e o problema do outro, a questão do sentido e a questão da intersubjetividade.

A fenomenologia hermenêutica tem um fundamento para sua crítica à modernidade e apresenta uma saída para a crise da representação, portanto, do conhecimento e da intersubjetividade, na estrutura do ser-no-mundo. Não sendo a análise do *Dasein* outra coisa que uma análise do ser-no-mundo, o "ser-em" termina sendo o lugar em que radica o conhecimento, excluindo-se qualquer "de fora" do *Dasein* na análise fenomenológica que pudesse ser a solução da crise da representação (o conhecimento e o outro), impedindo, ao mesmo tempo, que a crise seja "resolvida" pela disseminação e dispersão introduzida pela *différance* derridaiana, isto é, entregue à incontrolabilidade do sentido.

A equívoca recepção dos dois teoremas da finitude de *Ser e tempo* – a diferença ontológica e o círculo hermenêutico que se sustentam na compreensão do ser – torna também um diálogo impossível, mas, ao mesmo tempo, uma confrontação improvável entre desconstrucionismo e hermenêutica.

Poderia a posição de Tugendhat, que o livro examina nos capítulos finais de apoio, oferecer um lugar para a discussão, dado que sua recepção de Heidegger se realiza por outra vertente – a analítico-linguística –, em que se realiza uma desconstrução da metafísica na direção do significado e na qual a diferença ontológica é substituída pela *semântica formal?* Em Tugendhat, a *semântica formal* substitui a ontologia – o ser é substituído pelo *como* (*wie*) do significado – em lugar de pensar a *diferença ontológica* – o ser pelo *enquanto* (*als*) da compreensão do ser – em direção ao sentido.

Em todo caso, temos em Tugendhat, sérios argumentos contra a filosofia da diferença, e, sem nele podermos resgatar a plena eficácia da incorporação da diferença ontológica, e, talvez menos ainda, a do círculo hermenêutico, é inegável uma influência de Heidegger, no campo de sua filosofia analítica (sua posição), que produziu o oposto da desconstrução derridaiana (pela disseminação do significado e incontrolabilidade do sentido), sugerindo, pela explicitação das expressões linguísticas (semântica filosófica), num acesso ao todo do nosso compreender, uma concentração e um controle do significado.

## — IV —

Como horizonte para nosso trabalho se apresentam, como decorrência das análises realizadas até agora, duas direções que se aguçam e radicalizam.

De um lado, temos a tradição alemã que deriva da ontologia fundamental. Esta apresenta três vertentes com relativa autonomia. A hermenêutica filosófica de Gadamer desenvolve os limites do sentido na linguagem enquanto marcada pela historicidade. A pragmática transcendental de Apel persegue o indepassável, o limite do sentido, no próprio movimento interno da linguagem falada. A filosofia analítica da linguagem do estilo de E. Tugendhat representa a terceira vertente. Esse último encontra, na explicitação das expressões linguísticas, a questão da semântica filosófica. A análise da linguagem torna-se então a grande tentativa de mediação. Tugendhat adere ao programa heideggeriano da hermenêutica na forma da *semântica formal*. Nela o mínimo de sentido reside no que é dito no enunciado. Nisso se constitui o que podemos chamar, nas próprias palavras do autor, a *hermenêutica reduzida*.

Por diversos caminhos, as três vertentes dessa direção se alimentam de intuições fundamentais de Heidegger.

De outro lado, temos a direção francesa que pretende corrigir e substituir a contribuição revolucionária de Heidegger. Dessa direção o tema desconstrução nos levou a nos limitarmos a Derrida.

Se em Heidegger a questão do sentido do ser pretende delimitar o lugar da razão contra a objetivação da metafísica ocidental, Derrida aponta para dois fenômenos que o levam a não confiar na razão. Esta perde seu papel de instância de decisão em conflitos do conhecimento e da intersubjetividade, mas por uma questão mais profunda: a incontrolabilidade do sentido.

Assim, Derrida incorpora a crítica da moda ao logocentrismo e, por decorrência, recorre a modelos agonísticos para o diálogo argumentativo. Nietzsche passa a ser o argumento contra Heidegger e mesmo contra Gadamer: ambos os filósofos ainda seriam herdeiros da metafísica ou não a superariam radicalmente.

Resta então a racionalidade como um lugar de pretensões de poder e não de validade. A humanidade, após a morte da metafísica, não possui mais instância para o sentido. A disseminação introduz a indiferenciabilidade semântica.

Se, de um lado, resta a hermenêutica reduzida, de outro lado não temos nem mesmo uma semântica mínima.

Como veremos, no decorrer de nosso trabalho, a perspectiva de desconstrução da metafísica ocidental que a obra de Heidegger introduz nos oferece um caminho que leva mais longe do que seus intérpretes anunciaram.

# Parte I

# Desconstrução e superação da metafísica

## Uma obra a serviço da desconstrução da metafísica

— I —

Para quem durante décadas vai tendo acesso às obras de um autor importante da Filosofia, causa uma espécie de deslumbramento o poder iniciar-se em seu pensamento por meio da obra completa.

A estratégia do próprio Heidegger e de seus herdeiros, junto com especialistas de diversas áreas que conhecem a obra do filósofo e são especialistas em temas e autores da história da filosofia de que ele tratou, foi certamente organizar a edição da obra completa com a finalidade de preencher as lacunas do que foi editado em vida ou então de mostrar o lugar desses textos no contexto da obra completa.

Tal iniciativa tem suas vantagens, mas apresenta também o risco de uma espécie de desmitificação do pensamento como até aí fora estudado. Ainda que não respeite os cânones estritos de uma edição crítica, aquilo que os organizadores da obra completa de Heidegger estão realizando a partir de suas sugestões e de uma vontade manifestada expressamente em vida, corresponde certamente a uma das melhores tendências para o tratamento de uma obra filosófica em nossos dias.

Não se trata apenas de fazer uma espécie de exposição de um aplicado trabalho levado sistematicamente adiante durante toda a vida, mas de revelá-lo aos estudiosos de Heidegger, em parte contemporâneos do filósofo, em parte já representando várias gerações de heideggerianos.

Ao mergulho escolado na leitura das obras já conhecidas avulsamente, que se arrisca nos sucessivos volumes da obra completa, revela-se uma espécie de escola de desmitificação do trabalho filosófico. Sobretudo porque uma inserção no todo da biografia de um autor da importância de Heidegger mostra que seu pensamento filosófico se apresenta-se muito mais complexo do que poderiam sugerir seu tratado *Ser e tempo* e outros opúsculos apresentados em suma concentração.

A perspectiva de uma *work in progress* relativiza profundamente o caráter oracular e talvez profético que marca textos isolados do filósofo. Estamos como que provocados a diminuir a impressão de uma alta tensão na produção de trabalhos filosóficos. A obra completa revela que uma produção filosófica se efetiva num contexto de muitas vicissitudes e participa da contingência própria de qualquer obra humana.

Sem dúvida, cada volume da obra completa que aparece permite recolocar os textos estudados, muitas vezes fragmentários, num quadro em que se revela o nascimento das ideias mais originais como produto de um esforço cotidiano e não de intuições geniais.

Temos assim, por exemplo, em Heidegger, a evidência de um trabalhador braçal que estudava a história da filosofia a partir de uma certa visão metodológica, mas sobretudo não apenas com os instrumentos de interpretação de que dispunha em seu tempo. A visão diacrônica da produção intelectual de Heidegger não permitirá mais que nos fechemos simplesmente numa decifração de um material codificado, mas temos de reconhecer que somente uma visão abrangente nos mostrará o verdadeiro sentido de certas passagens antológicas à luz de um campo bem vasto. É assim que se mostra uma desmitificação do que poderia ser considerado genialidade. Descobrimos que mais importante que ela é a correta instrumentação e a competência para trabalhar com Filosofia. É a atividade cotidiana do filósofo que nos revela isso e que nos convence de que é do próprio trabalho comum de leitura e escritura, insistentemente levadas a sério, que surge a matriz do que poderíamos denominar uma revolução paradigmática na Filosofia. Isso no contexto de sua teoria da *Destruktion* da ontologia clássica.

Heidegger tornou-se um grande filósofo do século XX porque, como trabalhador incansável soube iluminar o seu esforço de análise e interpretação, num constante ir-e-vir da história da Filosofia para os problemas e dos problemas para a história da Filosofia. Assim, o que poderia parecer a obra de um filósofo solitário se revela como uma continuidade de discussão com os problemas filosóficos mais importantes de seu tempo inseridos, de maneira competente, no grande movimento da história da Filosofia, mas não simplesmente como exposição, mas como crítica, análise e desconstrução.

Não podemos, portanto, pensar que a edição da obra completa, com todas as limitações que apresenta, seja simplesmente uma atividade que se submete às regras do mercado de teorias, ao fanatismo dos que querem salvar uma escola heideggeriana ou mesmo à simples vontade última do narcisismo do pensador. Heidegger foi um pensador da história da Filosofia e nada melhor poderia acontecer para essa história que situar nela uma obra do tamanho de sua edição completa. É assim que se foge ao discurso hermético sobre o pensamento de Heidegger e a uma exegese ou demasiadamente estrita ou totalmente desenfreada de seus textos. São os grandes problemas da Filosofia que irão nos remeter para a leitura e interpretação de seus textos, e não o culto de uma espécie de mensagem críptica a que só teriam acesso iniciados. Todo seu trabalho visava justamente a descobrir problemas encobertos por algo que ele denominava "destruição".

Heidegger, à luz de sua obra completa, tornou-se patrimônio dos intérpretes da Filosofia, mas certamente esta interpretação exigirá instrumentos e ângulos de abordagem competentes e específicos para que apareçam os melhores e mais inovadores aspectos de sua obra que consistem, sobretudo, na atividade que se chamaria desconstrução na tradução derridaiana de *Destruktion*.

Esta é certamente a primeira lição que deve ser extraída da edição da obra completa do filósofo.

## — II —

A primeira pergunta que nós contemporâneos e sobreviventes de uma obra completa com mais de 100 volumes de um único autor, produzida no século XX, nos fazemos, é sobre uma possível unidade do pensamento de Heidegger. Sem dúvida, o próprio autor trazia, desde cedo, influências bem claras que são atestadas em seus primeiros textos. Isso, contudo, não é ainda a raiz dos problemas que o filósofo tenta resolver com as obras de sua maioridade. Os debates teóricos de seu tempo nos são revelados por meio das diversas filosofias que estavam renascendo, como neokantismo, neoaristotelismo, etc., e os movimentos novos na Filosofia, como a fenomenologia, o empirismo lógico e as correntes em torno da lógica e da filosofia do conhecimento.

Heidegger abre *Ser e tempo* com a questão do ser e com ela quer promover uma refundação de todo o conhecimento da história da Filosofia. É claro que se, de um lado, ele se guiava por uma provisória representação do método fenomenológico, por outro, já superava com a questão do ser a tradição fenomenológica. A originalidade das interrogações que ele levantou com a questão do ser, ligadas ao problema da temporalidade, iria mostrar-se numa precoce confrontação com a metafísica ocidental como um todo. O filósofo falaria de uma destruição da metafísica ocidental e sua superação por meio do conceito de tempo.

Com isso estava esboçada uma tarefa que somente se realizaria mediante a hermenêutica da faticidade, cuja investigação o levaria aos parágrafos 43 e 44 de *Ser e tempo*, em que, então, como consequência, se exigiria, na Filosofia a superação do conceito de realidade e de verdade, ao menos no que tange aos processos de fundamentação do conhecimento. Uma vez posto tal desafio à metafísica ocidental, o filósofo iria tentar cumprir passo a passo a sua promessa, durante mais de 50 anos. E essa atividade se resumiria num grande trabalho de reinterpretação de toda a história da Filosofia. A unidade para essa obra viria de uma visão entrópica do destino da metafísica e, portanto, de uma tarefa de repensar este destino a partir da história do ser.

Os caminhos que Heidegger trilhou, teimosamente, com a interpretação de todos os principais filósofos ocidentais, foram abertos por uma maneira muito própria de interpretar e compreender as obras e os temas dos pensadores. E esta pode ser chamada de desconstrução. Poderíamos perguntar-nos agora, já com a visão da quase totalidade da obra, se o filósofo seguiu, em seu trabalho de interpretação, as regras canônicas de interpretação e leitura dos textos de Filosofia. E poderíamos responder que não. Aquilo que constituirá um dos pontos de nossa análise é justamente o caráter único, arbitrário e violentador de seu processo de interpretação. Por isso interpretação como destruição ou na tradução de Derrida: como *desconstrução*. Temos, no entanto, de aceitar que foi não apenas o conteúdo de sua obra, mas o modo como interpretou as obras clássicas da Filosofia, que fez de Heidegger um dos poucos grandes filósofos do século. É em poucos autores que podemos descobrir propriamente filósofos. É por isso que faz sentido tentar mostrar como este autor pode ser considerado um filósofo à luz de sua obra completa.

As filosofias que se desenvolveram no mesmo horizonte histórico de Heidegger, quando foram originais e filosofias, todas se ocuparam com a solução real de problemas específicos levantados desde Platão e Aristóteles. É assim que pode ser avaliada a produção dos primeiros autores da tradição lógico-analítico-linguística. Cada uma dessas obras suscitou novos problemas a partir das questões clássicas da Filosofia; e as diversas correntes foram fiéis a esse tipo de tradição, ao longo das décadas em que Heidegger trabalhou, não simplesmente como todos os seus contemporâneos com a solução dessas questões, mas com a interpretação das obras da história da Filosofia, para desenvolver uma visão globalizante dentro da qual cada um desses autores contemporâneos poderia ser situado no todo da Filosofia do século XX.

Se, de um lado, essa atividade intelectual de Heidegger pode parecer presunçosa, basta irmos ao cerne do processo de ruptura que ele praticou com a metafísica ocidental como desconstrução para constatarmos, de outro, que seus contemporâneos de tradição lógico-analítico-linguística propriamente pressupunham, de maneira implícita, a inovação heideggeriana de estabelecer finalmente a Filosofia como tarefa da finitude. Se o filósofo não pôs seu esforço à disposição das questões da tradição lógico-analítico-linguística é porque se propusera, desde *Ser e tempo*, uma outra tarefa: *a de explicitar o grande movimento da Filosofia contemporânea* no qual se desenvolviam questões como os problemas da lógica, teorias ontológicas, teorias do significado, teorias da verdade e todo um quadro de análises da Filosofia prática. Esse movimento os contemporâneos de Heidegger não eram capazes de explicitar e ele, no entanto, era a condição de possibilidade das análises da lógica, do significado, da linguagem, da realidade e da verdade. Somente a visão do alcance de seu projeto de destruição da metafísica ocidental, da introdução da diferença pela desconstrução, nos mostra sua radicalidade.

Basta examinarmos os parágrafos 43 e 44 de *Ser e tempo* para compreendermos que Heidegger tinha presente a importância dos temas clássicos da Filosofia lógico-analítico-linguística anteriormente citados, importando-lhe, no entanto, que nas questões da realidade e da verdade, que incluem todos os problemas da Filosofia do conhecimento, fossem estabelecidos os limites para essas questões e pensadas suas condições de possibilidade. É por isso que, naqueles parágrafos, Heidegger argumenta que não tem mais sentido buscar a ponte entre conhecimento e mundo (parágrafo 43), e que não há verdades eternas (parágrafo 44). O autor, em última análise, conclui a tarefa que Kant não levara às últimas consequências: desconstruir a metafísica ocidental e introduzir um conhecimento finito que procura dar conta dos problemas importantes da Filosofia, sem recair em qualquer tipo de solução metafísica ou infinitista.

Em tudo isso, porém, Heidegger dera um passo a mais que todos os seus contemporâneos: se há o limite para os problemas filosóficos na direção de uma ontoteologia metafísica que todos reconhecem, há também o limite na direção de uma solução metafísico-naturalista. Os problemas que a Filosofia deve resolver, e que são genuinamente filosóficos, não são questões de conteúdo, mas se caracterizam como ocupando o espaço que é configurado pelo conceito de mundo em que se dá, e a partir do qual se define, qualquer possibilidade de significância. *Mundo* é a estrutura prévia de sentido sempre pressuposta em que falamos de enunciados verdadeiros e falsos, sendo que dele mesmo nada se pode predicar que seja verdadeiro ou falso.

Esta é a posição da obra completa de Heidegger que temos diante de nós quase completa e é por isso que se tornou tão importante compreendê-la em seu todo, seja como projeto do próprio filósofo, seja como uma interpretação de seus intérpretes, seguindo também eles o que vem exposto no parágrafo sexto de *Ser e tempo*: o caminho da desconstrução da metafísica.

## — III —

Quem durante muito tempo leu e estudou as obras de Heidegger, que foram publicadas antes de o próprio filósofo começar a organização de sua obra completa nos anos 60, se viu confrontado diversas vezes com a questão da autointerpretação do filósofo. Como um autor contemporâneo muito estudado, o filósofo conviveu, durante décadas, com as interpretações que os estudiosos faziam de sua obra. Autor vigilante, para não ser mal-interpretado e, contudo, publicando textos que eram fragmentos ou condensações de obras maiores ainda inéditas, o filósofo criou uma espécie de tradição de que era mal-entendido.

Esse problema de interpretação que na discussão filosófica em geral é resolvido por meio do confronto de diversas interpretações do mesmo texto ou mediante diversas soluções dadas a um mesmo problema por diversos autores, constituía, para Heidegger ainda vivo, uma preocupação especial, pois o filósofo tinha a possibilidade de afirmar simplesmente que não fora compreendido ou então de remeter o texto em questão para o todo de sua obra ainda desconhecida.

Remeter para o todo de sua obra ainda inédita pode representar duas estratégias: a) reduzir o intérprete ao silêncio ou lembrá-lo de apelar para alguns iniciados que já tenham lido outros textos que representavam o contexto do que estava em análise; e b) simplesmente apelar para uma autointerpretação na qual o fragmento é remetido pelo próprio autor para o conjunto da obra.

Não é fácil compreender ou mesmo justificar esta atitude de autointerpretação de Heidegger, pois não representava simplesmente uma defesa de seu texto publicado e, portanto, a possibilidade de uma discussão aberta do que estava em questão. Todos nós, estudiosos de Heidegger, terminávamos sonhando com os textos inéditos ou até tentando encontrá-los por diversas vias, para então poder situar-nos no contexto do problema como Heidegger o examinava.

Esta autointerpretação do filósofo tinha como tarefa protegê-lo contra mal-entendidos, mas, sobretudo, dar a impressão de que sua obra somente poderia ser bem-entendida como obra completa. Heidegger constitui-se num caso único de autointerpretação na história da Filosofia, pois ela levava não a um reconhecimento de uma argumentação equivocada no seu trabalho, mas apenas ao fato de que a discussão estava descontextualizada.

Com esta estratégia, o filósofo deslocou, muitas vezes, a genuína discussão de um problema para a reafirmação de sua obra como um todo. Heidegger foi o único filósofo que não se corrigia diante dos argumentos ou cedia ao melhor argumento. As discussões levavam, no máximo, a pequenas mudanças no texto, mas permanecia sempre como único recurso a remissão da questão para o todo de sua obra. E como ela estava ainda inédita, a razão sempre pendia para o lado do filósofo. Todo o processo de autointerpretação era conduzido, principalmente, ao ainda não publicado, mesmo quando tentava fazer entender passagens analisadas pelos intérpretes.

A edição da obra completa foi alterando gradativamente o panorama de discussão em que o autor tinha a vantagem de dominar o jogo por meio das cartas desconhecidas. É resultado da publicação de toda sua obra a possibilidade de discutir-se, de maneira racional, tanto as questões que seus livros e opúsculos suscitam como as escolhas metodológicas que o autor fez para sua solução. É por isso que não se pode acusar de apressados os seus editores. Naturalmente, os defensores de certos aspectos da obra de Heidegger poderão sentir-se confirmados na sua posição, e os críticos de outros aspectos poderão ser derrotados, não com razões, mas com textos que já existiam antes.

Com a edição da obra completa, saímos finalmente de um tipo de autointerpretação do filósofo, mas nos tornamos testemunhas de uma outra autointerpretação. Se na autointerpretação que examinamos o filósofo ainda vivo era o autor principal, na autointerpretação que agora enfrentamos aparece, sob diversos aspectos, o fenômeno de que um livro interpreta outro livro, de que um texto revê outro texto, ou mesmo em que – como no caso da relação entre *Ser e tempo* e *Contribuições para a filosofia* – um tratado enfoca, sob outros parâmetros, o tratado anterior, revelando que *Ser e tempo* somente poderia ser melhor compreendido com a publicação póstuma, 60 anos depois, de *Contribuições para a filosofia*.

Uma vez livres da autointerpretação como estratégia pessoal, a obra completa apresenta-nos a possibilidade de discutirmos os diversos momentos em que Heidegger retoma partes ou trechos inteiros de sua obra para tentar conduzir a interpretação que ele pretende que seja a correta.

Estamos, assim, diante de uma nova realidade. Talvez agora o filósofo deixe de ser o solitário da Floresta Negra e se torne um interlocutor e um parceiro na discussão de problemas da Filosofia que ele julgou importantes e para cuja solução escreveu tão volumosa obra.

## — IV —

Ao nos situarmos diante da obra completa, a partir da perspectiva que até agora apresentamos, é importante dar um passo na direção da ferramenta que o filósofo desenvolveu para produzir sua obra a partir da interpretação de textos. De um lado, os estudiosos dispunham de um material teórico que fora produzido a partir do projeto de uma desconstrução da história da Filosofia, no entanto o filósofo apresenta, nos momentos mais centrais, uma espécie de teoria fenomenológica para a realização da analítica existencial. De outro lado, entretanto, já se entrevia, nas obras publicadas em vida, sua grande preocupação com a interpretação dos momentos mais importantes da história da Filosofia, presente já no programa de *Destruktion*, desconstrução em *Ser e tempo*.

Mesmo que nos limitemos à obra póstuma que se refere a mais de uma dezena de volumes inéditos dos anos 20, percebemos o papel central que sua interpretação da história da Filosofia representou para a elaboração do código linguístico e da terminologia a partir do qual escreve seus textos teóricos, sobretudo *Ser e tempo*. Não apenas os neologismos que aparecem na analítica existencial, mas mesmo o novo poder evocador de palavras, até aí apenas de uso corrente, mostram o trabalho de artesão *do leitor dos filósofos*. Heidegger estava certamente interessado em conteúdos centrais de tradição, porém o seu objetivo maior era dar, na analítica existencial, um novo poder de significação e de ressonância a esses conteúdos, a partir de uma linguagem inovadora e mesmo desconhecida até então. Os conceitos centrais de *Ser e tempo*, por exemplo, foram elaborados durante anos, em experiências de interpretação, tradução e experimentos com a linguagem que vinha da tradição e para a qual o filósofo encontrou termos paralelos com os quais pôde mostrar a novidade de seu paradigma.

A interpretação dos textos clássicos da Filosofia, como atividade de desconstrução, não era uma simples obra de reprodução dos problemas e explicitação de formas de apresentação. Sabemos que a interpretação que Heidegger desenvolveu muito pouco tem a ver com as leituras de caráter filológico ou analítico de seu tempo. Observando a obra completa somos surpreendidos, em muitas situações de leitura, não apenas por estratégias para arrancar um sentido novo dos textos, mas por processos de violentação e torção do sentido dos conceitos, produzindo a abertura de perspectivas imprevisíveis e aparentemente inverossímeis. Esse exercício de interpretação, desenvolvido durante 50 anos, criou uma massa de ângulos novos sobre a Filosofia e os filósofos e com isso o autor dispunha de instrumentos para elaborar uma espécie de teoria global sobre o todo da história da Filosofia. Numa manobra circular, a totalidade que fora produzida na interpretação deu a essa interpretação um poder tão envolvente que ela resulta num todo que produz sentidos filosóficos de extrema originalidade e abrangência.

Toda a ideia da interpretação que fora tomando forma em *Ser e tempo* se projeta sobre a história da Filosofia. Assim, ainda que avançando das partes para o todo, pode-se observar um horizonte hermenêutico que provém de uma antecipação de sentido. Quem não é capaz de extrair da leitura da obra completa esse poder antecipador não compreende coisa alguma do que significa o trabalho de Heidegger na interpretação dos textos clássicos. Podemos afirmar que eles mudam depois de lidos por Heidegger e, assim, apresentam uma face que não foi mostrada, dizem algo que não foi dito, suscitam um pensamento ainda não pensado. E esse não pensado não é simplesmente um determinado sentido dos textos, mas a produção do que neles só viria à tona pela "violência interpretativa" que revela o *novo*, o inusitado. Isso, no entanto, já não é apenas interpretação, mas se guia pelo trabalho desconstrutivo dos conceitos da metafísica ocidental. Essa atividade interpretativa de Heidegger não é apenas resultado de um longo exercício, mas constitui, na história da Filosofia, uma espécie de enigma cuja estrutura de sustentação exige hipóteses radicais que estão contidas, por exemplo, na relação entre *anamorfose e interpretação*, entre interpretação e desconstrução.

Se a obra completa do filósofo se espalhou pelo mundo e hoje desperta interesse filosófico entre as mais variadas correntes de pensamento, não é simplesmente pelo conteúdo, pelos problemas que levanta ou por soluções que apresenta, mas sobretudo por causa do processo de interpretação original da história da Filosofia que ele desenvolveu. É por isso que a leitura da obra completa não apenas ilumina o pensamento do filósofo, mas nos permite compreender as causas profundas de sua expansão em todo mundo.

— V —

Concluída a inserção de Heidegger no todo de sua obra, resta-nos uma questão fundamental e é dela que dependerão tanto os interesses dos estudiosos quanto as críticas de outros paradigmas: Heidegger efetivamente levou adiante as questões fundamentais da Filosofia e ao lado disso, contribuiu na discussão dos principais temas da atualidade da Filosofia? É disso que dependerá uma série de reações e aproximações de sua obra completa.

1 – Foi muito do estilo do filósofo dizer que cada pensador persegue um único pensamento. Interpretando a intenção do autor, podemos dizer que é pensando um único pensamento, que as questões centrais da Filosofia tomam uma forma específica em sua formulação e possível solução.

2 – Não se fez ainda uma avaliação digna de análise daquilo que é propriamente o novo no pensamento de Heidegger e como ele poderia ser confrontado com o novo de outros pensadores do século XX. Isso não ocorreu até agora pela dificuldade que oferece a própria obra de Heidegger e pelas resistências que foram sistematicamente criadas contra o seu pensamento. Haverá, no entanto, também motivos que nascem da dificuldade de aproximação do discurso heideggeriano do modo de problematizar de outros filósofos.

3 – Da obra completa podemos extrair questões filosóficas de relevância, mas a referência polêmica e direta com as interrogações de outros filósofos contemporâneos seus serão sempre de forma exterior e de importância secundária. É como se um autor tivesse encontrado um modo de dizer os problemas que lhe importavam, inserindo-o num todo que constitui o movimento interno de seu pensamento. Temos, sob esse ponto de vista, uma certa semelhança com a filosofia de Hegel, mas que nasce da aproximação pelos extremos.

4 – Poucos até agora tiveram a ousadia de isolar questões da obra de Heidegger e de discuti-las num confronto direto com o modo de outros autores as apresentarem. Em parte, isso se deve à ausência da obra completa até agora. Uma vez aberta a visão sobre a totalidade de seu trabalho, e estudadas as questões básicas da Filosofia que nela desenvolve, não há mais razões para temer uma discussão fora do contexto, por um lado, e por outro, de formulá-las sem os cuidados excessivos pela linguagem heideggeriana.

5 – Pelo conjunto de sua obra se reforça ainda mais um modo de análise característico: as questões que surgem dos diversos autores dos quais o filósofo se aproxima e os debates dos quais participa eram discutidos dentro do código linguístico heideggeriano e terminavam sendo inseridos no movimento de continuidade de suas análises. É como se a questão central para a solução das outras questões tivesse sido descoberta por ele e, portanto, os outros autores e discussões contemporâneas viessem apenas corroborar seu pensamento.

6 – Sem dúvida, no contexto da obra completa, não se irá desprezar o conjunto das grandes questões que são próprias do filósofo: a questão do ser, o problema do sentido do ser, devendo ser colocado a partir da compreensão do ser, a elaboração de uma analítica existencial como hermenêutica da faticidade, uma ontologia fundamental em que se desenvolvesse a relação entre ser e tempo, a afirmação de que isso se deve dar no contexto da história da Filosofia, de que é preciso uma destruição da metafísica ocidental a partir do conceito de tempo, a restrição da tarefa da Filosofia a uma Filosofia existencial e da finitude, decorrendo disso problematizações novas sobre a realidade, o conhecimento, o mundo exterior, o conceito de verdade, a questão da pressuposição na questão da verdade, em suma, o conceito central de ser-no-mundo, que introduz uma teoria nova do significado e limita a tarefa da Filosofia ao horizonte da finitude.

7 – Essas questões, postas teoricamente em *Ser e tempo,* irão conduzir suas interpretações da história da Filosofia. É assim que os temas centrais que aparecem nos autores da tradição metafísica vão sendo interpretados nos moldes de uma desconstrução dos conceitos e das teorias sobre o conhecimento da realidade e da verdade no pensamento ocidental.

8 – Em suma, grande parte dos problemas que surgem do confronto das soluções heideggerianas provém da dificuldade em compreender e acompanhar o horizonte de interpretação que se estende por toda a obra de Heidegger e lhe dá unidade. Talvez se manifeste na discussão com Heidegger uma espécie de dificuldade típica que consiste em não aceitar o caráter existencial de qualquer problematização filosófica e, portanto, em reconhecer explicitamente que o fazer Filosofia na finitude transforma as questões assim como eram postas no universo da metafísica.

9 – O caso mais flagrante está na relação que a Filosofia analítico-linguística mantém com Heidegger. Ela obviamente trabalha com o pressuposto do fim da metafísica e suas questões são postas no contexto da finitude da Filosofia. Somente alguns autores privilegiados,

porém, conseguiram transpor as questões da clave lógico-analítica para uma problematização analítico-existencial que não as nega, mas apenas lhes dá um contexto mais especulativo. É nisso que aparecem temas como a fundamentação, as teorias do significado, a questão da verdade, os problemas do *a priori*, os diversos aspectos da analiticidade, etc.

10 – Heidegger problematizou de tal modo a história da Filosofia no desenvolvimento de sua obra completa que alguns dos grandes problemas que pareciam centrais tomaram formas de pouca importância, quando ao contrário, questões que a atualidade filosófica menosprezava, tomaram um volume imprevisto e passaram a ser questões com novas faces das quais se derivavam questões inteiramente novas.

O que foi enumerado até aqui não procura salientar questões específicas e soluções surpreendentes que cada obra de Heidegger desperta. Estamos, certamente, ainda no começo de um estudo competente e despretensioso dos textos do filósofo. Isso somente se dará quando tivermos atingido um maior aprofundamento de sua obra e uma maior compreensão das suas afinidades com os problemas principais da Filosofia do século 20.

Vista assim a obra de Heidegger, saberemos melhor situar posições que serão examinadas neste livro. Leituras criativas, como a da desconstrução de Derrida, mostrarão então seus limites quando não uma recepção equívoca de filosofemas heideggerianos centrais, o que levará, como no caso da Filosofia da diferença, ao contato cada vez mais reduzido com o que realmente conta na Filosofia heideggeriana.

## A desconstrução na filosofia de Heidegger – um novo paradigma

### — I —

A questão da desconstrução em seu sentido amplo e mais profundo situa-se de modo coerente apenas no contexto de uma problemática da metafísica como um todo. Não por uma simples recusa do pensamento ocidental, mas por meio de um diagnóstico em que o sentido da metafísica seja avaliado em seu verdadeiro alcance. A Filosofia de Heidegger representa um todo paradigmático para repensarmos as categorias metafísicas e realizar a crítica ao quadro teórico em que elas tomaram forma.

Vamos analisar o paradigma heideggeriano nesse contexto. Temos abordado em livros, já várias vezes, esta questão do paradigma, analisado o sentido que ele representa hoje, transposto para o campo da Filosofia, das Ciências Humanas e temos tido como retorno efetivamente uma captação do que significa esse conceito como elemento aglutinador do trabalho teórico.

Sabemos que o conceito de paradigma já foi utilizado pelos gregos. Recebeu, no entanto, um especial cuidado teórico de Kuhn, no seu livro *Estrutura das revoluções científicas* e, posteriormente, foi empregado por muitos autores. O conceito de paradigma tem a característica de ser polissêmico, de ter uma série de significações e, segundo interpretações feitas dos textos de Kuhn, ele mesmo usou o conceito de paradigma em 22 sentidos diferentes. Emprego o conceito de paradigma basicamente como uma espécie de matriz teórica. Matriz teórica quer dizer um campo delimitado em que se desenvolvem determinados processos de conhecimento. Processos naturalmente conduzidos por uma construção progressiva que pode ser, por exemplo, caracterizada a partir da ideia de modelo, de método, de princípio de racionalidade, de teoria de verdade, enfim, de um universo conceitual determinado cuja gênese se pode descrever nesse contexto. Isto constitui a estrutura interna do paradigma. Todo paradigma pressupõe essa espécie de coesão interna e a partir dele podemos chamar a atenção para cada elemento, expressão ou termo que utilizamos remetendo a um centro, a um núcleo. Podemos chamar este núcleo de núcleo especulativo.

Ao lado do paradigma no seu sentido interno existe a referência exterior a ele. Todo o paradigma teórico, como matriz teórica que quiser ter sucesso e que quiser avançar e progredir e que quiser ter adeptos e que quiser ter um diálogo com investigadores, pensadores, necessariamente irá expressar-se por intermédio de todo o universo de materiais de que se serve a academia e, ao mesmo tempo, de instituições que a academia desenvolve, em que um paradigma determinado poderá se aninhar, sediar-se e se desenvolver.

Assim existem naturalmente não apenas alguns paradigmas, mas talvez até muitos paradigmas. Podemos dizer que os paradigmas, por exemplo, na Filosofia, são vários, e também nas Ciências Humanas, são muitos. Eles se caracterizam justamente a partir daqueles elementos internos que antes nomeamos. Esta multiplicidade de paradigmas nos dá claramente a indicação de que esses paradigmas, de alguma maneira, são concorrenciais. Cada um deles pretende ter dado ou estar dando uma resposta ao problema do conhecimento, da investigação, de maneira original. Como esses paradigmas pretendem dizer algo da realidade e como pretendem ser uma construção racional, eles são racionalidades coexistentes, são racionalidades que sobrevivem, ao mesmo tempo. É por isso que, na concepção de paradigma, um dos elementos fundamentais é o conceito de pluralidade. Não existe o dogma paradigmático. Existem matrizes de racionalidade nas quais a discursividade humana pode expressar-se numa espécie de conquista do universo a que se propôs investigar. Podemos identificar o paradigma no universo das ciências empírico-matemáticas, no universo das Ciências Humanas ou no campo da Filosofia.

Temos, assim, o conceito de paradigma muito resumidamente do ponto de vista de uma espécie de contexto de produção do conhecimento, visto a partir de certas tendências fundamentais do ser humano de investigar. Então teríamos uma espécie de antropologia do conhecimento. Poderíamos dar outros nomes a esse fenômeno do paradigma. Em todo caso, ele se situa de tal modo que pode ser analisado desde fora. Ainda quando funciona concretamente, aqueles que o seguem, o praticam, o defendem e nele produzem, não têm esta consciência de uma possível exterioridade.

Como pode, no entanto, a Filosofia que trabalha com uma espécie de discurso que não se perde no mundo, mas que é um discurso sobre o mundo, como pode ela fazer observações do tipo que estamos fazendo sobre os paradigmas que podem ser coexistentes, concorrenciais e representam determinados projetos de racionalidade?

Neste aspecto da nossa introdução, precisamos chamar a atenção para o fenômeno do paradigma em nossa época. Os paradigmas têm como característica fundamental serem representantes de uma pluralidade insuprimível dos projetos da razão humana. A razão humana, a expressão feliz é de Habermas, se dá por meio da multiplicidade de suas vozes. Não existe uma razão humana hipostasiada como uma unidade coesa. O que podemos perceber justamente é que, na ideia de paradigma, está implícita e acentuada essa pluralidade da razão, o que não significa que possamos observar o fenômeno dos paradigmas a partir de um paradigma preponderante numa época. Há épocas em que imperam paradigmas de um tipo e em outras épocas paradigmas de outro tipo e podemos mesmo falar numa espécie de nascimento, crescimento, florescimento e fecundidade dos paradigmas, como podemos também falar de um declínio dos paradigmas no campo da investigação em geral.

No campo da Filosofia, colocam-se problemas específicos, muito mais complexos do que no campo das Ciências Humanas propriamente ditas. Pretendemos, aqui, analisar a questão do paradigma na Filosofia e, sobretudo, a partir de uma concepção paradigmática, que podemos explorar e expor a partir da obra de Heidegger. Trata-se de um paradigma que não nos parece apenas muito importante, mas ele se apresenta como um dos paradigmas mais consistentes produzidos no século 20. Na Filosofia ele conseguiu um enraizamento sutil, de certo modo abrangente e, ao mesmo tempo, vindo ao encontro de uma série de expectativas teóricas que, em outros paradigmas, não estavam satisfeitas, e de questões que, em outros paradigmas, não estavam explicitadas.

Assim, quando falamos do conceito de paradigma na Filosofia temos de ter cuidado porque em Filosofia também há paradigmas coexistentes e em Filosofia também existem conflitos de racionalidade. A realidade não é contraditória, contraditórios são nossos conceitos sobre a realidade, nossas teorias sobre a realidade. Assim também os paradigmas são uma espécie de produto desse processo do discurso humano.

Queremos situar a ideia de paradigma nesse enraizamento mais profundo que chamamos de antropologia do conhecimento, querendo com isso significar que são modos de o ser humano proceder radicalmente, por intermédio de matrizes teóricas, quando produz, quando investiga, quando procura avançar no seu discurso sobre o conhecimento.

Na Filosofia, entretanto, a questão do paradigma apresenta uma característica fundamental, diferente dos paradigmas nas Ciências Humanas ou daqueles no universo empírico-matemático. Apesar de um universo de paradigmas diferentes, conflitantes, às vezes concorrenciais, existe contudo um fundo unificador na Filosofia. Os paradigmas filosóficos são diversos ensaios sobre um fundo comum em que se procura resolver problemas do próprio conhecimento humano. Não faríamos Filosofia se não fosse para resolver questões de conhecimento. Mesmo a construção metafísica é uma construção que tem um caráter cognitivo que quer dar conta de como é possível o conhecimento. Os paradigmas na filosofia não são propriamente paradigmas desligados de um fundo comum e as grandes revoluções paradigmáticas na Filosofia são aquelas que não apenas propõem novos modos de pensar a Filosofia, novos métodos de pensar questões fundamentais da Filosofia, apresentar novas teorias da racionalidade, novas teorias da verdade. Os paradigmas que, no entanto, tomam mais peso, que perduram pela história da Filosofia, são os que conseguem repor aquele fundo comum da investigação com originalidade, com criatividade, com profundidade.

Assim se verifica o que podemos chamar de revoluções na Filosofia. Sabemos que o *timing* dos movimentos filosóficos, das revoluções filosóficas, é muito mais lento que o processo de substituição dos paradigmas no universo das Ciências Humanas. Mesmo assim podemos observar essas grandes ondas na história da Filosofia, em que certas propostas paradigmáticas radicais tendem a mostrar em novas formas, em novas roupagens, aquele fundo que unifica os paradigmas e que recoloca um novo paradigma sobre o sempre antigo pano de fundo.

Aqui começa a questão heideggeriana. Heidegger com sua obra, no século XX, realizou uma destas revoluções paradigmáticas que vieram para durar, isto é, cujos efeitos e cujo movimento sísmico não passa apenas pelas discussões da opinião pública de 50 anos ou de um século. Há certamente elementos que puseram em movimento algo no próprio pano de fundo que sustenta as discussões no universo paradigmático da Filosofia. É aí que se enraízam os elementos heideggerianos da desconstrução. Neste sentido queremos apresentar alguns elementos teóricos do pensador.

Para concluir nossa introdução, cabe observar que Heidegger produziu uma mudança fundamental na Filosofia, deslocando o lugar da fundamentação no sujeito e na consciência, para um outro campo, para a ideia de mundo, para a ideia de ser-no-mundo. Este deslocamento foi essencial. Naturalmente por trás desse processo de substituição do paradigma das teorias da consciência, na tradição da metafísica, esta substituição que Heidegger realizou corresponde a uma série de elementos teóricos, produto de intuição, produto de um estudo da história da Filosofia, talvez ainda produto de certas coincidências que vão-se produzindo na história do pensamento filosófico da metafísica.

A questão heideggeriana representa, como passagem das teorias da consciência, da representação, das teorias do sujeito para as teorias do mundo prático, para as teorias do modo de ser-no-mundo, esta passagem que podemos identificar como um produto de uma discussão teórica que o filósofo realizou consigo mesmo, com as diversas filosofias de seu tempo, com autores escolhidos e, sobretudo, com a própria história da Filosofia como um todo que ele chama de metafísica. Dissemos que não podemos esquecer a proposta heideggeriana desta mudança de paradigma. Tanto em *Ser e tempo* como na desconstrução da metafísica, Heidegger propõe a superação do esquema sujeito-objeto.

O que significa a superação da relação sujeito-objeto? Significa a superação do projeto que busca na Filosofia um fundamento para o conhecimento a partir do discurso em que impera a ideia de juízo, a ideia de síntese na subjetividade em que se fundaria o enunciado.

Heidegger introduziu para isso uma distinção entre o discurso explicitador, o discurso manifestativo, que denomina de apofântico, e o discurso subterrâneo que ocorre simultaneamente com o discurso apofântico e que o filósofo denomina de dimensão hermenêutica. Sem o elemento apofântico não se daria, entretanto, o que podemos designar o discurso hermenêutico. Esse representa a estrutura básica, que desde sempre sustenta qualquer tipo de enunciado que pode ser verdadeiro ou falso. Essa ideia heideggeriana, sem dúvida alguma, perpassa a questão do seu paradigma.

Com isso, o filósofo já anuncia a introdução de uma crítica ao pensamento objetificador que domina a metafísica. Isso representa o germe do processo de desconstrução que está presente na sua ideia de destruição das ontologias da tradição.

Um outro aspecto que atravessa o projeto do filósofo é a questão da tríplice divisão da nossa relação com a realidade. Heidegger apresenta uma distinção entre os entes disponíveis com que nós lidamos no nosso dia a dia e os entes da natureza que são puramente existentes. E o terceiro elemento somos nós mesmos, em função de quem toda a atividade filosófica se realiza. Esta distinção irá perpassar todo o desenvolvimento do projeto heideggeriano dos anos 20.

Na proposta do paradigma heideggeriano temos uma ideia profunda que virá confirmada numa frase de Wittgeinstein no seu livro *Sobre a certeza*: "Se o verdadeiro é o fundamentado, então o fundamento ele mesmo não pode ser nem verdadeiro nem falso (1984, p. 113)". Essa ideia aparecerá de outra forma, em muitas páginas, desde os anos 20, quando Heidegger, de forma paradoxal, afirma: "Não é o enunciado que é o lugar da verdade, mas a verdade é o lugar do enunciado".

Assim, Heidegger introduz dois conceitos de verdade: o conceito bipolar, verdade-falsidade, propriedade de frases e proposições, e o conceito de verdade como um lugar originário, onde radica o universo das proposições. Tudo isso, no entanto, ele não poderia dizer se não tivesse a percepção clara da estrutura do nosso modo de ser-no--mundo. O filósofo emprega a palavra "*als*", a palavra *enquanto*, para afirmar que há uma clivagem entre nós e o mundo. Nunca atingimos o mundo dos objetos de maneira direta, por contiguidade, mas sempre pelo discurso.

Esse discurso, contudo, emerge em três níveis. Existe uma tríplice estrutura desse *enquanto*.

Heidegger dirá que o mundo, palavra central que vamos examinar, tem a estrutura do *enquanto*, que o *compreender* tem a estrutura do *enquanto* e que, finalmente, o enunciando tem a estrutura do *enquanto*.

Assim sendo, *mundo, compreender* e *enunciado*, não se dão elementos imediatos. Eles não expressam o lado direto de nosso contato com as coisas. Todo o contato com as coisas é feito por meio desse *enquanto*. Na estrutura do mundo esse *enquanto* (*als*) terá certas características, na estrutura do compreender outras e na estrutura do enunciado outras ainda.

Dividimos o trabalho em três aspectos: o aspecto que chamaremos de *desconstrução da metafísica;* o segundo aspecto tratará da *construção de uma ontologia da finitude* e, em terceiro lugar, analisaremos o aspecto de *uma nova fundamentação do conhecimento*.

## — II —

Analisemos, primeiro, a questão da desconstrução. Dizíamos que todo o paradigma na Filosofia possui paradigmas concorrenciais e se situa num pano de fundo, em que os paradigmas se encontram como que num pressuposto fundamental. Podemos dizer que esse pressuposto fundamental é a metafísica e a história da metafísica. Podemos dar, porém, a essa metafísica, a essa história da metafísica, uma série de interpretações. Certamente nunca serão interpretações museológicas. A história da metafísica é sempre uma história viva. Ela não é uma história passada, ela é passado-presente. A história da metafísica sempre é uma história na qual algo sobra, como um resto que dela não se consegue extrair inteiramente e por isso ela é um problema que deve ser constantemente atualizado.

Heidegger, diante da história da metafísica, terá justamente uma posição específica que é diferente da de outros filósofos e grande parte do carisma de seu paradigma nasce exatamente dessa posição. Em que consiste esta posição de Heidegger diante da metafísica? Falamos, no início, nesta primeira parte, de desconstrução. Heidegger, ao apresentar o projeto de *Ser e tempo*, objetivou desenvolver a ontologia fundamental, na primeira parte, nas três seções da primeira parte. Na segunda parte pretendia realizar uma revisão a partir da discussão do conceito de tempo, analisando a questão do conceito de ser em Kant, Descartes e Aristóteles.

Essas três seções da segunda parte nunca foram publicadas de maneira autônoma. Sabemos, pela história de sua obra, que esses três autores ocupam um lugar especial nas interpretações de Heidegger. A obra póstuma representa, de certo modo, a elaboração dessa segunda parte. Em Kant, Heidegger localiza a questão fundamental que analisa em *Ser e tempo*: a questão do que é o ser humano, por meio da analítica existencial. Em Descartes ele descobre aquele gérmen da modernidade, que é a questão da subjetividade que será o fio condutor por onde se fará a crítica e a desconstrução da modernidade. Aristóteles será o autor, por intermédio do qual, junto com os outros filósofos gregos, Heidegger se empenhará na tarefa de reconstruir conceitos que aplicará depois na sua obra em geral, mas sobretudo em *Ser e tempo*.

Kant, Descartes e Aristóteles são os pontos escolhidos para fazer a desconstrução. Heidegger, porém, não fará uma desconstrução de caráter puramente semântico, essencialmente analítica. A desconstrução heideggeriana é produto da consciência que ele tem do que significa fazer ou realizar uma virada paradigmática na Filosofia, o que não se pode fazer de fora, porque não existe um fora da filosofia. A filosofia justamente compreende o todo, tenta explicitar os conceitos em função desse todo. Heidegger, portanto, ao desconstruir a metafísica, não a desconstrói como um simples objeto que é abordado desde fora. A desconstrução é realizada desde o interior da metafísica. É por isso que ele falará em superação da metafísica e adentramento da metafísica. Essa superação e adentramento significa, ao mesmo tempo, refazer a construção com que a metafísica trabalhava ao se autoexpor nos textos da história da Filosofia. Ao mesmo tempo, significa perceber que nisso em que ela se autoexpõe, segundo Heidegger equivocadamente, existe, entretanto, o não pensado, o encoberto que pode ser manifestado, no qual temos de nos afundar e nos aprofundar quando queremos fazer a desconstrução da metafísica.

Nesse viés, vemos que em Heidegger não se pretende uma destruição da metafísica, no sentido de eliminação. A *destruição é uma desconstrução*. Nessa tarefa Heidegger utiliza fios condutores decisivos. O fio condutor, talvez fundamental, e com isso antecipamos, ou melhor, remetemos para a segunda parte da exposição que intencionalmente situamos no meio, ainda que ela talvez tivesse de ser feita no começo. Essa espécie de desconstrução nasce de um certo tipo de posição diante do ser humano, enquanto ele mesmo é um ser metafísico. Heidegger repetirá em muitos momentos que o ser humano é um ser metafísico, mas esse ser metafísico não significa que ele é um ser transfísico, que é um ser de um mundo paralelo, de um outro mundo, nem que ele esteja relacionado com um outro mundo.

A desconstrução é feita, justamente, em função de uma ideia de homem que é radicalmente finitude. Isso que veremos depois quer dizer que a metafísica é a manifestação essencial do ser humano, que ele se move num universo limitado por dois espaços que eram os da metafísica, o espaço da teologia e o espaço da cosmologia. Na Filosofia clássica, até Cristian Wolff, na filosofia clássica objetivista distinguiam-se três metafísicas especiais, além da geral. As metafísicas especiais eram a metafísica do mundo, a do homem e a de Deus, quer dizer, a cosmologia, a antropologia e a teologia. Heidegger reduz a questão da metafísica ao âmbito do ser humano. Alguns o entenderam mal e afirmaram que para ele a base da Filosofia era uma antropologia. Denominou-se mesmo *Ser e tempo* de antropologia dogmática. Heidegger, de certo modo, suprime a cosmologia e suprime a teologia como objetos sagrados da tradição filosófica. Ele o faz porque Kant lhe dá licença. Heidegger observa em Kant, ao lado das três perguntas: Que posso conhecer?, Que devo fazer?, Que me é permitido esperar?, sobretudo a quarta pergunta: Que é o homem?

O projeto heideggeriano é tirado de Kant, mas elevado a um outro nível. Kant, portanto, lhe dá licença de criticar a metafísica. Nisso consiste sua destruição, que é um processo de desconstrução. Toda essa interpretação que faz de Kant e de outros filósofos é um processo de desconstrução. A inspiração que conduz sua desconstrução se constitui numa pergunta e Heidegger a resume numa frase de Leibniz: "Por que existe o ente e não antes nada"? Essa questão é uma questão que já nos situa além da metafísica no sentido clássico e contém a possibilidade de problematização que, de outro modo, contém as três metafísicas especiais.

A analítica existencial parte apenas de uma metafísica especial: a questão do homem. Esta Heidegger tomará, como veremos na segunda parte de *Ser e tempo*, objeto da análise de sua ontologia fundamental. Chamamos a atenção para esta operação de desconstrução que Heidegger realiza, e que constitui uma desconstrução de caráter ontológico, uma desconstrução de caráter semântico, uma desconstrução redutora. É redutora no sentido de que o campo da Filosofia é limitado. Poderíamos dizer que o campo da Filosofia é reduzido pela desconstrução.

Esse campo em que o ser humano se move no mundo, se compreende, é o âmbito de onde surge tudo o que a Filosofia põe. Trata-se daquilo que no livro *Seis estudos sobre Ser e tempo* chamamos de encurtamento hermenêutico. Essa redução hermenêutica, este espaço hermenêutico é desconstruído de tal maneira que nos dê como objeto o ponto de partida da Filosofia propriamente dita, a faticidade humana.

A faticidade humana não exclui, e isso é importante, não exclui que se coloquem questões postas pela cosmologia e pela teologia. Elas, porém, não são postas desde fora. Elas se dão dentro do espaço que é aberto pela finitude, pela faticidade humana.

Então como o ser humano começou, de que maneira o ser humano começou? As ciências se encarregam disso. O ser humano sempre perguntará por isso, mas só o pode dentro do seu próprio espaço de compreensão. As ciências formulam leis do cosmos, mas as leis do cosmos só valem enquanto há *Dasein*. E ainda a pergunta: Existe Deus? Claro que existe. Temos a bíblia, temos igrejas, temos cruzes, rezamos. Isto tudo significa que Deus existe, mas não como algo posto de fora. Ele é objeto da nossa interpretação. Estas questões podem ser discutidas desde a desconstrução da metafísica e, a partir daí, no contexto da questão da finitude.

O encurtamento, essa redução do campo da Filosofia ao campo do sentido, ao campo do significado, ao campo da linguagem, ao campo da analítica existencial, é a primeira operação. Ela é feita desde o ponto de vista da história da Filosofia. É em função disso que o filósofo escreveu dezenas de livros com arrojadas e coerentes interpretações que têm, justamente, a função de dar solidez a essa interpretação desconstrutora da metafísica. Heidegger não deixa de ser metafísico. Ele não é mais metafísico no sentido objetivista, no sentido da entificação do ser. Ele não é mais metafísico no sentido em que a ideia de ser tenha de ser compreendida como objeto. Objeto como substância em Aristóteles, como ideia em Platão, como Deus na metafísica medieval, como "eu penso" em Descartes, como o eu transcendental em Kant, como o saber absoluto em Hegel, como a vontade de poder em Nietzsche. Essas são formas veladas de expor a metafísica, mas elas objetificam a característica fundamental da metafísica, que é a questão do ser. *A questão do ser não é uma questão de objeto*. Kant tinha razão quando dizia que: *Ser não é um predicado real*. Ser não é um predicado real que pela predicação acrescenta uma qualidade a algo. Heidegger leva isso radicalmente a sério na desconstrução da metafísica, observando que a objetificação do ser encobriu o problema fundamental da metafísica. O filósofo fala do ser a partir da compreensão do ser pelo ser-aí e é nesse horizonte da compreensão do ser que o homem se compreende.

A metafísica, portanto, passa a se reduzir ao campo da finitude humana. Essa questão tem uma consequência de radicalidade insuspeitável e isso se introduziu no século XX, também, para passar para futuros séculos. É o paradigma que contém a ideia de que podemos olhar a metafísica como ligada a nosso modo de ser-no-mundo como um todo em que devemos superar o esquema da relação sujeito-objeto. Nesse processo metafísico podemos colocar a questão da Filosofia num espaço da condição humana propriamente dita que Heidegger explicita em *Ser e tempo*, a partir da analítica existencial. Esta é a questão da desconstrução exposta como penetração no enigma da metafísica. Sem isso não compreenderíamos o projeto fundamental que agora iremos expor rapidamente na segunda parte. É desse projeto que trataremos como ontologia da finitude, e que Heidegger denomina de ontologia fundamental.

## — III —

Sabemos que Heidegger não entrou na universidade, trazendo isso que expôs ao fim de anos de trabalho, de pesquisa, de livros, de uma série de conflitos e discussões com muitos autores. Sabemos que Heidegger se situou numa espécie de paradigma filosófico vigente na época, que era o paradigma da fenomenologia. Esse paradigma da fenomenologia, fundado por Edmund Husserl, entretanto, tinha já, desde o início, uma pretensão fundamental: tornar-se uma fenomenologia transcendental. Essa fenomenologia transcendental que Husserl fundava tinha dois objetivos básicos: um deles era retomar a tarefa infinita da Filosofia e, de outro lado, realizar o que poderíamos chamar o projeto de unir os filósofos em torno de uma tarefa. O que está por trás da fenomenologia husserliana? Naturalmente a ideia de que não podemos mais trabalhar kantianamente na Filosofia, de que temos que trabalhar na Filosofia não por meio de um processo dedutivo das categorias, mas de um processo descritivo, ainda que este termine exigindo uma redução transcendental.

Por trás do projeto husserliano está presente um duplo desafio que, na etapa final, se impõe como coroamento do sistema. É o desafio que foi suscitado pela desconstrução da metafísica que Heidegger propõe. Que duplo desafio é esse? Em Husserl havia a ideia de um projeto, de um sistema acabado. Estava pressuposta para a construção desse sistema acabado ou a infinitude real, isto é, teológica, que seria o coroamento do sistema, portanto a teologia ou uma infinitude virtual da consciência humana. Deus garantiria um fim ou uma espécie de superconsciência humana que teria que vigiar a história humana e iria reduzindo-a ao nível transcendental, no qual se operaria a fundamentação última do sistema husserliano. Foram justamente esses dois elementos: o elemento da infinitude real, Deus, e o elemento da infinitude virtual, a consciência humana, que Husserl não pôde justificar. Inaceitáveis, de um lado, eram, no entanto, de outro, consequência, imposição do seu próprio negócio fenomenológico.

Para Heidegger, tornou-se crucial essa questão em Husserl. Hoje sabemos das correções que Heidegger sugeriu para o artigo sobre o conceito de fenomenologia que foi publicado na *Enciclopédia britânica*, na qual prevaleceu a redação de Husserl. Temos também as cartas que acompanham essa síntese que Husserl publicaria na *Enciclopédia britânica*. Sabemos, assim, de algumas objeções fundamentais que Heidegger fez a Husserl em 1928/29. Essas objeções apontavam para dificuldades e tocavam no problema da redução. Será que o "eu" deve necessariamente ser transcendental? Será que existirá uma época de infinitude virtual na qual a humanidade como um todo se garante o futuro mediante os processos de reconstrução da realidade na consciência? Não existe um eu fático que sustenta tudo isto? Será que nós, ao propormos tudo isso, não estamos pressupondo algo que de maneira alguma explicitaremos?

O sempre primeiro é o ser humano. Heidegger chamará o ser humano de *Dasein*. O *Dasein*, o estar-aí, é um constructo, é uma espécie de elemento teórico posto com a função de sustentar aquilo que Heidegger quer corrigir da fenomenologia. Em torno dessa posição formou-se o conflito da fenomenologia ou a crise da fenomenologia a partir de 1929.

Heidegger teve de enfrentar a seguinte questão com Husserl, e isso nos parece essencial: Se a Filosofia pensa as condições de possibilidade do conhecimento – e é isso que Husserl queria com toda a sua fenomenologia, com todo o seu sistema projetado – ela pensa as condições de possibilidade que se relacionam com as questões do real e do ideal. De um lado colocava-se o realismo ontológico e, de outro, algum tipo de idealismo. De um lado, a realidade e, de outro, a possibilidade. Husserl pretendia uma construção acabada e esta se guiava pela ideia da representação, do sujeito-objeto, portanto pela polaridade sujeito-objeto, pelo esquema sujeito-objeto trazido da tradição metafísica. Husserl colocava-se ao lado da questão da realidade, posta entre parênteses, mas não negada. Não visava à realidade enquanto uma construção ontológica, mas a realidade que deve ser recuperada pela descrição dos atos conscientes, da consciência transcendental. O lugar dado seria a consciência, enquanto o *como* (*wie*) dos fenômenos.

Heidegger faz, no começo de *Ser e Tempo*, uma afirmação que aparece meio solta entre outras frases e que diz: "Acima da realidade está a possibilidade". Esta frase é mais uma vez repetida no final em *Ser e tempo*. Ela aparece, mais uma vez, num livro de 1929/30: *Problemas fundamentais da metafísica: Mundo – finitude – solidão*. Essa frase tem como objetivo profundo o conflito entre duas concepções de fenomenologia. Porque o que Heidegger criticava em Husserl e que este tentou superar na sua crítica ao positivismo (ele não o percebeu claramente) é que a Filosofia não pode pensar as coisas, o ser humano e o mundo da cultura no qual nós nos movemos com nossos instrumentos, artefatos e instituições, simplesmente como uma realidade. Não o pode pensar simplesmente como coisa com a categoria da realidade. A categoria da realidade é uma categoria que leva à coisificação. É uma categoria ligada às coisas. No momento em que usamos a categoria ligada às coisas, estamos apenas tirando conclusões a partir da relação sujeito-objeto. Este é para Heidegger o esquema fundamental e equívoco da metafísica.

O princípio da possibilidade também é pensado a partir desta questão da realidade na metafísica. Então possibilidade significa aquilo que ainda não é e que um dia irá ser. O objeto que agora é semente um dia será árvore, etc. Quer dizer, a possibilidade era colocada também, a partir dessa questão objetificadora. Temos assim, como consequência, que o ser humano só poderia ser pensado de maneira coisificada a partir desses conceitos. É o objetivismo da metafísica.

Este se repete na tradição cartesiana. A tradição da subjetividade da Filosofia ocidental que se afirma assim. A subjetividade se afirmou apenas como correlata de um objeto de representação.

Temos assim na fenomenologia transcendental um projeto de fundação do conhecimento humano baseado na relação sujeito-objeto. Mesmo o conceito de antepredicativo fica, neste contexto, ainda remetido à ideia de consciência.

Heidegger observa no coração da fenomenologia transcendental de Husserl um problema radical. Era o problema de uma espécie de necessidade da infinitude real e da infinitude virtual ou da infinitude possível da consciência, e de outro lado, o problema dos conceitos de realidade e de possibilidade que sustenta uma indistinção nas categorias que se referiam ao universo do ser humano, das coisas e do mundo da natureza. Para isso chamamos atenção no começo da nossa análise. Agora podemos acentuar a questão que Heidegger quer radicalizar.

Na sua analítica existencial, na primeira parte em que o filósofo faz a anáise do *Dasein* e expõe as características que são chamadas existenciais ou as categorias do *Dasein*, ele introduz um tipo de concepção na qual distingue a dimensão das coisas disponíveis e das coisas simplesmente existentes. Essa distinção é concebida de tal maneira que só tem sentido se feita a partir do *Dasein*, portanto a partir do ser-aí.

Heidegger dirá: a partir da pergunta pelo sentido do ser, o ser-aí se compreende em seu ser na sua radicalidade. Com Leibniz o filósofo pergunta: Por que algo é, quando tudo podia não ser? Tal pergunta somente o ser humano pode fazer. E ela é a pergunta paradigmática da condição de finitude.

Dessa maneira, Heidegger irá construir o núcleo de seu paradigma. Tal núcleo pode ser descrito de muitos modos, mas fundamentalmente será construído a partir da ideia de que o determinante vem do *Dasein* como um modo de ser-no-mundo. Esse modo de ser-no-mundo é o cuidado, a cura, ou, então, a preocupação, que é o ser do ser-aí. Ele é dotado, por sua vez, de temporalidade, que é o sentido do ser do ser-aí. Somente a partir da temporalidade (*Zeitlichkeit*) como sentido do ser do ser-aí é possível pensar as coisas no tempo, mas numa temporariedade (*Temporalität*) que deriva da temporalidade com características existenciais. Isso, no entanto, se dá no espaço em que acontece o *Dasein*, em que acontece o ser-aí. A própria ideia do *Dasein*, do ser-aí, do aí, significa que ele está limitado, que ele está como finito no mundo. Heidegger dirá que o *Dasein* é futuro-passado-presente, no sentido de que ainda que ele se agarre ao presente, nesse presente já sempre está implícita a ideia da faticidade à qual se liga a ideia de hermenêutica. A ideia de futuro não é o futuro no qual vamos morrer, onde terminamos, etc., é o futuro que nos move agora no presente, por isso o *Dasein* é ser-para-a-morte enquanto ser-no-mundo.

Assim, somos futuro, passado e presente num único movimento. Somos, como afirma o filósofo definindo o conceito de *cuidado*: Sempre um adiante-de-nós, já-no-mundo, junto-das-coisas. Essa tríplice dimensão do cuidado, ligada à tríplice dimensão da estrutura da temporalidade, é que dará a Heidegger o conceito fundamental de finitude. Este conceito, por sua vez, estaria consolidado se, na crítica a Husserl, ele não desse prevalência ao conceito de possibilidade. O ser humano é um ser possível (poder-ser), ele não é um ser efetivo, ele é um poder-ser. Enquanto ser-para-a-morte e enquanto faticidade ele já é sempre determinadas possibilidades. O passado é uma possibilidade que já foi. O futuro, o ser-para-a-morte, é a última possibilidade ou a impossibilidade de qualquer nova possibilidade.

O ser humano, portanto, é colocado como possibilidade. Isso parece ser uma questão central. É uma questão essencial porque aí se põe a possibilidade como um poder-ser, como um poder-saber de si e só isso, como um ter-que-ser, como um *to be or not*. Assumimos o nosso ter-que-ser como um poder-ser ou então renunciamos à condição humana.

Este aspecto que estamos analisando aqui é uma característica que não podemos, em momento algum, esquecer, quando falamos do paradigma heideggeriano. Como consequência, o filósofo substitui aquilo que criticava pela desconstrução da metafísica: o esquema sujeito-objeto na fundamentação do conhecimento. Wittgenstein: "Se o verdadeiro é o fundamentado, então o fundamento não pode ser nem verdadeiro nem falso". Heidegger: "O enunciado não é o lugar da verdade [originária] mas ela, a verdade, é o lugar do enunciado [verdade predicativa]". Esta frase é essencial. Se Heidegger não conseguiu na sua teoria da finitude, na sua teoria do *Dasein*, na sua teoria desenvolvida em *Ser e tempo*, dar conta desta questão, se não teve êxito em superá-la, transformá-la, como alternativa para o esquema sujeito-objeto, o seu projeto está fracassado.

É exatamente isso que o filósofo faz em *Ser e tempo*. Introduz um novo conceito de fundamentação. Não é uma fundamentação como a moderna, nem do tipo objetivista da tradição clássica. Então, nem subjetivista nem objetivista. Assim, é uma fundamentação de caráter diferente, é uma fundamentação de caráter prévio, de caráter *a priori*. É uma fundamentação em que já sempre existe um compreendermos a nós mesmos. Isso é uma espécie de antecipação prévia de sentido que se explicita na compreensão do ser.

Este caráter pré-lógico dos anos 29/30, na época da discussão com Husserl, também poderia ser chamado de antepredicativo, num sentido bem específico. Nele reside o elemento fundamental que é a marca da resposta heideggeriana ao problema da fundamentação na Filosofia, mas disso resultam consequências irrecusáveis. Não podemos estender-nos muito sobre este ponto, mas é importante perceber que, quando Heidegger critica a metafísica a partir do seu paradigma, quando a desconstrói, ele acusa a metafísica de ser fundamentalista, de querer um fundamento firme, objetificador ou um fundamento inconcusso. Heidegger dirá que o *Dasein* é sem fundo. O *Dasein*, de certo modo, é abissal, na medida em que a fundamentação a que ele remete é pura possibilidade. Não é nem realidade como um objeto no qual se fundaria o conhecimento, nem realidade como sujeito no qual se fundaria o conhecimento. O conhecimento é uma estrutura prévia, dada pela compreensão do ser, para trás da qual não conseguimos chegar, e ela se dá a partir do *Dasein*.

É nessa estrutura prévia que iremos construir qualquer tipo de teoria do conhecimento. Heidegger dirá que o ser-no-mundo, o ser-aí, é a base de qualquer teoria do conhecimento. Assim ele toca no elemento para o qual chamávamos a atenção, citando Wittgenstein, no começo: "Se o verdadeiro é o fundamentado, então o fundamento não pode ser nem verdadeiro nem falso".

O fundamento, portanto, não pode ser uma proposição, uma frase que poderia ser verdadeira ou falsa. O fundamento deve ter outra característica e esta característica consiste na estrutura prévia de sentido que desde sempre é dada pelo *Dasein* enquanto ser-no-mundo. É a partir daí que se constitui toda a significação, todo o sentido. Essa ideia é essencialmente ligada às condições de possibilidade, mas vistas desde o novo paradigma.

Heidegger foge assim de um semanticismo infinitista que é proposto pela fenomenologia transcendental e introduz uma espécie de "pragmática". Esta pragmática, contudo, possui um sentido operativo, isto é, o *Dasein* enquanto lida com as coisas no mundo já se compreende e nisto está o fundamento do conhecimento ou de qualquer teoria do conhecimento.

Esta espécie de elemento operativo é o fundamento de qualquer conteúdo proposicional. Esta também é uma nova resposta a outra questão central. Quem não entendeu isso, não entendeu a proposta do paradigma de Heidegger. O fundamento é sem fundo na medida em que não é nem infinito, nem é objetivo. O fundamento é um perder-se, mas não um perder-se no sentido de desgarrar-se. É um perder-se numa impossibilidade, enquanto somos incapazes de recuperar o passado e incapazes de antecipar o futuro como tal.

Nisso reside a base da hermenêutica heideggeriana. Ela surge exatamente como o espaço no qual se dá o sentido. Qualquer dado que se possa levantar se dá neste espaço e, a partir daí, também toda a determinação de significado será dada. Podemos chamar isso de Filosofia hermenêutica. Gadamer fará disto, depois, uma hermenêutica filosófica. Podemos mencionar ainda uma hermenêutica técnica, que é um instrumento, uma ferramenta de interpretação. Heidegger instaura a Filosofia hermenêutica, uma Filosofia que trata da finitude com a intenção de pensar as bases do conhecimento.

Com o que apresentamos, vimos algumas das questões fundamentais, sobretudo a questão da finitude na qual Heidegger põe a pergunta fundamental da temporalidade (*Zeitlichkeit*), mostrando que a partir dela a outra temporalidade (*Temporalität*) é o lugar no qual ninguém conseguiu resolver o problema do ser na tradição metafísica. Por isso é preciso desconstruir a metafísica e perceber que nela houve um encobrimento do ser e houve uma progressiva entificação do ser desde os gregos até Hegel e Nietzsche. Esse encobrimento do ser, todavia, aponta para algo velado que pode ser mostrado. Isso pode ser exposto por meio da história do ser.

A história do ser que muitos definem apenas como sendo um movimento na direção da consciência, surge, no primeiro Heidegger, de maneira indireta. A história do ser significa que a subjetividade nunca se pode arvorar como fundamento, mas o fundamento é uma história que nos carrega. O fundamento é a história do ser, que é a história da metafísica, que é a história do esquecimento do ser, também, e isso nos limita na nossa compreensão. O *Dasein*, portanto, não tem o monopólio da compreensão do ser, não tem o monopólio da transcendência, na medida em que a faticidade, a historicidade o determinam e nessa mesma medida, também, a história da metafísica determina e limita o *Dasein* na sua compreensão do ser.

Dessa forma, não mais uma fundamentação infinitizada, nem real, nem virtual, nem numa teologia, nem na consciência. Com isso Heidegger, com sua analítica existencial, com a introdução do conceito de finitude, de certo modo superou os problemas que se poriam para o paradigma filosófico que não aceitasse mais o esquema sujeito-objeto. E é por isso que o paradigma heideggeriano é tão essencial. É claro que ele não se apresenta, em muitos autores, tão explícito. A Filosofia hoje, entretanto, reconhece claramente que não há conhecimento de objetos no mundo sem que tenhamos uma relação significativa com o mundo ou com o mundo que nos envolve e nos carrega. Como isso será dito depende de cada filósofo. Isso passou, em boa parte, por causa de Heidegger, para o espaço público da Filosofia. Há uma coisa que passou para o espaço público e que é irrecusável, isto é, de que já sempre pressupomos, no nosso modelo de compreender, uma espécie de autocompreensão, portanto a ideia da circularidade.

O conceito de ser é apenas um conceito; pensado a partir da diferença ontológica, no qual operamos para compreender o mundo e nele compreendermos a nós mesmos. Essa circularidade é a circularidade da finitude, uma boa circularidade. O elemento existencial em Heidegger diz que as categorias não são simplesmente categorias rígidas que se predicam dos objetos, mas enquanto existenciais são possibilidades do *Dasein* e são possibilidades que se dão como estruturas a partir desse constructo que é o *Dasein*. Isso é, em síntese, a ontologia fundamental, base da desconstrução da metafísica, que conduz, pelos dois teoremas fundamentais da analítica existencial ou ontologia fundamental, à circularidade hermenêutica e à diferença ontológica introduzidas pela compreensão do ser.

## — IV —

Na análise do terceiro aspecto, que também gostaríamos de considerar uma conclusão, apenas chamaremos a atenção explícita para a seguinte questão: É pela primeira vez na história da Filosofia que um autor, um filósofo, e isto é a marca do paradigma heideggeriano, é pela primeira vez na história da Filosofia que se faz aquilo que podemos chamar uma proposta de superar o modelo da relação sujeito-objeto, no processo de justificação. Não por meio de uma síntese, supondo um realismo originário, mas por uma analítica existencial, na qual pode fundar-se a relação sujeito-objeto. Essa intuição heideggeriana adere a Kant, quando este afirma que o que é o homem responderia a todas as questões da teoria do conhecimento. Essa proposta de Heidegger é a grande marca do seu paradigma: tentar encontrar a gênese, o lugar de origem, onde o conhecimento reside e a partir de onde ele se desdobra na dualidade da relação sujeito-objeto. Esse lugar é o *ser-em*.

A questão importante é aquela que Kant expunha quando dizia: é um escândalo a Filosofia não ter encontrado ainda a ponte entre a consciência e o mundo. Heidegger dirá: o escândalo é nós ainda estarmos procurando esta ponte. Nós a temos desde sempre, enquanto seres no mundo. Enquanto *Dasein*, já sempre temos a ponte entre o *Dasein* e o mundo, porque o *Dasein* é ser-no-mundo. E o mundo, ao mesmo tempo que constituído pelo *Dasein*, é constituinte do *Dasein*, há uma relação recíproca constante e radical. Este modo de fundamentar o conhecimento, não por meio de uma síntese, mas de uma análise, era propriamente o projeto do último Kant, mas ele não foi realizado. E a partir disso continuamos perguntando desde a modernidade pela ligação entre as palavras e as coisas, equivocadamente. A modernidade perdeu essa ligação. A fenomenologia pretende conservá-la: há um vínculo entre experiência e transcendência.

Kant sugere na *Crítica da Razão Pura*: Terminamos agora de escrever a Crítica da razão, limitamos a razão dentro de limites em que ela não cai no sono dogmático da metafísica, mas não escrevemos ainda a história da razão. E então ele tenta mostrar como é que a história da razão se fez, isto em três páginas, assim muito resumidas. Neste capítulo, porém, nota-se como Kant, de certo modo, viu que não adianta fundar abstratamente o conhecimento. Não adiantava construir uma *Crítica da Razão Pura* apenas, porque isso é uma teoria do conhecimento do universo empírico-matemático, para dar fundamento a esse conhecimento, mas não é uma teoria que funda o conhecimento humano como um todo. Esta história da razão, que para Heidegger é história da metafísica, é o lugar de fundamentação do conhecimento.

Assim sendo, o conhecimento não se funda simplesmente no *Dasein* como um ser que tivesse autossuficiência ou autonomia, como o sujeito de Descartes ou de Kant. A fundamentação do conhecimento se dá em um acontecer da própria metafísica. A metafísica se dá enquanto *Dasein*. Desse modo, também o *Dasein*, de certa forma, é o lugar em que a metafísica toma consciência de si mesmo, no seu acontecer. Ao mesmo tempo, contudo, o *Dasein* é o lugar que limita a manifestação da verdadeira história da metafísica, da verdadeira história do ser. Esta relação é sempre, de certo modo, circular e mutuamente, simplificada, mas o fundamento do conhecimento é um fundamento sem fundo, no qual nos perdemos porque é um fundamento que se estabelece no universo da temporalidade e da finitude e não temos como ir além disso. Não adianta querermos objetificar este fundamento chamando-o de Deus, de substância ou de ideia. Temos de sustentá-lo na radical finitude. Então, no paradigma heideggeriano, se dá a importância radical ao *Dasein*, ao ser-em, como lugar de fundamentação de qualquer teoria do conhecimento, mas também se dá, esta mesma fundamentação, na história da metafísica. Não se pode desligar o *Dasein* do acontecer da história do ser ou do acontecer da tradição metafísica, e é por isso que Heidegger faz a desconstrução, que descrevemos na primeira parte, justamente em função desta outra questão, da explicitação da fundamentação dentro do próprio universo da história do esquecimento do ser, do encobrimento do ser, ou até da manifestação do ser no decorrer dos diversos momentos da tradição metafísica. É nesta questão que a desconstrução simplesmente lógico-linguística termina naufragando.

Nesse sentido podemos, para concluir nossa exposição, lembrar algo que, em Heidegger, vai além da questão do paradigma ou se contrapõe aos outros paradigmas na ideia de paradigma em Heidegger, com uma radicalidade que outros filósofos não tiveram: o *conceito do princípio epocal*. Podemos dizer assim: é possível optar por um paradigma, podemos escolher um filósofo, podemos escolher entre estudar Kant, Hegel ou Heidegger, portanto podemos entrar num paradigma, podemos escolher trabalhar num paradigma analítico, dialético ou hermenêutico. Significa que podemos escolher trabalhar em diversos paradigmas. Assim, no caso é uma questão de liberdade, de certo modo, de escolha.

Quando se fala em princípio epocal se quer dizer, e isto para Heidegger é muito importante, que cada época da história da metafísica é caracterizada por um princípio objetificado que marca todos os fenômenos da época. Esta é a bela ideia exposta no início do artigo de Heidegger: *O Tempo da imagem do mundo*, em que ele diz que todas as marcas da cultura provêm de um elemento metafísico que determina a História, a Ética, a Política, a Antropologia, a Psicologia.

Esta questão do princípio epocal é novamente um limite que Heidegger impõe para o problema do paradigma. Em que sentido? De que, por exemplo, a partir da ideia de Platão não apenas se pensa o mundo como ontologia. A partir da ideia, pensa-se o conhecimento, a ética, a estética, a política. Tudo é pensado a partir de um único princípio: a ideia. Ela determina, portanto, como princípio epocal, o seu tempo. A substância em Aristóteles, por sua vez, determina os princípios da ética, da estética, etc. A partir do princípio epocal do ser subsistente a Idade Média determina a Ética, a Estética, a Psicologia, etc. A partir de quê? A partir do princípio epocal teológico. Em Descartes, Kant e Hegel o elemento que determina como princípio epocal a tudo é a subjetividade. Aí a Estética, a Metafísica, a Ética, tudo é marcado por esse princípio epocal. E Heidegger diz: Em Nietzsche temos, de certo modo, o último princípio epocal, a vontade de poder, em que todas as questões fundamentais da época, cultura, política, Ética, estética são pensadas desde o princípio da vontade de poder.

Esses princípios epocais nós não os escolhemos, nascemos dentro deles. Eles, de certo modo, limitam, em Filosofia, nossas opções paradigmáticas. Então não estamos em um paradigma, na Filosofia, de maneira tão voluntária e tão simplesmente. A Filosofia carrega em si esta ambiguidade de que enquanto estamos no universo do paradigma em que trabalhamos, algo já nos determinou a trabalhar neste universo. Isto é, vivemos sob o império do princípio epocal.

Heidegger dirá sobre si mesmo o quê? Sob que império ele está trabalhando? No século XX os paradigmas são, na medida em que exploram de maneira autônoma a filosofia. O século XX, repetimos, e o século em que reina, segundo o título de um livro de Schüremann, *O princípio da anarquia*, isto é, o século XX não tem propriamente um princípio epocal. A Ética, a Estética, a Antropologia, a Psicanálise, todos os campos da política são comandados propriamente por sucessivos elementos que não se constituem como um princípio epocal. É isso que, às vezes, chamamos de pós-modernidade. Assim, o século XX vive a ausência de um princípio epocal. Heidegger dirá: O princípio epocal do século XX é a técnica e é a ela que ele dedica, certamente, uma grande parte de sua obra dentro e fora da desconstrução da história da Filosofia.

Heidegger dirá que, no século XX, vivemos num tempo de indigência e não é por nada que Karl Löwith escreveu um livro sobre Heidegger que se chama: *Para que filósofos em tempo de indigência*, parafraseando Hölderlin: *Para que poetas em tempo de indigência.*

De certo modo, para Heidegger, o século XX é um século de obscurecimento, de encobrimento, em que vivemos uma espécie de caos com relação ao princípio epocal. Por isso a explosão de paradigmas é feita sem uma certa legalidade historial, sem um princípio orientador. É por isso que por vezes se fala em fim da metafísica, num sentido não apenas desconstrutivista, como em Heidegger, isto é, fala-se apenas em fim da metafísica como fim da Filosofia. Temos então a superação da metafísica como o imperar da objetificação.

Talvez tenhamos chegado ao fim da metafísica no sentido como Heidegger o quer: como superação, destruição e desconstrução. Esse fim da metafísica, no entanto, é o começo do pensamento em que se pensa e sustenta a diferença ontológica. Justamente essa é a ideia de Heidegger sobre a fundação do conhecimento. Existe uma teoria do conhecimento, existem muitas teorias do conhecimento, mas elas precisam de uma base como seu lugar de origem. Para Heidegger esta é a ontologia da finitude ou o universo da dimensão hermenêutica da faticidade humana.

Existe certamente uma espécie de época pós-metafísica que não diz que chegamos apenas ao fim da metafísica. Chegamos com a metafísica, na sua história, a um novo começo, a um começo que será talvez o começo do pensamento. Talvez aí se situe a nova tarefa da Filosofia. É por isso que, em um dos seus pequenos textos, *Da experiência do pensar*, o filósofo pode dizer: "Chegamos tarde para os deuses e muito cedo para o ser cujo poema apenas iniciado é o homem".

## Diferença ontológica e superação da metafísica

### — I —

Não entificar o ser, identificando-o com o ente ou um ente, significa para Heidegger superar a metafísica. Nisto consiste seu axioma central que se estende da analítica existencial até o segundo Heidegger da história do ser.

Só se é capaz de não confundir o ser com algum ente quando ele é pensado a partir da compreensão do ser. Então o espaço do acesso aos entes é aberto a partir do horizonte do ser. É para isso que o homem é *Dasein*, sendo esta expressão o constructo para definir a transcendentalidade primeiro, e, depois, o acontecer da história do ser. Na relação entre ser e ente se estabelece assim não apenas uma diferença, mas uma diferença absoluta (que não provém do ente). É essa diferença que aparece em Heidegger (ver *Vom Wesen des Grundes*) como o núcleo de sua fenomenologia e nela se decide a possibilidade do surgimento do significado e sua relação com o objeto. "O ente somente pode ser descoberto, seja pelo caminho da percepção ou seja por qualquer outro caminho de acesso quando o ser do ente já está revelado" (Heidegger, 1975, v. 24, p.102).

A revelação, a compreensão do ser que distingue ser de ente sustenta todas as nossas expressões linguísticas e, portanto, todo nosso conhecimento, isto é, todo vir ao encontro dos entes.

Como a metafísica não pensou essa diferença entre ser e ente dessa maneira, ela entificou o ser e criou um radical embaraço para pensar as condições de conhecimento do ente, para pensar o ser.

Esse o motivo que leva Heidegger a colocar a diferença ontológica como ponto de partida para falar da superação da metafísica. E é por isso também que a Filosofia fala de um adentramento na metafísica. É preciso desconstruir a metafísica para expor os motivos da entificação e o encobrimento da diferença, o que quer dizer, mostrar porque ela não pensa o ser, esqueceu o ser.

O adentramento na metafísica é o que está no projeto de *Ser e tempo,* quando se afirma que é preciso destruir (desconstruir) as ontologias da tradição porque são doutrinas da entificação do ser na história da metafísica (ver Sein und Zeit, 1976).

Esse ponto de partida legitima Heidegger a falar em superação, adentramento, fim da metafísica, fim da Filosofia e começo do pensamento, questão do pensamento.

Exploremos alguns aspectos dessa questão a partir de três textos de Heidegger dos anos 50 para vermos como ele articula a questão da diferença, do fim da Filosofia, da questão do pensamento, a crítica à metafísica como encobridora do ser na história da Filosofia ocidental.

Atentemos, sobretudo, para como é realizado, numa linguagem comentada e diversificada ao mesmo tempo, o trabalho de trazer para as questões da atualidade o axioma da diferença ontológica.

## — II —

Diferença ontológica, superação da metafísica, fim da Filosofia e questão do pensamento podem ser compreendidos a partir de três textos de Heidegger.

*Que é isto – a Filosofia? O princípio da identidade e A constituição ontoteológica da metafísica* são momentos de cerradas afirmações, de parada ao fim de árduo caminho. São três conferências pronunciadas respectivamente em agosto de 1955, fevereiro de 1957 e junho de 1957. Situam-se na constelação dos grandes textos de Heidegger após a discutida viravolta; fazem parte da década mais fecunda em publicações para o filósofo. Nos anos 50 foram editados: *Sendas perdidas* (1950), *Introdução à metafísica* (1953), *Que significa pensar?* (1954), *Ensaios e confe-*

*rências* (1954), *O princípio da razão* (1957), *A caminho da linguagem* (1959) e outros textos menores.

Ainda que escrito no horizonte terminológico e temático do segundo Heidegger, os três trabalhos se iluminam quando compreendidos a partir da análise existencial. Os problemas da correspondência ao ser, da relação de ser e homem e da diferença ontológica que aí são tratados nascem do confronto com a tradição, da intenção destruidora do filósofo, do deslocamento da questão do ser e da verdade para o âmbito da finitude.

A linguagem empregada não deve ser vista como um jargão sacralizado, como ocorre na tradição escolástica, nem como tentativa de clarificação de uma linguagem obscura e confusa que serviu de instrumento de análise de determinado objeto, como se vê nas correntes da analítica da linguagem. O filósofo procede experimentalmente. As palavras não são definitivas nem pretendem apresentar-se como melhores em relação a outras. A linguagem é comandada pela coisa mesma, por um determinado modo de ver – o método fenomenológico – que clarificou um estado de coisas.

É, sobretudo, das atuais concepções da linguagem que se deve distinguir o comportamento heideggeriano ante o dizer. Se para simplificar dividirmos em dois campos as tendências que se ocupam com o problema da linguagem, teremos, de um lado, a concepção tecnocientífica da linguagem (por exemplo, Carnap) e, de outro, a experiência especulativo-hermenêutica da linguagem (por exemplo, Heidegger). Os primeiros procuram colocar todo o pensamento e linguagem, mesmo os da Filosofia, sob a competência de um sistema de sinais que a técnica e a lógica podem fixar como instrumento da ciência determinando-se a superação da metafísica mediante a análise da linguagem numa afirmação da identidade contra a diferença. Heidegger assume sua posição a partir da questão que procura saber qual é a coisa mesma que o pensamento da Filosofia deve experimentar e como dizê-la, exigindo-se para isso uma desconstrução da metafísica que não pensa a questão da diferença ontológica. Nestas duas posições não se trata simplesmente de duas filosofias da linguagem. A linguagem, no entanto, é vista por Heidegger como o domínio em cujo interior o pensamento da Filosofia e qualquer espécie de pensamento e discurso residem e se movem. Trata-se de um confronto de duas posições diante da metafísica em que o problema da existência do homem e sua definição estão em jogo (ver a análise que o filósofo faz da questão em *Archives de Philosophie*, julho-setembro de 1969, p. 396-415).

Nestas três conferências realiza-se, portanto, um processo ambivalente e circular: questiona-se o objeto do pensamento e também a linguagem que procura dizê-lo. A coisa que se busca dizer e o dizer mesmo se entrelaçam numa interação circular. Querer definir e separar um e outro seria pretender romper o círculo, perdendo a coisa mesma e, com ela, a possibilidade da linguagem para dizê-la.

A coisa mesma que Heidegger persegue aqui é a questão do ser no horizonte da diferença ontológica. Em *Que é isto – a Filosofia?*, esta questão torna-se o centro a partir do qual se procura dizer o que é Filosofia; em *O princípio da identidade*, esta questão é o ponto de partida para uma análise da relação entre ser e homem; em *A Constituição ontoteológica da metafísica*, a mesma questão é analisada especificamente na perspectiva da diferença, para se determinar a relação entre ser e fundamento (Deus), a questão clássica da metafísica.

Examinando a estrutura dos três textos pode-se descobrir uma certa homogeneidade no tratamento das questões. Há um esquema que se repete: primeiro: lançam-se algumas interrogações; segundo: realiza-se a destruição da tradição; terceiro: esboça-se uma resposta. Na tentativa de responder, o filósofo introduz termos novos que procuram expressar o estado de coisas. Na primeira conferência: a questão do ser na perspectiva da correspondência ao ser é posta a partir do termo "disposição" (que está na origem da correspondência). Na segunda conferência: a questão do ser na perspectiva da relação entre ser e homem é posta a partir dos termos "dispositivo" e "acontecimento-aproximação". Na terceira conferência: a questão do ser na perspectiva da relação entre ser e Deus (solução dada pela tradição à questão da diferença ontológica) é analisada a partir dos termos "sobrevento", "advento" e "decisão". Desta maneira, as questões da Filosofia, da identidade e da diferença são discutidas por meio de uma linguagem nova que procura aproximar-se da coisa mesma que nelas se mostra. Heidegger introduz os modos novos de dizer aquilo que persegue, mediante o horizonte hermenêutico. O confronto desconstrutivo com a história da Filosofia (ver sobre *Destruktion* desconstrução, § 6 de *Ser e tempo*) a atitude violentadora de sua interpretação que já é justificada em *Ser e tempo* (§ 63), dão como resultado uma nova abertura para o ver fenomenológico e o que nela se lhe mostra é expresso com uma nova "violência" terminológica: uma etimologia filosófica fornece novos semantemas. Todo trabalho de desconstrução, porém, é realizado sob o signo da diferença (ontológica).

Quer discutindo sobre a Filosofia, quer desdobrando o princípio da identidade, quer lançando a questão da diferença, o filósofo repete três temas paralelos e aparentemente secundários: a) Hegel, idealismo, dialética e mediação; b) técnica, automação, tecnologia, cálculo e planificação; c) linguagem. Por intermédio de Hegel realiza-se o encontro com a tradição na sua plenitude. Nele já anunciam o fim da Filosofia ocidental e as possibilidades para um novo pensamento com nova tarefa. No problema da técnica se mostra a possibilidade de captar o mundo atual como totalidade talvez pelo último princípio epocal comandado pelo dispositivo (*Gestell*). As questões levantadas em torno da questão do ser, nas três conferências, revelam sua força questionadora na medida em que respondem às interrogações da era da técnica. Ao problema da linguagem se reduz, afinal, o caminho do questionamento, porque por ela somos carregados e somente na medida em que tornamos transparente este ser possuído pela palavra somos capazes de corresponder de maneira convincente ao que a coisa mesma nos põe como tarefa.

Há, finalmente, ainda um outro elemento que se repete nas três exposições do filósofo: a questão do fundamento. Na primeira: por que o ser chegou a ser determinado como fundamento no sentido de causa? Na segunda: por que o traço de identidade no ser se tornou o princípio do fundamento? Na terceira: por que o ser tornou-se fundamento fundamentador, enquanto *causa sui?* Em síntese: por que entificou a tradição metafísica o ser do ente, essencializando-o? E isto exige a sua superação pela desconstrução. Uma palavra de Hölderlin serve-nos de sugestão para uma leitura ainda mais profunda da unidade destes três textos de Heidegger. O poeta diz em *Hypérion*: "A grande palavra, o *hèn diaphèron heautõ* (traduzo: o uno que em si mesmo se diferencia) de Heráclito, somente um grego pode descobrir; pois é a essência da beleza e antes de ter sido encontrada não havia filosofia". O texto é tirado de *O Banquete* (187) de Platão, em que se lê: "*Hèn diapherómenon autõ autò symphéresthai*". "O uno", diz Heráclito, "se reencontra consigo mesmo, ainda quando tende para a diferença".

A identidade na diferença é para Hölderlin a essência da beleza. Beleza significa para o poeta, naquela época, ser. Antes que se descobrisse que o enigma do ser está no fato de ocultar em si mesmo a identidade e a diferença, não havia Filosofia. Ou ainda, o ser somente é porque é em si mesmo identidade e diferença; a tarefa da Filosofia é questionar o ser nesta dimensão, porque dela brota sua própria possibilidade.

Quando Heidegger pergunta: *Que é isto – a Filosofia?*, ele acena imediatamente para a questão da diferença ontológica. Somente na correspondência ao ser do ente o homem pode filosofar e isto é saber o que é Filosofia. Na questão da diferença ontológica se impõem, como polos determinantes, a questão da identidade e a questão da diferença.

Dessa maneira se conclui que os três trabalhos de Heidegger podem ser pensados não apenas nas questões que isoladamente levantam, nem mesmo somente nas questões que objetivamente abordam como comuns, mas também, e talvez sobretudo, naquela unidade originária que se dá na diferença: *Hèn diaphéron heautõ.* Partindo da pergunta da Filosofia em geral, o filósofo vai ao princípio de *identidade* e deste para a *diferença.* A questão: que é isto – a Filosofia? recebe sua resposta na análise das questões da identidade e da diferença. Como as questões da identidade e da diferença só podem ser respondidas pela interrogação filosófica, pode-se concluir que as três questões se imbricam numa relação circular. Uma pressupõe a outra. Não há Filosofia sem as questões da identidade e da diferença ontológicas, mas também não se levantam essas questões sem a Filosofia. O fato de estas questões sempre terem sido postas mesmo que implicitamente pela humanidade aponta para a universalidade da atitude filosófica que deve definir o ser humano pela compreensão do ser, isto é, pela diferença. Somente quando homens se puseram a interrogar explicitamente em torno delas, começou a Filosofia. Para Heidegger, entretanto, a metafísica se afastou deste começo, esquecendo a questão da diferença, dando, em consequência, uma resposta equívoca à questão da identidade. Retornar a estas questões pelo passo de volta é revolver o solo em que mergulham as raízes da metafísica ocidental e nisso consiste a necessidade de desconstrução dos conceitos metafísicos identitários, recuperando a metafísica objetificadora pelo teorema da diferença ontológica. Isso nos leva ao fim da Filosofia (metafísica objetivística) como tarefa do pensamento. Essa é a questão do pensamento.

## — III —

Há muitos modos de se falar em "fim da Filosofia". Antes de Heidegger, sobretudo Marx e Wittgenstein quiseram abrir duas portas para o fim da Filosofia. Em Marx ela deveria chegar ao fim pela transformação da Filosofia em mundo, de sua "supressão" na *praxis.* Em Wittgenstein, a Filosofia deveria assumir, de uma vez, sua única função: realizar a terapia da linguagem. Cumprido tal trabalho, ela "desapareceria".

Marx confundiu a Filosofia com as filosofias de seu tempo, e nas exigências que levantava não estava contida a superação da Filosofia, mas o caminho para uma nova realização da Filosofia. Em Wittgenstein, a afirmação de que a Filosofia desapareceria, uma vez resolvidos os problemas da linguagem, revela, de um lado, a descoberta de uma nova tarefa para a Filosofia, mas de outro, também, a ignorância de que de uma tal tarefa surgiriam questões de método das quais o próprio filósofo não mais tornou consciência e que precisamente implicam uma continuação da Filosofia.

Tanto Marx quanto Wittgenstein, um buscando a *supressão* da filosofia e o outro seu *desaparecimento,* abriram novos horizontes para o pensamento cujo fim anunciaram.

Para Heidegger o fim da Filosofia é o fim "fim" da Filosofia enquanto metafísica. A metafísica atingiu suas "possibilidades supremas" dissolvendo-se no surto crescente das ciências que esvaziam a problemática filosófica. O filósofo reserva, porém, um novo começo para a Filosofia, superando a metafísica. Heidegger afirma que no fim da Filosofia (como metafísica) resta uma "tarefa para o pensamento". Esta tarefa é *a questão do pensamento.* "A *última* possibilidade" – a dissolução da Filosofia nas ciências tecnicizadas – acaba revelando uma "*primeira* possibilidade". E no texto "*O fim da filosofia e a tarefa do pensamento*", de 1966, Heidegger tira a conclusão: "a tarefa do pensamento seria então a entrega do pensamento até agora, à determinação da questão do pensamento".

A questão própria do pensamento para Hegel, tanto quanto para Husserl, foi a subjetividade e esta levada a seu momento supremo: o método. Heidegger, procurando superar os dois, afirma como nova questão do pensamento a *Alétheia.* Com esta palavra compreende ele o sentido, a verdade, o desvelamento, o velamento, a clareira do ser, resumindo tudo na palavra-síntese: *Ereignis* (acontecimento-apropriação).

Se para Marx o fim da Filosofia deveria ser realizado definitivamente pela sua "supressão" e transformação na *praxis;* se para Wittgenstein o fim da Filosofia se daria mediante seu "desaparecimento", uma vez cumprida sua função terapêutica; para Heidegger o fim da Filosofia como "acabamento" (dissolução nas ciências na era da técnica) é, no entanto, compreendido como um novo começo. Heidegger tem consciência de que a afirmação *autossupressão* da Filosofia só pode significar sua renovada *autoafirmação.* Esta autoafirmação é sintetizada pelo filósofo na expressão "questão do pensamento". Não discutiremos aqui até que ponto Heidegger terá razão quando critica e procura superar Hegel e Husserl. É, sem dúvida, simplificação resumir a Filosofia de ambos na subjetividade e, consequentemente, na "questão do pensamento", método e questão.

Mostrando que a problemática filosófica chegou ao fim enquanto problemática metafísica, Heidegger deve conceber uma nova problemática, no bojo da expressão "questão do pensamento". Esta nova problemática deverá ser compreendida sob dois ângulos fundamentais: o ponto de vista *genético* e o ponto de vista *sistemático*.

Formulamos as duas perguntas essenciais que deveriam enfrentar a determinação da gênese da "questão do pensamento":

a) Quais as condições de possibilidade do surgimento desta nova questão do pensamento no fim da metafísica?

b) Como se instaura, como se constitui e como se desdobra todo o campo possível do correlato desta questão do pensamento?

Não nos deteremos nestas duas perguntas fundamentais. Elas são, no entanto, essenciais para apanhar o surto da nova problemática filosófica implícita "na questão do pensamento".

A segunda perspectiva de abordagem da problemática filosófica, contida na questão do pensamento, chamamos aqui de sistemática. Esta consistiria no enfoque sistemático da problemática filosófica visada com a expressão "questão do pensamento". Esta expressão anuncia uma radical reflexão autocrítica que a problemática filosófica deveria exercer. É nisso que se esconde o sentido polêmico da expressão "questão do pensamento". Esta exprime uma postura que diretamente não quer ser algo, a saber, uma *pacífica enumeração* de problemas de Filosofia que não problematizam o horizonte donde surgem. Quando Heidegger fala em "questão do pensamento" não pressupõe a descoberta de um espólio esquecido do pensamento ocidental, uma totalidade previamente dada, mas somente agora descoberta. Seria, antes, uma totalidade relativamente à qual nosso trabalho se limitaria simplesmente a uma mudança de lentes ou eventualmente a uma mudança de posição. É precisamente em tais momentos que se constitui a questão do pensamento e a eventual problemática nela contida.

Já conseguimos aqui uma fecunda antevisão da ambiguidade essencial da expressão heideggeriana, aparentemente simples e quase ingênua: "questão do pensamento". Temos aqui, com efeito, simultaneamente um *genitivo objetivo* e um *genitivo subjetivo*.

Para maior clareza, começamos por dissociar estas duas possibilidades, para, em seguida, rearticulá-las, mostrando como justamente na *unidade de sua relação* está o seu fundamento e o seu único sentido viável.

a) Enquanto *genitivo objetivo*, a "questão do pensamento" focaliza o pensamento como correlato de um *espectador*. No caso-limite a problemática contida na expressão poderia significar a pura objetividade;

b) Enquanto *genitivo subjetivo*, aquela expressão faz emergir um pensamento que se *autoquestiona*. Crispando este sentido do genitivo e cortando-o do primeiro, teríamos uma queda na subjetividade.

O que importa para o filósofo é manter articulados entre si estes dois genitivos ocultos na expressão "questão do pensamento". Teremos então, no fim da Filosofia da metafísica, nem apenas um novo questionamento do que é pensamento, nem apenas um novo voltar-se do pensamento sobre si mesmo para se autoquestionar. Resta, em síntese, a unidade de uma questão que se pensa e de um pensamento que se questiona. Não teremos apenas uma questão do *pensamento* simplesmente dada, mas também, e talvez sobretudo, uma *questão* do pensamento, em que este desempenha uma função essencialmente ativa na constituição da questão, isto é, o pensamento nos questiona.

É na unidade dialogal, no íntimo espaço entre os dois mencionados sentidos do genitivo, que se deve buscar a determinação das relações entre questão e pensamento. Nem o pensamento é puro constituído, nem a questão é pura constituição. Nem o pensamento permanece exterior à questão, nem a questão permanece exterior ao pensamento.

Os nomes a que Heidegger recorre para designar esta unidade dialogal, este íntimo espaço, são sobretudo aproximações, mas talvez com a palavra *Ereignis*, enquanto tradução por *acontecimento-apropriação*, o filósofo mais se avizinhe do elemento nodal que se esconde na expressão "questão do pensamento". A ambiguidade essencial que perpassa todos os nomes fundamentais com que Heidegger procura dizer a "questão do pensamento" está escondida e concentrada no nome *Alétheia* lido filológico-filosoficamente.

Se em Marx o fim da Filosofia se anunciou como *supressão*, e em Wittgenstein como *desaparecimento*, em Heidegger o fim da Filosofia é "última possibilidade" que, enfrentada, torna-se a "primeira possibilidade" a partir da qual se refaz toda a "questão do pensamento".

Uma vez recuperada a metafísica pelo pensamento da diferença, aparece a questão do pensamento que consiste em preservar o ser da entificação, colocando-o a partir da compreensão do ser e como história do ser.

Expusemos assim pela aproximação de três textos de Heidegger, os temas centrais de seu pensamento e acentuamos a questão da diferença ontológica. Assim podemos perceber que é a partir da diferença que a *questão do pensamento* nos atinge. Não é apenas o pensamento que se torna objeto – faríamos assim uma *ontologia da diferença*. O pensamento, porém, nos questiona e assim quem nos determina é a *diferença ontológica*.

É essa situação que Heidegger ilumina com uma pergunta: "Funda-se a distinção entre ser e ente na *natureza humana*, de maneira que ela pode ser caracterizada a partir desta, ou funda-se a natureza do homem na distinção entre ser e ente?".

## A metafísica e a desconstrução do imaginário de nosso tempo

Temos que pensar os imaginários de nosso tempo e mesmo o imaginário do fim da metafísica como produtos da entificação do ser, como sinais do encobrimento que acompanham a história da metafísica como esquecimento do ser. A dimensão da *presença* que predomina em toda a metafísica é o que sustenta os imaginários examinados e mesmo o modo objetificado de nossa época pensar o fim da metafísica.

Heidegger pensou a superação da metafísica como superação desta entificação, levando-nos a um novo começo – isto é, à destruição, ou melhor, à *desconstrução.*

O trabalho de desconstrução é o que realiza o segundo Heidegger. Ele desconstrói a história da metafísica como *presença*. Desta atividade resulta a possibilidade de pensarmos a *história do ser*, o acontecer da diferença entre ser e ente. O acontecer, a historialidade, passam a ser a nova dimensão pela qual superamos a entificação e a objetificação.

A *superação da metafísica* como desconstrução é o *adentramento da metafísica* como acontecer do ser. Assim a desconstrução nos dá um novo começo que desde sempre nos acompanha enquanto compreendemos o ser e que como o acontecer da história do ser nos situa na historialidade, na finitude.

A superação da metafísica, no entanto, representa um apelo à desconstrução dos conceitos da metafísica e não simplesmente uma superação da *presença,* como querem Derrida e a tradição francesa. O ser também se revela (desvela) na presença e por isso mesmo não podemos, como queria a metafísica, ler tudo como presença. A história da metafísica é a história do encobrimento pela *presença*. Sem poder suprimi-la, podemos chegar ao sintoma que ela representa. É próprio da finitude estar sempre na relação com velamento e desvelamento do ser pela entificação, pela presença.

O ver apenas a presença como o que se mostra, e não como o que também oculta, levou a afirmar a presença de tudo, ao espetáculo dos entes, sem percebermos que nele se esconde o ser.

Nesta fase dos acontecimentos da ordem do mundo, sustentada mais uma vez pelo capitalismo, mas agora em sua forma tardia e globalizada, tudo o que acontece é convertido em espetáculo e se é mentira o que aparece, o outro lado, o que move tudo, o que funciona para o espetáculo, é a própria falsidade em sua trivial apoteose.

É como se os acontecimentos humanos só pudessem ter sentido quando encenados, comprados, apresentados num vídeo gigantesco em que tudo aparece como notícia, como presença. A pequena e contraditória existência humana só aparece em sua deformação e narrada pela voz assustadora de um grande coletivo. Assalta-nos a sensação de irrealidade, quando nos apresentamos com nossas pequenas vivências que se agregam para garantir o que chamamos vida humana, e pensamos que tudo deve ser apenas aparecer.

O breve traçado de uma vida humana é exposto e resolvido para ser resumido na insignificante história de um indivíduo a serviço da gênese da espécie. O que importará o que este indivíduo pensa, aspira e realiza em sua esfera particular? Sua complexidade e perplexidade são comprimidas num código genético e decifradas no que nele está certo e errado e corrigidas para melhor servir o avanço da espécie.

É para isso que se combinam as biociências e as ciências cognitivas. Os grandes avanços nestas duas áreas querem impor à nossa época uma nova visão do ser humano e obtêm um sucesso espetacular devido a seu poder explicativo e seu sucesso prático.

Se, de um lado, este avanço na decifração dos processos dinâmicos mostra a insuficiência da razão construtiva, de outro lado ele representa um terremoto no território semântico da consciência humana e surge uma nova semântica em que o cognitivo e o vital se juntam.

Com a conciliação das duas ciências – a *life-science* e a *cognitive-science* – nos apresentam um novo ser humano em que entram em crise as metáforas básicas com que dele falávamos – sujeito, consciência, espírito, transformação da história –, e passam a circular novas metáforas como – mente-corpo, emergência, auto-organização, constituição de campos semânticos, neurossemântica, emergência da linguagem.

Num primeiro momento, quem tentou uma resposta filosófica a este imenso progresso da ciência aderindo às novas metáforas foi a filosofia da relação mente-corpo, mas ela já foi ultrapassada e hoje podemos dizer que, em grande parte, está errada. Ela não conseguiu acompanhar as neurociências e o mundo da tecnotrônica.

Se assistimos perplexos a esta massa de resultados e informações da pesquisa, nada resolve a corrida apressada atrás das novas metáforas, como nada traria de volta o mundo conceitual do passado e da tradição. Querer simplesmente reduzir a complexidade dos avanços da ciências pelo recurso a filosofemas novos ou antigos não resolve nossa perplexidade. Diminuindo a complexidade, perdemos em realidade.

De nada adianta um simples esforço para não perdermos, como *filósofos*, para a *ciência*. Ela possui sua dinâmica própria, medida pelo seu poder explicativo e seu sucesso prático e nem leva em conta a Filosofia ou a Ética, mas oculta a verdadeira essência de seu acontecer.

O que importa é o contexto em que tudo isso se insere. Quem não toma consciência disso, contudo, se encanta apenas com o espetáculo e a encenação com que a mídia e a retórica da ciência nos informam e nos assustam. E o contexto em que se dão as informações e os discursos de cada época liga-se a certos imaginários sociais e seus postulados básicos.

Ainda vivemos no universo de dois imaginários sociais da modernidade: – o crescimento ilimitado da produção e da forças produtivas; – a crença de que não há limites para a razão e esta é, por excelência, matemática e biológica, talvez. Com base nestes dois imaginários, tudo é desenvolvido como crescimento indefinido e a maturidade consiste na capacidade sem fim de crescer.

Os postulados que sustentam estes imaginários são: – a "onipotência" virtual da técnica; – a "ilusão assintótica" relativa ao crescimento científico; – a "racionalidade" dos mecanismos econômicos; – diversos lemas sobre o homem e a sociedade, por exemplo: o homem e a sociedade estão "naturalmente" predestinados ao progresso ou podem ser manipulados de diversas maneiras para isso, intervindo preventiva ou terapeuticamente em seu destino de espécie.

É no contexto da *crise* destes "postulados" e das significações imaginárias correspondentes que tem sentido apresentarmos nossas perplexidades e críticas. A *crise* significa o descalabro e o desconforto das *instituições* que encarnam estas significações imaginárias. O mercado, o sistema de produção e distribuição, as instituições políticas, as instituições internacionais e seus organismos, os mercados de comunicação, entidades autônomas que defendem o liberalismo, grupos ideológicos socialistas e a espantosa máquina autoritária do mundo comunista cuja crise e decadência e implosão atingiu tão profundamente nosso imaginário.

A estas instituições devem ser acrescentadas também as escolas, os colégios, os institutos, as faculdades, os centros de ciência e pesquisa, as universidades, como instâncias de reprodução.

Estas instituições administram, empresariam e agenciam os lugares-comuns dos imaginários sociais e seus postulados e nenhum poder manifestam para superar este círculo que lhes dá sua essência e, ao mesmo tempo, o objeto de sua investigação e estudo. Em todas elas, contudo, se oculta um acontecer que só irá aparecer quando desconstruído seu caráter metafísico.

Elas vivem a sua crise e tentam equacioná-la na corrida para a frente. Terminam participando do espetáculo em que se convertem todos os acontecimentos humanos.

É por isso que também não são capazes de situar as conquistas das ciências cognitivas e das biociências num quadro em que elas não sejam apenas um novo progresso, um novo desenvolvimento, ainda que com novas metáforas.

É como se fosse aparecendo, aos poucos, o imperar de um imaginário maior e envolvendo todos os outros com seus postulados e crenças impedindo a nossa época de fazer um mundo e uma história na dimensão do ser humano.

Há um imaginário social e um pressuposto de que o acúmulo de dados e uma soma de informações, um dia, nos darão o que permite humanizar o progresso, dimensionar o descomunal e reencontrar a estatura do humano. Este imaginário poderia ser denominado a *positividade*, a *positivação* e seu postulado estaria contido na *renúncia à transcendência* e na *negação da metafísica* enquanto história do esquecimento do ser que deve ser lembrado.

Sem fazermos as mediações históricas, talvez necessárias, mas para as quais não há espaço aqui, podemos dizer que se trata de repensar o que é a *metafísica*. Todos os grandes filósofos fizeram metafísica, não para dar soluções objetificadoras sobre os objetos no mundo, mas para garantir a transcendência como uma moldura que nos dá o senso da proporção diante do mundo, da vida e do mistério, mesmo que não tenham referido diretamente a duplicidade da metafísica que mostra e encobre.

Quando hoje falamos em argumentos transcendentais, expressamos neles uma autocompreensão de que a "experiência é apenas metade da experiência". Estes argumentos apresentam características particulares que são essenciais para que nossa experiência seja realmente experiências, são suas condições necessárias. Os argumentos se resumem, de certa maneira, como síntese de nossa compreensão como *seres-no-mundo* que acompanha toda a experiência.

Nos argumentos transcendentais se expressam: uma pretensão de indispensabilidade, uma fundamentação *a priori* e uma referência a toda experiência para que seja experiência, uma feliz formulação de Charles Taylor (1997, p. 51-52).

Assim sendo, nossa atividade humana, seja em que domínio for, se dá numa moldura que lhe dá uma unidade superior e que não se resolve numa soma de conhecimentos. Esta moldura se constitui de modo autoevidente, com uma validade que se pode ver de modo imediato, e que é indispensável para que saibamos o que é experiência, e que é apodítica ainda que aberta a um debate infindável. Para falar deste campo da transcendência, não temos formulações disponíveis na linguagem cotidiana, por isso se exige uma inovação na linguagem, e uma aclaração dos limites da experiência em formulações que desvelam uma zona que normalmente se mantém fora do alcance de nosso pensar e de nossa atenção, pela tendência ao encobrimento na história do ser que exige a desconstrução. Heidegger fala em princípios epocais.

Em todas as etapas da Filosofia ocidental esta dimensão indispensável, *a priori* e aberta, foi objeto de análise.

Todos os filósofos ao proporem, desde os gregos, uma resposta sobre a totalidade, fizeram metafísica. Muitas vezes as afirmações identificavam este todo com um ente, um objeto, uma causa, mas estas entificações não nos enganam, pois são como que materializações da transcendência. A *história da metafísica* é esta história da revelação e do encobrimento destas condições que nos levam a ultrapassar o empírico, e contudo tornam possível a nossa experiência. Pela destruição das ontologias a partir do conceito de tempo como presença, Heidegger nos levou a desconstruir os conceitos para mostrar o que está oculto: o ser.

No século XX aprendemos a formular mais formal ou existencialmente a maneira como o ser humano é metafísico.

Paradoxalmente, no entanto, instalou-se um imaginário em nossa história recente que nos quer fazer ver como evidente que *chegamos ao fim da metafísica*.

É deste imaginário que nos ressentimos quando caímos na positividade e absolutizamos as respostas das ciências. É como se perdêssemos as proporções sobre a condição humana, se não tivéssemos a presença dos limites que nos são traçados pela transcendência que se expressa nos elementos implícitos de pressupostos que podemos denominar metafísicos.

Existem, porém, importantes filósofos que nos ajudam a superar os equívocos em torno da metafísica e nos convidam a adentrar o coração da metafísica para conhecermos sua verdadeira história e nossa condição inelutavelmente necessitada da metafísica.

Muitos filósofos definiram o ser humano como sendo naturalmente metafísico, não no sentido de que faz parte de dois mundos, de um mundo reduplicado, mas para afirmar nossa condição de transcendência: ir além, não encerrar tudo numa resposta, continuar com a pergunta, sustentar a finitude, um já-sempre-estar além de si mesmo.

Todos esses filósofos descreveram *esta moldura* para nela inserir suas interpretações de *aspectos concretos* do homem no espaço e no tempo. Assim, a verdadeira Filosofia instrumenta análises da condição humana, dos acontecimentos, dos fenômenos, da nossa compreensão, mantendo uma abertura que, ao mesmo tempo, é um apoio na construção de nossas teorias e discursos.

Cada corrente, cada movimento, cada paradigma filosófico pode assim apresentar um universo categorial específico, mas não excludente de outros aparatos conceituais.

Heidegger falava em princípios epocais afirmando que: "A metafísica funda uma época, na medida em que lhe dá o fundamento de sua forma essencial através de uma determinada explicação do ente e de uma determinada concepção de verdade. Este fundamento perpassa todas as manifestações que caracterizam uma época" (Heidegger, 1953, p. 69).

Cada época, portanto, necessita da metafísica para dar conta de um universo categorial com que fala do ente. Ela está presente, mesmo que com Kant queiramos impor-lhe limites. O filósofo mesmo mostra, em três de seus textos fundamentais, que não conseguimos prescindir da metafísica. Sempre queremos *voar no vácuo*, sempre respiramos o *ar impuro da metafísica* e sempre carregaremos conosco esta *mancha podre* (*fauler Fleck*) que nos leva a trabalhar com conceitos que nos conduzam para além dos objetos e sustentam um espaço de transcendência.

Diante de tudo que analisamos antes, vale a pergunta de Heidegger: "Funda-se a distinção entre ser e ente na *natureza humana* de maneira que ela pode ser caracterizada a partir desta ou funda-se a natureza do homem na distinção entre ser e ente?" (Heidegger, 1952, p. 70).

Tudo o que vimos até agora nos remete a esta questão central da metafísica. Se quiséssemos deduzir nossas posições filosóficas dos avanços das ciências e dos imaginários sociais e seus postulados, cairíamos na positividade e não haveria moldura para pensarmos com sentido nossa época e o progresso das ciências e da técnica, cuja essência está oculta na história da metafísica.

Já vimos no exemplo dos *argumentos transcendentais* que toda nossa experiência se dá num quadro de pressupostos que são condições de nossa experiência – e agora podemos denominar isso de *diferença entre ser e ente*, a diferença ontológica, a dimensão central da metafísica.

E Heidegger conclui:

> É a partir do domínio desta questão que se esboça o modo como e a perspectiva a partir da qual atingimos um sentido mais originário da metafísica... Tentamos penetrar no fundamento da metafísica para, desta maneira, experimentarmos *a distinção entre ser e ente*, ou mais exatamente, aquilo que sustenta a própria diferença como tal: a relação do ser humano com o ser (1952, p. 70).

A compreensão do ser nos leva até aí como ponto de partida.

O que Heidegger fez, falando em *superação da metafísica*, foi nos libertar das ilusões de fundar a metafísica no ente e no positivo e nos levar ao adentramento da metafísica para nela vermos a moldura que dá unidade e funda nosso conhecimento positivo. Aqui Heidegger nos fala de necessidade da desconstrução da metafísica como presença.

Numa revolta contra a metafísica, *Carnap* se inspira em Heidegger, ou melhor, na *superação da metafísica* e escreve seu texto *A superação da metafísica através da análise lógica da linguagem*, para tentar mostrar seu sem sentido e fundar todo conhecimento no empírico. Perdida a moldura da metafísica, Carnap funda o positivismo ou empirismo lógico que foi um ponto de partida importante para alimentar o imaginário social, central no século XX – de que chegamos ao *fim da metafísica*.

O postulado da positividade se estabeleceu em grandes espaços da Filosofia do século XX, mas, no coração mesmo das posições empiricistas, foram novamente reaparecendo os sinais do renascimento da metafísica, vestida de novas formas de expressão e com a força de uma análise lógico-linguística que mais nos mostra seu caráter imprescindível.

Mesmo assim, a metafísica não se mostra triunfalista. Gadamer descreve, em 1983, de maneira magistral:

> O ser humano não apenas "tem" linguagem, *lógos*, razão – ele está postado no aberto, sempre exposto ao poder – perguntar e ao ter-que-perguntar, para além de cada resposta alcançável. Isto quer dizer *Da-sein*. Aqui a tríade arte-religião-filosofia entra na posse de antigos direitos. O Ocidente encetou o caminho da ciência e com isto submeteu as formas de vida da humanidade a sua transformação cujas conseqüências ainda não são previsíveis. Com isto, a "filosofia" conquistou uma estreita relação com a ciência – e arriscou, com isso, de modo inverso, uma distância da arte e da religião como nenhuma das grandes culturas da Antiguidade ou dos espaços culturais fora da Europa.
>
> Vivemos na era da ciência. *Com isso parece chegado o fim da metafísica*. Também o fim da religião? Também o fim da arte? Enquanto perguntamos assim, aliás enquanto

simplesmente perguntamos, tudo parece em aberto. *Mesmo a possibilidade da metafísica.* Metafísica talvez não seja apenas – e mesmo em Aristóteles não apenas – aquela ontoteologia que procura resolver no ente supremo o que é ser. Ela significa muito mais a abertura para uma dimensão que, sem fim como o próprio tempo e que como fluir de presença como o próprio tempo, *envolve* todo nosso perguntar, dizer e toda nossa esperança (Gadamer, 1995, p. 108).

O que no fim do século se mostra como a *forma de metafísica* mais radical e abrangente e distinta do conhecimento científico, não é apenas uma manifestação para ser fruída de modo estético e contemplativo. Esta metafísica é o grande desafio para todo o pensamento que se ocupa com regiões da realidade e do conhecimento em nosso tempo.

Somente poderemos enfrentar os avanços das ciências e da técnica se pensarmos que a essência que as sustenta não é nem científica nem técnica. Elas fazem parte do destino da metafísica ocidental que é a história do esquecimento do ser.

O processo de desconstrução nos leva a esse esquecimento que resultou da entificação do ser. É esse processo que nos levou a uma concepção objetivista e objetificadora do conhecimento científico.

Pela história do ser, revelada nos diferentes períodos da metafísica, podemos chegar, pela desconstrução, a um acontecer que também se dá nas ciências e na técnica. Assim a metafísica se mostra nosso destino na era da técnica que nos leva a um novo começo.

## O incontornável como o inacessível – a diferença ontológica numa carta inédita de Heidegger

Após os eventos dos anos 30 e da Segunda Guerra Mundial, Heidegger procura recuperar seu lugar no espaço público do debate filosófico e revelar, cuidadosamente, em que consistiu seu trabalho nos anos de chumbo. O ensaio quer situar, nesse contexto, uma carta inédita do filósofo ao professor Hermann Zeltner, de Erlangen, na qual fala de uma resenha sobre seu primeiro livro publicado depois de 15 anos de silêncio: *Holzwege*. Nesta carta, Heidegger escreve sobre a relação das ciências com a Filosofia diante da diferença ontológica, da questão da técnica e da viravolta, necessária tarefa do pensamento.

Lenha é um antigo nome para floresta. Na floresta há caminhos que no mais das vezes, invadidos pela vegetação, terminam subitamente no não-trilhado.

Eles se chamam caminhos da floresta.

Cada um segue um traçado separado, mas na mesma floresta. Muitas vezes parece que um se assemelha ao outro. Contudo, apenas assim parece.

Lenhadores e guardas da floresta conhecem os caminhos. Eles sabem o que quer dizer estar num caminho da floresta (Holzwege, 1952).

## — I —

Ainda que conste, na primeira edição de *Holzwege*, o ano de 1950, Heidegger escreve a Karl Jaspers, em 23 de novembro de 1949, "Die 'Holzwege' sind jetzt auch da" ("Caminhos da floresta" também já está aqui, agora) (M. Heidegger; K. Jaspers,1990, p. 189).

Numa carta de 10 de dezembro de 1949, Heidegger conclui: O "Holzwege" lhe faço enviar, por esses dias, pela editora, por questão de segurança (M. Heidegger; K. Jaspers, 1990, p.193).

No dia 14 de janeiro de 1950 Jaspers escreve a Heidegger:

> Agradeço-lhe pelo "Holzwege". Li o que está escrito sobre Nietzsche, *A época das imagens do mundo*, Rilke. Creio ver ao menos um pouco mais claro o que poderia perguntar-lhe. Coincidências surpreendentes em detalhes e na perplexidade, para mim mesmo perceptível de grande distância no todo do trabalho, me agitaram na leitura. Quando me irritava, dizia-me que duas coisas não devo esquecer: trata-se aqui de "Holzwege" e trata-se do preparar das preparações. O senhor se revela neste livro no seu antigo nível. O livro me prendeu a atenção mais que seus escritos anteriores. Qual é, no entanto, sua intenção propriamente dita, isso eu não seria capaz de dizer. Iniciar uma crítica não seria hoje possível, nesta breve carta. Permaneci na tensão interrogadora: Se iria transformar-se numa possibilidade fantástico-enganadora de pensar-poetar, ou se aqui estava começando uma cuidadosa abertura da porta – se acontecia uma sedutora liberação do *éthos* ou antes da abertura de um caminho que no fim conduz justamente a tal realização – se aqui encontra expressão um ateísmo gnóstico ou o tatear em direção da divindade (Heidegger; Jaspers, 1990, p. 195 -196).

No dia 9 de fevereiro de 1950, Hannah Arendt escreve de Wiesbaden: "Os 'Holzwege' estão sobre a mesa de cabeceira..." (Heidegger; Arendt, 1998, p. 76). No dia 15 de setembro de 1950, Heidegger escreve a sua amiga: "Na revista *Monat* deve ter aparecido uma resenha pouco agradável de *Holzwege*, atrás da qual se presume Jaspers. Mas não leio resenhas; por isso a coisa me é indiferente" (Heidegger; Arendt, 1998, p. 117).

No dia 6 de outubro de 1950, Heidegger escreve novamente a Hannah Arendt para confessar: "Ich gehe immer noch auf Holzwegen" (Ainda continuo andando em caminhos da floresta.) (Heidegger; Arendt, 1998, p. 118). Agora Heidegger não se referia, com o termo "Holzwege", ao seu livro, mas como um estado ou uma situação pessoal que poderia ser interpretada de várias maneiras: eu continuo a filosofar do meu modo; eu continuo na minha Filosofia sem saída; as condições de meu trabalho no pós-guerra, fora da universidade, continuam difíceis. Heidegger havia sido demitido, no fim dos anos 40, por uma comissão da universidade que solicitara um parecer de Karl Jaspers. Este fora duríssimo em sua carta, enviada à comissão no dia

22 de dezembro de 1945. Seu parecer tornou-se decisivo para a aposentadoria forçada de Heidegger.

*Holzwege – Caminhos da floresta, Caminhos que não levam a lugar algum, Sendas perdidas* – não é apenas o título do primeiro livro mais importante publicado depois de *Ser e Tempo* e o texto mais representativo do pós-guerra. É o livro que apresenta trabalhos do segundo Heidegger após 1930, produzidos depois da viravolta (Kehre). A expressão *Holzwege* registra também a perplexidade do filósofo com relação à recepção de seu pensamento, no mundo da Filosofia, depois da viravolta, ou seja, a reação dos leitores de sua obra a um livro seu publicado depois dos brutais acontecimentos da era do nazismo e dos conflitos que passaram a cercar o filósofo, depois do ano de sua Reitoria da Universidade de Freiburg, no período de maio de 1933 a abril de 1934.

Quando o filósofo, em 1946, na *Carta sobre o humanismo*, declara: "Aqui o todo se inverte" (*Hier kehrt sich das Ganze um*) (Heidegger, 1967, p. 159), ele se referia a seu trabalho de 1930, da viravolta, do segundo Heidegger, obra de cuja grandeza só sabemos hoje pela edição póstuma. Com a frase "aqui o todo se inverte", Heidegger também confessava que o seu pensamento era um *Holzweg* – Um caminho sem saída –, o que exigia um *ir*, da compreensão do ser de *Ser e tempo* e contexto, e um voltar da história do ser de *Contribuições para a filosofia* e contexto.

É por isso que o autor declara, em 1953, três anos após a publicação de *Holzwege*, numa nota prévia à sétima edição de *Ser e tempo:* "A segunda metade não pode ser mais acrescentada depois de um quarto de século sem que a primeira receba nova forma de apresentação. Seu caminho permanece hoje ainda necessário, caso a questão do ser deva continuar a mover nosso *Dasein*". (Heidegger, 1967, p. 159).

## — II —

Depois do panorama histórico, brevemente traçado, a partir de documentação que hoje temos disponível, quero agora inserir a carta inédita que Heidegger escreveu ao doutor Hermann Zeltner no dia 2 de agosto de 1950. Podemos observar na correspondência analisada qual a preocupação e o grau de perplexidade do filósofo diante do futuro que estava sondando, com a publicação de uma obra que, ao mesmo tempo em que trazia o estilo típico do autor, apresentava elementos inovadores relativos ao modo de pensar do segundo Heidegger. *Holzwege* não representava apenas o título, extremamente complexo e sugestivo de um livro, mas também se apresentava como confissão de quem se movimentava na floresta ameaçadora das filosofias do pós-guerra e anunciando uma mudança em seu modo de se autointerpretar e oferecendo uma nova perspectiva de sua obra.

Todtnauberg, 2 de agosto de 1950

Caro doutor Zeltner!

Não apenas me alegrei com seus ensaios, mas, sobretudo, pelo fato de novamente ouvir notícias suas.

O que o senhor escreve é de longe o melhor que tenho lido com respeito a esse tema. Aqui efetivamente está alguém que enfrentou as *Sendas perdidas*, pensando junto. Desejaria do senhor uma crítica exaustiva do livro. Será que o senhor não poderia entregar para a impressão o ensaio, publicado no auspicioso jornal da Universidade de Erlangen, mais ampliado, no *Merkur* de Baden-Baden?

O senhor escreve, no fim, no último parágrafo, "Heidegger não tem em vista essa possibilidade (do diálogo entre as ciências)".

O senhor tem razão, na medida em que calo sobre isso. Mas, faz poucas semanas, falei desse diálogo a jovens estudantes (mais privadamente) como eu me represento a Universidade.

Justamente o diálogo a que o senhor se refere eu tinha aí em vista. Mas, para esse diálogo, o pressuposto fundamental é que as ciências particulares estejam dispostas a se interrogarem a si mesmas. Isso somente pode acontecer através do fato de elas, desde o seu próprio trabalho, a partir da coisa, se toparem com o que na coisa é *incontornável:* o fato de que, em toda parte, já no ente, é pensado e dito o ser. Isso para as ciências incontornável deve ser experimentado enquanto para elas, com seus meios, *inacessível* e assim manifestando-se a pretensão do pensamento e do que é digno de ser pensado. *Guardar o incontornável como o inacessível*, esta é *a* experiência da essencial limitação das ciências. Reconhecer o limite enquanto limite, esta é a autêntica limitação. Nela se funda o primeiro sentido da especialização inevitável. No pano de fundo dessas considerações está o pensamento de que a essência da ciência moderna se fundamenta na *essência da técnica*, está o fato de que a essência da técnica, entretanto, é uma, *a* figura fundamental do ser que agora impera, no sentido da vontade da vontade. Existem sinais de que estamos, ainda que apenas vagarosamente, avançando na direção de uma *vira-volta* (Kehre) desse destino do ser. Preparar para ela é necessidade e tarefa do pensamento.

No fundo, já em minha aula inaugural de 1929 procurei, em meio às ciências, aplicar-lhes um impulso para o totalmente outro, para dentro do qual elas já sempre se estendem e que, visto desde o ente, é o *não*-ente, dito extremadamente mas pensado autenticamente o nada enquanto o ser. Até hoje *ainda não* se compreendeu a intenção fundamental dessa conferência. Em lugar disso só se apanhou o fato de que na minha problematização e no que na conferência se diz sobre a "angústia" e tagarelou sobre "o nada" como um objeto que subsiste por si e o desfez na conversa. Do movimento e caminho do pensamento não se encontra nada.

Como estão as coisas com seus estudos sobre Schelling? Seria tão urgentemente necessário que finalmente fossem tentadas sustentáveis e básicas interpretações dos escritos fundamentais schellinguianos: não para renová-lo ou para fazer dele uma nova corrente, mas para preparar o diálogo pelo qual ainda se espera.

Ainda um pedido prático, caro doutor! Nosso filho Hermann, que na guerra foi oficial e até o outono de 1947 esteve, em condições muito duras, como prisioneiro de guerra na mão dos russos, trabalha com o professor Ritter. Ele chega em Erlangen com intenções especiais para fins de estudo. Ser-lhe-ia muito grato se o senhor pudesse apoiá-lo com conselho e auxílio. Com cordiais saudações e o desejo de em breve novamente ouvir do senhor,

Seu M. Heidegger.

## — III —

Quais as informações que nos são transmitidas por esta carta? No que se refere ao contexto histórico, pudemos observar as circunstâncias em que essa carta foi redigida. Interessam, no entanto, para essa análise, as questões teóricas que ela nos traz e que podem ser situadas nas preocupações do filósofo sobre a Filosofia em geral, mas particularmente sobre a relação entre as ciências e a Filosofia na concepção de Heidegger.

Deixando de lado os aspectos de ordem psicológica, biográfica e de estratégia de representação de sua Filosofia depois da catástrofe do nazismo, examinemos os elementos centrais de caráter filosófico. Estes podem ser divididos em três aspectos: o primeiro discute a relação das ciências com a Filosofia. Nela se acentua o teorema fundador do pensamento de Heidegger – a diferença ontológica – e nela o sentido que possui na questão do conhecimento humano. O segundo aspecto diz respeito ao modo como Heidegger pensa, a partir de seu teorema fundamental, o problema da essência da ciência e da essência da técnica. Por fim, o terceiro aspecto refere-se ao que Heidegger expusera na sua conferência de 20 anos antes, intitulada *Que é metafísica?*, na qual examina o problema das ciências na instituição universitária, a posição das ciências diante da questão do ser, abordando essa questão ao falar do nada enquanto um outro modo de colocar a questão do ser.

Como diz na carta, dessas questões o filósofo fala para alguém que lhe acompanhou os passos pelos *Holzwege — Os caminhos da floresta* ou as *Sendas perdidas*, ou ainda *Os caminhos que não levam a lugar algum — e* lhe resume um dos conteúdos fundamentais apresentados pelo livro com esse título.

A primeira questão de ordem psicológica e biográfica, que aparece no texto e que não iremos aprofundar mais, parece-nos bem compreensível no contexto que analisamos na correspondência entre Heidegger, Jaspers e H. Arendt. O filósofo estava feliz com o novo livro, mas, ao mesmo tempo, ansioso e perplexo, esperando por reações positivas dos críticos, uma vez que soubera do ceticismo de Jaspers e da resenha na revista *Monat*.

*Holzwege* era uma pequena prova das milhares de páginas produzidas depois de *Sein und Zeit*, ou melhor, depois da viravolta, que a publicação póstuma nos está revelando, volume após volume.

Os textos que compõem o livro são os seguintes:

*A origem da obra de arte* – versão final de uma conferência repetida várias vezes nos anos 30.

*A época da imagem do mundo* – apresentada como conferência em 1938.

*O conceito de experiência de Hegel* – resultado de textos de um seminário e de conferências, realizados nos anos de 1942-1943.

*A palavra de Nietzsche "Deus está morto"* – constitui o resultado de cinco semestres de preleções sobre Nietzsche (1935-1940) e fora apresentado em pequenas palestras.

*Para que poetas* – apresentado como conferência em comemoração aos 20 anos da morte de R. M. Rilke, em 1946.

*O dito de Anaximandro* – parte de um tratado escrito em 1946 (M. Heidegger, 1952; 344 – 345).

O pedido que o filósofo dirige a um desconhecido, *Dr. Hermann Zeltner* – discriminado durante o nazismo e condenado a ganhar sua vida trabalhando na Biblioteca Universitária de Erlangen, durante a guerra – era que ele ampliasse sua análise e publicasse sua resenha na revista *Merkur*. O pedido constituía uma das muitas estratégias de divulgação de sua obra e de retomada de seu lugar no cenário do pós-guerra. Algo semelhante tinha sido todo o movimento de Jean Beaufret e os franceses em torno da *Carta sobre o Humanismo* (Heidegger, 1967, p. 145-194) – (Safranski, 1997, p. 392-410).

## — IV —

A outra questão mais complexa e propriamente filosófica é suscitada a partir do comentário de H. Zeltner sobre as ciências. Com isso, fora tocado o tema do ensaio – *A época da imagem do mundo* que, ao tempo de sua apresentação como conferência, dera o que falar em Freiburg em 1938.

O artigo procura mostrar como a metafísica marca uma época e percorre todas as manifestações. A metafísica da modernidade tem sua forma de aparecer na subjetividade, na representação e na objetificação. Isso se manifesta na ciência, na técnica, na estética, na cultura e na desdeificação (ateísmo, fuga dos deuses). Esses fenômenos da modernidade mostram a mudança na Filosofia desde a Idade

Média. Agora, com o domínio da representação, predomina o método, a pesquisa nas ciências empíricas, matemáticas e humanas, e o empresamento na universidade que leva à especialização. O pesquisador se converte em técnico e assim torna-se eficaz. "Ao lado disso, pode, ainda, durante um certo tempo e em alguns postos, conservar-se o romantismo dos eruditos e da universidade, que sempre se torna mais escasso e mais vazio" (Heidegger, 1952, p. 72).

O mundo se torna imagem no mesmo processo em que o ser humano se torna *subiectum*. Heidegger descreve essa época da modernidade, com o domínio da técnica e a objetificação das ciências, como a sombra que não é apenas falta de luz. "Na verdade, porém, a sombra é geração manifesta e impenetrável do brilho velado. Segundo esta concepção de sombra, experimentamos o inesperado como aquilo que é subtraído da representação e, contudo, se manifesta no ente e anuncia o ser velado" (Heidegger, 1952, p. 104). E em outra passagem o filósofo conclui que, visto desde a metafísica, se encobre o velado desdobramento do ser e o ser aparece como o nada. "O nada jamais é nada e tampouco é algo no sentido de um objeto; é o ser mesmo, a cuja verdade o ser humano é então entregue, quando se superou como sujeito e, isto quer dizer, quando não mais representa o ente como objeto" (Heidegger, 1952, p. 104).

O primeiro aspecto da segunda questão da carta indica o núcleo da sintética problematização que Heidegger apresenta, a saber, que as ciências devem topar-se no seu exercício com o *incontornável*: no ente é pensado e dito o ser. Essa é a direção última em que aponta o artigo que citamos anteriormente: *A época da imagem do mundo*.

Primeiro, portanto, temos o fato da *diferença ontológica* como *incontornável*, na medida em que ela acontece "no aberto entre" que é o *Dasein* compreendido "no sentido do âmbito ecstático do desvelamento e do velamento do ser" (Heidegger, 1952, p. 104). Toda a relação com os entes passa por esse *incontornável*, mas ele é *inacessível* "com os meios das ciências". Só o pensamento pode mostrar isso que deve ser pensado.

"*Guardar o incontornável como o inacessível* esta é a primeira experiência da essencial limitação das ciências". As ciências têm sua limitação por não poder converter o *incontornável* em objeto, isto é, ele lhes permanece *inacessível*. A impossibilidade de objetificarem seu limite leva as ciências à especialização. A especialização, que reconhece seu limite como resultado da sua essencial limitação – ter que "guardar o incontornável como inacessível" –, aceita que sua vontade de objetivação já está sempre frustrada. A limitação, a impossibilidade de objetificar a diferença ontológica abre as ciências para a Filosofia, no diálogo com ela e no diálogo entre ambas.

No texto *A época da imagem do mundo,* Heidegger já descrevera o fenômeno da particularização das ciências na modernidade:

> Cada ciência, enquanto pesquisa está erigida sobre o projeto de um delimitado âmbito de objeto e, por isso, é ciência particular. Cada ciência particular, no entanto, deve singularizar-se no desdobramento do projeto através de seu procedimento, em determinados campos de investigação. Essa singularização (especialista), no entanto, não é de modo algum apenas um fenômeno que acompanha a crescente impossibilidade de abranger os resultados da pesquisa. Ela não é um mal necessário, mas a contingência essencial necessária da ciência enquanto pesquisa (1952, p. 77).

Heidegger sustenta que ela é consequência do empresamento, que somente assim pode ter sucesso nos institutos universitários, na visão dos administradores. Na carta, porém, o filósofo diz que a especialização, enquanto limite, surge da limitação que a ciência sofre em ter de aceitar o *incontornável como o inacessível* que é a diferença ontológica – "que já no ente é pensado e dito o ser". Aprender a guardar (proteger) essa diferença é o que preserva a ciência da total objetivação, o que somente resulta da destruição, desconstrução e superação da metafísica, que entificou o ser e assim encobriu a diferença, sobretudo na modernidade.

Por isso, mostrar os limites da objetificação – na especificação das ciências – significa, para Heidegger, "superação da metafísica moderna e isto significa, ao mesmo tempo, superação da metafísica ocidental. Superação, porém, significa aqui o questionar originário da pergunta pelo sentido, isto é, pelo âmbito do projeto e com isso, pela verdade do ser, questão que ao mesmo tempo, se desvela como a pergunta pelo ser da verdade" (1952, p. 92). *Guardar o incontornável como o inacessível,* somente pode tornar-se "a experiência da essencial limitação das ciências", mediante a superação da metafísica.

## — V —

O segundo aspecto da questão mais filosófica da carta fala da essência da técnica:

> No pano de fundo dessas considerações está o pensamento de que a essência da ciência moderna se fundamenta na *essência da técnica*, o fato de que a essência da técnica, entretanto, é uma, *a* figura fundamental do ser que agora impera no sentido da vontade de vontade.

Assim como a situação da ciência moderna era analisada no livro publicado na época da carta, assim também a essência da técnica é objeto de análise da época. Em 1949, Heidegger fez sua estreia pública, depois das peripécias de 15 anos de ostracismo, em Bremen, com um ciclo de conferências intitulado "Lançar um olhar para dentro do que é" (Heidegger, 1994, p. 5-77). As quatro conferências eram: *A coisa* (*Das Ding*), *O dispositivo* (*Da Ge-stell*), *O perigo* (*Die Gefahr*) e *A viravolta* (*Die Kehre*). *O dispositivo* seria a base para a conferência que Heidegger iria pronunciar em Munique, em 1953, ampliado e com o título *A pergunta pela técnica*.

Todas essas iniciativas de Heidegger, a convite de amigos, faziam parte da estratégia de seu retorno à vida intelectual no pós-guerra. Vinham como fundo comum de suas intervenções, comentários em torno de questões do mundo, os descaminhos da ciência, o problema da técnica, os mal-entendidos da Filosofia e sobretudo a questão do futuro. Todas as questões eram colocadas, de um lado, a partir da questão do ser, o esquecimento do ser, a entificação do ser e o encobrimento da diferença ontológica. De outro lado, entretanto, em boa parte das manifestações da modernidade, ainda que ameaçadoras, Heidegger procurava manifestar a esperança de que, vencida esta etapa de obscurecimento, chegaria um novo tempo. Talvez a isso se deva acrescentar que Heidegger, ao diagnosticar o "tempo da imagem do mundo", a era da técnica e os perigos que nos ameaçam, descobria aí um *princípio epocal* determinante, provindo da metafísica e que, portanto, ainda que um modo de ocultamento do ser, fazia parte de sua manifestação. E, uma vez dado este diagnóstico metafísico, para além da metafísica, de superação da metafísica, o pensamento do ser ou da história do ser traria a redenção.

Quando Heidegger afirma na carta "a essência da ciência moderna se fundamenta na essência da técnica", exige um diagnóstico da essência da técnica e já mostra em que direção ele vai, "porque a essência da técnica é uma, *a* figura fundamental do ser que agora impera no sentido da vontade de vontade", ele anuncia o último princípio epocal, incorporado em Nietzsche como o último metafísico.

A técnica como *a* figura fundamental do ser, isto é a técnica como o encobrimento do ser pelo modo como a técnica manifesta a vontade de vontade diante do mundo, das coisas e do homem. Heidegger permanece fiel a seu estilo de ver o positivo, o anúncio, o destino do ser, no encobrimento que é trazido pela técnica.

Assim como a *presença* na modernidade é o *subiectum* enquanto consciência, autoconsciência, ela, na técnica, é a *presença* do objeto para o sujeito, objeto que não apenas espera a objetificação, mas que provoca o ser humano como um fundo inesgotável de reserva a ser disposto como artefatos, máquinas, instrumentos.

Assim, a figura na qual impera o ser na era da técnica é o dispositivo (*Ge-stell*). Por isso Heidegger diz: "O dispositivo é a essência da técnica." (...) "A essência da técnica é o dispositivo" (1994, p. 40).

É por isso que Heidegger torna a carta para H. Zeltner um documento do que já pensara nas suas obras de 1930 a 1945 e resumindo essas ideias em novos textos e conferências contemporâneas a ela.

As conferências de Bremen resumem a modernidade com sua ciência: *A coisa* não é mais pensada em seu acontecer. *O dispositivo* é o que converte sempre em objeto a coisa. Esse é *O perigo* como tal. É nele que é possível *A viravolta*.

Assim sendo, *a essência da ciência* reside na *essência da técnica*, a *essência da técnica* reside na *essência do dispositivo*, a essência do dispositivo *é o perigo* que se esconde no dispositivo, perigo e que assim não experimentamos como perigo e por isso não vivemos nossa indigência, isto é, "o ser humano não é ainda o mortal" (p. 56). Para ser mortal (e não apenas alguém que termina), deve acontecer a *viravolta* (*Kehre*). "Quando o perigo é, enquanto o perigo, com a viravolta do esquecimento, acontece o mostrar-se do ser, acontece mundo" (p. 73).

Quando a técnica, e por isso a ciência, converteu *a coisa* em objeto e assim em *dispositivo*, a coisa deixou de acontecer como mundo, e então a técnica se tornou nosso destino.

Heidegger diz na carta a H. Zeltner: "Existem sinais de que estamos, ainda vagarosamente, avançando na direção de uma viravolta (*Kehre*) desse destino do ser", que nos permitirá enfrentar a essência da técnica. E então admoesta: "Preparar para a viravolta é necessidade e tarefa do pensamento".

## — VI —

O terceiro aspecto filosoficamente relevante na carta consiste na referência que o filósofo faz à conferência *Que é metafísica?* (Heidegger, 1967, p. 1-19). Nela ele criara o primeiro desconcerto no meio universitário, confrontando o exercício das ciências com a diferença ontológica. Vinte anos atrás falara do *nada* como o *ser*. As ciências se ocupam com seus objetos e nada mais. Que nada é esse?

Novamente temos presente na carta o desejo de revisão, de ser bem compreendido, a estratégia constante para a recepção de sua obra. Mesmo aí, contudo, está a orgulhosa provocação: "Do movimento e caminho do pensamento não se encontra nada".

## Círculo hermenêutico e diferença ontológica – bases para uma antropologia filosófica a partir da analítica existencial

No primeiro esforço de aproximação entre analítica existencial e antropologia filosófica, procuramos estabelecer, em lugar de destaque, a ideia de compreensão do ser como elemento determinante do modo de ser-no-mundo do ser humano. Dessa primeira ideia decorrem então os dois teoremas de finitude: o círculo hermenêutico e a diferença ontológica. Temos, nestes dois pilares da Filosofia hermenêutica, um novo modo de fundação e um novo modo de dar-se de todo ente. A diferença ontológica constitui o *como* (*wie*) tudo é acessível, vem ao encontro, mas ela mesma é inacessível ao pensamento objetificador. Todo nosso modo de pensar e conhecer o ente passa por aquilo que é sua condição de possibilidade. Todo o dar-se nesse *como* (*wie*), porém, é articulado no enquanto (*als*), no algo enquanto algo da estrutura da compreensão que é o modo de ser do *Dasein*, a dimensão hermenêutica do círculo do hermenêutico. A articulação desses dois teoremas da finitude, que são os elementos determinantes presentes em todo conhecimento humano, constitui o modo de ser e o modo primeiro de conhecer do ser do *Dasein*. A antropologia filosófica, a partir da analítica existencial, encontra, nos dois teoremas da finitude, seu estatuto filosófico.

Para compreender a passagem da ontologia fundamental para o terreno das ontologias ou para apresentar como possível a passagem da analítica existencial para a "metafísica da existência" (Heidegger), elemento básico para uma antropologia filosófica, é preciso empreender uma sequência de considerações não apenas de ordem interpretativa, mas também de comparação com o trabalho de outros paradigmas alternativos da Filosofia, sobretudo da Filosofia do conhecimento.

### — I —

Passemos ao exame das várias etapas e perspectivas a serem aprofundadas.

Em *Ser e tempo*, Heidegger afirma: "A analítica do *Dasein* assim concebida permanece inteiramente concentrada na tarefa condutora da elaboração da questão do ser. Assim se determina seus limites". E o autor continua para então determinar o que a analítica existencial não pode ser e o que ela é, além da tarefa principal de que pretende dar conta:

> Ela não pode querer dar uma completa *ontologia do Dasein* (grifo meu) que certamente deve estar constituída, caso algo assim como uma *antropologia filosófica* assente

em uma base suficientemente filosófica. Com vistas a uma antropologia possível, respectivamente sua fundamentação ontológica, a interpretação que segue oferece apenas alguns fragmentos, ainda que não inessenciais (Heidegger, 1949, p. 17).

O filósofo reconhece, portanto, que faz sentido pensar numa ontologia fundamental, a possibilidade de uma antropologia filosófica, mas naturalmente impõe distinções e tarefas preparatórias.

No começo da mesma obra o filósofo nos avisa:

A prevalência ôntico-ontológica do *Dasein* é por isso a razão pela qual ao *Dasein* lhe fica obstruído o acesso a sua constituição ontológica específica – entendida no sentido da estrutura "categorial" – que lhe é própria. *Dasein* é para si mesmo onticamente, o mais próximo, ontologicamente o mais distante, porém, não estranho, pré-ontologicamente (Heidegger, 1949, p. 16).

Essa passagem descreve a dificuldade de análise nos três níveis – ôntico, ontológico e pré-ontológico, dos quais se ocupará *Ser e tempo*. A dificuldade, entretanto, "não consiste num defeituoso equipamento de nossa capacidade de conhecimento ou falta, fácil de ser eliminada aparentemente, de um aparato conceitual adequado", mas a "interpretação deste ente está diante de particulares dificuldades que se enraizam no modo de ser do objeto temático no próprio comportamento tematizador" (p. 16)

Vistas a possíbilidade e as dificuldades que iremos enfrentar em nosso empreendimento, passemos para o exame propriamente dito.

## — II —

A abordagem da primeira questão nos leva aos dois níveis que desde a metafísica de Aristóteles estão consagrados na ontologia – o nível do *ente enquanto ente* e o nível do *ser do ente*. A tradição metafísica aborda esses níveis de maneira objetivística. Ela trata os dois níveis como objetos a serem conhecidos. Os diversos autores, até a Idade Média, dão formas várias ao conhecimento deste objeto, sempre se examina o modo como são conhecidos, mas não se pergunta porque eles não são questionados enquanto são condições de possibilidade, razão pela qual Aristóteles permanece nos dois níveis.

Quando Heidegger introduz um ente privilegiado, o *Dasein*, aparece um novo nível de problematização do ser. O ser não se dá isolado como objeto a ser conhecido, mas ele faz parte da condição essencial do ser humano. O *Dasein* compreende o ser e por isso tem acesso aos entes. Sem essa compreensão nada se move no conhecimento, tudo permanece opaco. Assim como pelo ser compreende os entes compreende-se também como ente, e não apenas isso. Compreende o ser porque compreende a si mesmo e se compreende porque compreende o ser.

Com esse terceiro nível o filósofo inaugura duas questões centrais na Filosofia – o círculo hermenêutico e a diferença ontológica. A compreensão do ser nos leva a um caminho de duas mãos: o ser é, pela compreensão, a possibilidade de acesso ao ente, pois sem compreensão não há ente. Nosso acesso aos entes só nos é possível porque o *Dasein* compreende o ser e não porque temos um outro fundamento para o conhecimento dos entes.

Assim o *Dasein,* pela compreensão, inaugura uma circularidade. Ela, todavia, não é simples circularidade (no conhecimento, na lógica), mas uma circularidade que se dá pela compreensão. É, portanto, uma circularidade hermenêutica. O ser não funda o ente, nem qualquer ente funda o ser. A recíproca relação entre ser e ente somente se dá porque há o *Dasein* – isto é, porque há compreensão.

Aparentemente isso constitui uma simples afirmação, mas na verdade estamos aqui diante da introdução de um novo paradigma. Desde Aristóteles e a Idade Média, de um lado, e Kant, de outro lado, não houve revolução igual. Sobretudo as consequências da diferença ontológica são tão radicais que passam a nos oferecer a possibilidade de repensar os modelos de fundação de toda a tradição.

O círculo hermenêutico e a diferença ontológica são os teoremas que sustentam a teoria heideggeriana da realidade e do conhecimento, isto é a teoria da fundamentação do conhecimento. As implicações da proposta de Heidegger, porém, devem ser confrontadas com outras soluções apresentadas na tradição.

A ideia de ser de Heidegger, na medida em que é vinculada com a compreensão do ser, caminho para pensar o ente, revela-se como uma dimensão operatória: compreendendo-me no mundo e na relação com os entes compreendo o ser. Naturalmente essa compreensão do ser não é temática e deve ser explicitada. É precisamente essa explicitação que é a meta buscada pela analítica existencial ou ontologia fundamental, cujos teoremas se expressam no círculo hermenêutico e na diferença ontológica.

O ser heideggeriano torna-se o elemento por meio do qual se dá o acesso aos entes, ele é sua condição de possibilidade. Isso é a diferença ontológica. Como esta condição só opera mediante a compreensão pelo *Dasein,* pelo ser humano que se compreende, a fundamentação (condição de possibilidade) sempre se dá pelo círculo hermenêutico.

A relação com o ser e com o modo de ser do *Dasein* não é uma relação com um objeto ou por intermédio de um sujeito, mas é uma relação que possibilita algo, o acesso aos entes.

Na tradição objetivista o ser é ainda pensado como objeto, ou como ente, ainda que supremo, como na Idade Média. Esse objetivismo, no entanto, padece de uma estranha circularidade. Constrói-se uma teoria do ser, uma ontologia – e para esta operação se necessita de uma *quaedam illuminatio divina* – quando, porém, esse ser supremo (teologia) do qual se recebe essa *illuminatio,* é precisamente resultado da ontologia. É um círculo na argumentação que naturalmente não pode ser aprofundado aqui, mas é também um círculo na fundamentação

Heidegger dirá que assim Deus entrou pelos fundos na metafísica, *ex post*: Esta operação de contrabando da teologia na metafísica deu-se por causa da entificação do ser por efeito da ausência da diferença ontológica.

O modelo objetivista da fundamentação aristotélica é examinado por Ernst Tugendhat (Tugendhat, 1976, p. 24-34), que mostra, em suas análises, como Aristóteles entificou o ser por falta de uma teoria do significado. E o autor conclui que a ontologia pode ser compreendida como uma *semântica formal*. Esta teria como função ser a base de *como* se dão os entes (Tugendhat, 1976).

Ainda que por trás da teoria da semântica formal esteja a influência de Heidegger, seu algo enquanto algo hermenêutico, Tugendhat não reconhece na questão do ser, como Heidegger o coloca, a questão da compreensão, por isso rejeita o círculo hermenêutico e não percebe a proximidade entre *semântica formal* e *diferença ontológica*. Manfred Frank (Frank, 1991, p. 187) aproxima as duas, sendo a semântica formal o *como* da possibilidade dos entes, inspirado na diferença ontológica, o *como* (enquanto) da possibilidade de que fala Heidegger. Mas suas análises também mostram os limites das hipóteses de Tugendhat.

Tugendhat permanece aristótelico e quer ler a questão do ser em Heidegger de modo aristotélico. É por isso que a questão central de *Ser e tempo* lhe *escapa:* aquela que liga o *ser ao tempo,* ou melhor, que pretende apresentar a analítica existencial como ontologia fundamental, como base de qualquer futura ontologia, inclusive de uma metafísica da existência ou de uma metaontologia da existência ou de uma antropologia filosófica (Heidegger, 1978, p. 196-202).

A antropologia filosófica que Tugendhat tenta identificar em *Ser e tempo* é reconhecida por Heidegger como indicações (ver parágrafo 5), mas ela propriamente só seria possível, na observação do filósofo, após o êxito da ontologia fundamental. O tratamento mais especificado dessa questão é dada em sua obra póstuma no fim dos anos 20 (Heidegger, 1997 p. 10-47).

A analítica existencial, no entanto, é também uma crítica do modelo de fundamentação kantiano. Kant foge do objetivismo clássico mediante uma teoria transcendental do conhecimento. Passar do objetivismo para o idealismo transcendental não é um caminho fácil, dado que esta passagem, denominada de revolução copernicana, consiste numa perda de mundo. O modelo de fundamentação kantiano faz sentido; mas as exclusões que o filósofo foi obrigado a fazer para determinar um campo de conhecimento possível trazem mais problemas que os resolvidos, quando se observa a sua distinção de fenômeno e coisa em si (*noumenon*). É que esta distinção é o primeiro *a priori* pressuposto, mas ele não entra na introdução das formas *a priori* que são propriamente o que produz a inteligibilidade do conhecimento. O transcendental kantiano não é apenas condição de possibilidade do conhecimento (da experiência), mas condição de possibilidade dos objetos da experiência. O idealismo transcendental perde o mundo e não o recupera mais. Kant o diz: "O escândalo da Filosofia" é ainda não ter encontrado a ponte entre consciência e mundo (*apud* Heidegger, 1949, p. 201).

O fato de Kant ter remetido a questão do ser e as metafísicas especiais, mundo, homem, Deus, para o limbo da coisa em si permite a delimitação do mundo da causalidade, onde a consciência impõe as leis de funcionamento. É o mundo dos fenômenos regido pela causalidade que *pode* ser objeto de conhecimento. Deste conhecimento podem dar-se as condições de possibilidade. Prova-se *de jure* o que *de facto* é conhecido nas ciências empírico-matemáticas. Nos procedimentos kantianos, entretanto, foi construído um modelo de fundamentação que me parece irrecusável. Trata-se de estabelecer um elemento transcendente à consciência que funciona como *a priori*. Esse elemento não pode ser conhecido como objeto, mas entra operativamente em todo o conhecimento. A transcendência é constituída nesse processo.

Por um tal processo deve passar toda a Filosofia que não quiser reduzir-se a um objetivismo ingênuo ou a um trabalho analítico que não consegue estabelecer nenhuma relação entre as palavras e o mundo. Justamente a grandeza da Filosofia de Kant consiste em ter-nos ensinado que a inteligibilidade e mesmo a analiticidade em Filosofia sempre dependem desse elemento transcendente à consciência de que ele trata no esquematismo e que é a possibilidade da própria *Crítica da Razão Pura* (Ver Glauner F. 1998, p. 278-299).

## — III —

É esse Kant que Heidegger tem presente em sua ontologia fundamental ou analítica existencial. O acesso ao ser que, em *Ser e tempo*, é colocado a partir da compreensão do ser e essa compreensão é dada a partir da compreensão que o *Dasein* possui de si mesmo, nos leva a termos de pensar criticamente a posição de Kant.

Heidegger compreende os limites da metafísica de modo diferente de Kant. Em primeiro lugar, ele não realiza uma distinção *a priori* que remete as metafísicas especiais a um espaço *noumênico* de onde elas não podem mais ser recuperadas para o conhecimento filosófico. Como segundo elemento a ser apontado temos o fato da analítica existencial pela qual a questão do ser é levantada a partir da compreensão do ser pelo *Dasein*.

Abre-se aí um novo ponto de partida que se funda no círculo hermenêutico e introduz a diferença ontológica. Ser torna-se um conceito operatório pela compreensão e a diferença entre ser e ente introduz um critério definitivo para se garantir a distinção entre ser e ente e impedir a entificação do ser.

A ontologia fundamental examina o ponto de partida e já prepara a introdução do limite da metafísica. Assim desaparece propriamente a ideia de *a priori* da tradição e também a ideia de fundamento. A circularidade hermenêutica – compreensão do *Dasein* e compreensão do ser se articulam numa reciprocidade – substitui o clássico modelo de fundamentação do conhecimento que se apresenta como relação sujeito-objeto. O *Dasein* como ser-no-mundo introduz o ser-em como condição prévia de todo conhecimento.

É a partir do ser-em que se estabelece a receptividade e a espontaneidade da experiência, que no desenvolvimento da analítica existencial são apresentadas como sentimento de situação (afecção – *Befindlichkeit*) e compreensão (entendimento – *Verstehen*). É assim que o ser-em do ser-no-mundo torna-se o momento indepassável, o transcendente à consciência que funda o conhecimento. Esse fundar, porém, não é mais fundamento como na metafísica, que dissocia o fundante do fundado e dá ao primeiro um caráter *a priori*, de primeiro, de originário, de presença constante.

Assim, tanto o objetivismo como o idealismo transcendental da tradição metafísica podem ser criticados e superados. Isso, no entanto, somente pode ser realizado a partir do conceito de cuidado (*Sorge*) que é o ser do ser-aí (*Dasein*) e da temporalidade (*Zeitlichkeit*), que é o sentido do ser do ser-aí. A tríplice estrutura do cuidado ser-adiante-

-de-si-mesmo já-ser-em, junto-das-coisas tem como determinantes os êxtases – futuro-passado-presente – que é o modo como o ser-aí se compreende, tem seu sentido.

O ser-aí se compreende desde o futuro, o ser-adiante-de-si-mesmo, que é já no presente o que traz o limite do poder-ser, a possibilidade do ser-para-a-morte. Essa possibilidade não é mais o que se opõe simplesmente à categoria da objetividade. Ela é o existencial que nos permite pensar a partir da compreensão, o modo de "fundamentação" pela circularidade. A possibilidade existencial vem substituir a constante presença do "eu penso" de Kant ou do "ser" da tradição.

Temos assim uma nova condição de possibilidade, desconhecida do modo de fundar da tradição. É por isso que Heidegger afirma, nas páginas ainda introdutórias de *Ser e tempo:* "Acima da efetividade está a possibilidade". Esta possibilidade, porém, não é mais uma modalidade, ela é um existencial. Se como diz Heidegger, "Ser é o *transcendens* como tal", ele mesmo conclui que "cada explicitação do ser como *transcendens* é conhecimento transcendental" (1949, p. 38).

Esse transcendental não é nem o transcendental do realismo objetivista nem do idealismo transcendental, mas se liga à "transcendência do ser do *Dasein* que é muito particular".

Sem entrarmos em mais detalhes, podemos dizer que esse "ser do *Dasein*" já remete ao cuidado (*Sorge*) com sua tríplice estrutura e à temporalidade (*Zeitlichkeit*) como sentido do ser do cuidado. Trata-se, portanto, de uma transcendentalidade de caráter existencial. Esse conhecimento existencial é o da compreensão do ser que já sempre é operado em qualquer conhecimento do ente.

Temos assim em Heidegger uma posição de fundação que se situa além do realismo e do idealismo no sentido clássico, mas que permanece um "idealismo" de caráter novo, "idealismo" da compreensão do ser que é o transcendente à consciência, isto é, temos que operar com ele sem poder explicitá-lo totalmente. Com a compreensão de ser inicia-se para o ser-no-mundo uma estrutura de sentido que não se deixa objetivar, mas que é condição de qualquer conhecimento.

Com a análise realizada até agora, conseguimos explicitar o elemento específico da fenomenologia, como ontologia fundamental: manter na questão do conhecimento um vínculo entre predicação e percepção, entre afecção e compreensão e afecção e inteligibilidade, para garantir nosso conhecimento, sem cair num realismo objetificador ou num idealismo cuja transcendentalidade nos faz perder o mundo e a possibilidade de lidar com o ser.

## — IV —

Era preciso realizar o exame feito até aqui do modelo heideggeriano de fundação do conhecimento, em seus traços iniciais e decisivos e depois em seu desenvolvimento. Importava também situá-lo na tradição metafísica, comparando-o com os modelos de fundamentação objetivista de Aristóteles e de Tomás de Aquino, de um lado, e de outro lado, com o idealismo transcendental de Kant.

Vimos as vantagens da proposta heideggeriana a partir de sua crítica aos modelos de fundamentação baseados no esquema sujeito-objeto. Vimos também que Heidegger, na busca do ponto de partida do conhecimento, estabelece como elemento inicial o ser-em do ser-no-mundo que é o modo como o *Dasein* desde sempre se dá.

Vimos ainda que tudo isso é acompanhado pela compreensão do ser. Pela compreensão do ser, o ser humano se compreende a si mesmo e compreende os entes. Nessa circularidade hermenêutica aparece a diferença ontológica sem a qual não se dá o acesso aos entes. Heidegger, pelo ponto de partida de *Ser e tempo*, preserva a questão do ser sem a qual não se pode pensar a metafísica, mas a questão do ser fica ligada ao modo de o *Dasein* ser-no-mundo.

Com sua ontologia fundamental, Heidegger se afasta do modo tradicional de conceber as ontologias. A analítica existencial introduz na proposta da ontologia fundamental um conceito de temporalidade, para substituir o conceito de tempo objetificador com que lidam as ontologias tradicionais, fundamentando elas o conhecimento a partir do ser como presença constante.

Com sua fenomenologia hermenêutica transcendental Heidegger critica a fenomenologia subjetivista (objetivista) transcendental. Fez isso mostrando que o sujeito transcendental pressupõe um modo de ser-no-mundo do *Dasein* como abertura (*Erschlossenheit*), criticando a intencionalidade.

Com a analítica existencial, Heidegger introduz uma distinção entre ela e a análise existencial. O filósofo dá ao existencial uma dimensão transcendental – introduz com ela um limite – que é condição de possibilidade da compreensão do ser. Por essa razão, Heidegger procura separar cuidadosamente seu ponto de partida da antropologia.

Uma análise histórica da obra de Heidegger teria de mostrar como o filósofo se vê em sua relação com a antropologia. Isso terá de ser feito em outra ocasião.

Aqui e hoje deve bastar-nos ver a referência que Heidegger faz no parágrafo 5º de *Ser e tempo*, à antropologia filosófica, para então explicar isso na discussão da questão se é possível trabalhar com certas propostas da analítica existencial para colocar o fundamento de uma antropologia filosófica.

Trata-se da passagem da página 17 (Heidegger, 1949):

> A analítica do *Dasein* assim concebida permanece inteiramente orientada na tarefa central da elaboração da questão do ser. Com isso se determinam seus limites. Ela não pode querer dar uma completa ontologia do *Dasein*, que sem dúvida, deve estar acabada para algo assim como uma antroplogia "filosófica" poder encontrar uma base suficiente de sustentação. Na intenção de uma posssível antropologia, respectivamente, de sua fundamentação ontológica, a interpretação que segue dá apenas alguns "fragmentos" (*Stücke*), ainda que não inessenciais. Mas a análise do *Dasein* não é apenas a incompleta, porém, primeiramente também provisória.

Heidegger nos autoriza, portanto, a explorarmos as bases de uma antropologia filosófica a partir da analítica existencial de *Ser e tempo*.

Para realizarmos a exploração das possibilidades de uma antropologia filosófica a partir da analítica existencial temos que definir porque seria isso possível a partir de *Ser e tempo* e não a partir da *Metafísica* de Aristóteles, da *Crítica da Razão Pura* de Kant ou de outra obra clássica da tradição filosófica.

Teremos de introduzir em nossa análise uma questão que deve ser respeitada em qualquer iniciativa filosófica de retomar uma área daquilo que foi introduzido por Francisco Suarez na sistematização da escolástica e tomada como algo dado por C. Wollf: as *metafísicas especiais*, uma questão que poderia ter a seguinte formulação: pode-se partir de uma proposta de teoria do conhecimento ou de justificação, de uma teoria das relações entre consciência e mundo, *Dasein* e mundo, palavras e mundo, fundamentar uma teoria sobre um dos objetos das metafísicas especiais?

Na nossa investigação, trata-se de averiguar a possível ampliação de certos aspectos da *analítica existencial* para *uma antropologia filosófica*.

Teríamos de saber primeiro se em *Ser e tempo* trata-se de uma teoria do conhecimento. Penso que sim e que não podemos considerar apenas os parágrafos 43 e 44 como teorias do conhecimento e da verdade.

Heidegger, no entanto, compreende a fenomenologia de modo diferente que Husserl. A maneira como este argumenta na fenomenologia transcendental permite um certo paralelo com o criticismo kantiano. As diferenças são fundamentais, como mostra o artigo de Eugen Fink (1966) sobre fenomenologia que recebeu o elogio e a chancela do fundador da fenomenologia, mas as intenções divergem e não apenas sobre o que é transcendental. Heidegger, ao tomar como ponto de partida não as perguntas de Kant: Que posso saber? Que devo fazer? Que me é permitido esperar? Mas a questão que Kant afirma que se respondida seria a solução das três perguntas: Que é o homem?, desloca os problemas da teoria do conhecimento para a ontologia fundamental.

Ao determinar o *Dasein* como ser-no-mundo e designar o ser do *ser-aí* de cuidado (*Sorge*) e o sentido desse ser a temporalidade, Heidegger deslocou o problema da teoria do conhecimento (fugiu dela como do vício e do cacoete do neo-kantismo) e terminou com as construções e os aparelhos transcendentais.

A pergunta pelo ser já desloca as questões clássicas do conhecimento. Falar delas então, como compreensão do ser e, por consequência, como compreensão do ser humano, impõe como caminho "A análise preparatória fundamental do *Dasein*". O ponto de partida leva Heidegger a advertir que em Kant falta a analítica existencial, o empenhar-se na resposta à pergunta: "Que é o homem?" e por isso não pode levar sua crítica às últimas consequências.

## — V —

De uma teoria do conhecimento não se pode partir para desenvolver uma antropologia filosófica. Como a analítica, porém, não é uma teoria do conhecimento como Kant a concebia, ela pode dar indicações importantes (não inessenciais) para a base de uma antropologia filosófica.

Temos, portanto, a favor de uma busca dos fundamentos hermenêuticos de uma antropologia filosófica, a própria referência de Heidegger no começo de *Ser e tempo* (parágrafo 5º) e sobretudo todos os materiais que desenvolve na primeira parte de *Ser e tempo.* Poderíamos mesmo concluir que há elementos de uma antropologia filosófica na sua analítica existencial (parágrafos 9º a 41) que lhe permitem apresentar elementos do problema do conhecimento nos parágrafos 43 e 44 de *Ser e tempo,* invertendo-se nele a posição que em geral predominou na metafísica: o modo como o ser humano conhece nos dá indícios de como definir sua "essência".

Mas examinemos mais cuidadosamente esta frase: *o modo como o ser humano conhece nos dá indícios de como definir sua essência.* Se escutarmos o que assim vem enunciado com ouvidos metafísicos clássicos isso não faz sentido. Se, no entanto, percebermos que Heidegger se move na fenomenologia, e que seu modo de análise se alicerça na fenomenologia hermenêutica, recebemos indicações importantes.

> A interpretação ontológico-existencial é, diante da explicitação ôntica, não uma qualificação teórico-ôntica. Isso significa simplesmente: onticamente todos os comportamentos do ser humano são "preocupados " (*Sorgevoll*) e conduzidos por uma dedicação (*Hingabe*) a algo. A "generalização" é de caráter *apriórico-ontológico*. Ele não se refere a qualidades ônticas que surgem continuamente, mas a uma constituição ontológica que já sempre está como base. Esta constituição é o que primeiro torna ontologicamente possível que esse ente possa ser enunciado onticamente como cuidado. *A condição existencial de possibilidade* (grifo meu) de "cuidado pela vida" e "dedicação" deve ser compreendido em sentido originário, é ontológico, como cuidado (Heidegger, 1949, p. 199).

Concluindo o que Heidegger disse no que anteriormente foi citado, temos a afirmação que nos traz com clareza a relação entre analítica existencial e antropologia:

> A analítica do *Dasein* não visa, no entanto, uma fundamentação ontológica da antropologia, ela possui objetivo ontológico-fundamental (Heidegger, 1949, p. 200).

E o autor encerra o nosso problema com a afirmação:

> A generalidade transcendental do fenômeno do cuidado e de todos os existenciais fundamentais possui, por outro lado, aquele amplitude pela qual é antecipado o chão (*Boden)* no qual se move qualquer explicitação ôntica e de visão de mundo quer compreendo o *Dasein* como cuidado pela vida ou carência ou seus opostos (p. 199-200).

E com relação a essa problematização, do ponto de vista da teoria do conhecimento, Heidegger afirma:

> A discussão dos pressupostos não enunciados das tentativas de solução apenas de teoria do conhecimento do problema da realidade mostra que isso deve ser retomado para dentro da analítica existencial do *Dasein* como problema ontológico (p. 208).

A isso pode ser acrescentado:

> Se a expressão idealismo diz algo assim como compreensão daquilo de que ser nunca pode ser esclarecido pelo ente, mas que ele (o ser) é para cada ente o transcendental, então reside no idealismo a única e correta possibilidade de problemática filosófica (p. 208).

É nesse contexto, ainda de *Ser e tempo,* que Heidegger conclui:

> O fato de o ente *do modo de ser do Dasein* (grifo meu) não poder ser concebido a partir da realidade e da substancialidade, nós expressamos pela tese: *a substância do homem é a existência* (grifo meu). A interpretação da existencialidade como cuidado (*Sorge*) e a delimitação dessa da realidade, não significa contudo o término da analítica existencial, mas deixam apenas aparecer, mais agudamente, as dimensões intrincadas de problemas na pergunta pelo ser e seus possíveis modos e pelo sentido de tais modificações: somente se é compreensão de ser, o ente enquanto ente torna-se acessível apenas quando é ente do modo de ser do Dasein é possível compreensão do ser como ente (p. 212).

Então a frase que escrevemos anteriormente e na qual queríamos justificar a possibilidade de iniciar uma antropologia filosófica da analítica existencial, deve ser entendida no contexto que traçamos com estas citações de Heidegger.

A analítica existencial, que parte da compreensão do ser, liga os dois teoremas, *círculo hermenêutico* e *diferença ontológica*, ao contexto da justificação do conhecimento humano. E Heidegger procura mostrar que este conhecimento se situa no nível da condição de possibilidade. A analítica existencial como compreensão do ser não elaborou constructos a partir da consciência, da representação, da vontade, para então se afirmar que somente dados tais constructos temos uma explicação das condições de possibilidade do conhecimento.

O que se descreve, na ontologia fundamental, são modos de ser que chegam ao conhecimento porque são formalizados em condições transcendentais rompidos com o modo concreto de ser-no-mundo e por isso seriam transcendentais.

Heidegger procura mostrar que o compreender é essencialmente operativo. O ser humano se compreende, se explicita, desde sempre e isso se dá pela compreensão do ser. Se não se desse essa compreensão, não teríamos acesso aos entes, não seríamos o lugar onde os entes se dão. Somos esse lugar porque sempre já somos *Dasein*, o ser-aí ou o ser-o-aí (être-le-lá) como sugere Heidegger, numa carta dos anos 50 (Heidegger, 1957, p. 180): somos o *aí do ser* pela compreensão do ser.

Conhece, portanto, o ser humano, desde seu modo de ser; o como ele conhece é *como* ele é. Então chegamos à "essência" do ser humano examinando seu modo de conhecer originário que é existencial.

O ser humano, então, não é como coisa, realidade, como substância, mas como existência, aspectos que já definimos quando analisamos esse modo de ser da estrutura do cuidado, no início. Por isso Heidegger afirma: "A substância do homem é a existência". Estamos, então, autorizados a procurar uma base para a *antropologia filosófica* na *analítica existencial* . Do modo fundamental de conhecer recebemos indícios para pensar o modo fundamental de ser do homem. Isso não poderia ser feito a partir do modelo aristotélico de conhecimento, nem do modelo kantiano. Em ambos os modos de fundar o conhecimento há algo conduzido por um objetivismo, realista em Aristóteles e idealista em Kant.

O vício já vem instalado pela maneira como se situa o problema do ser. Em Aristóteles é um *objeto*, em Kant é uma *posição*. De ambos se poderia avançar até uma concepção do tempo, apenas como presença, o tempo dos objetos. Em ambos o modelo sujeito-objeto se situa no caminho de uma constância *no objeto* ou *na consciência* e esta tem por ideal a absolutidade.

O modo como Heidegger situa a questão do ser, a partir da compreensão do ser, e desde a temporalidade do *Dasein* – do ser-o-aí – nos dá um novo modelo de fundação referido à *circularidade* e à *diferença*. Esse é o modelo da finitude.

A questão da fenomenologia hermenêutica mais difícil de explicitar é constituída pela finitude. Isso não resulta apenas do confronto direto que a questão da finitude representa com a metafísica. Temos, porém, dificuldade em situar corretamente uma Filosofia afirmativa da finitude.

A fenomenologia hermenêutica já estabelece, no início da analítica existencial, o espaço da finitude como único campo para a Filosofia, quando introduz a questão do ser a partir da compreensão do ser e define o *Dasein* como o ente que se compreende a si mesmo enquanto compreende o ser. Dessa posição inicial nasce a ontologia fundamental com seus dois teoremas, os teoremas da finitude: círculo hermenêutico e diferença ontológica.

Quando anteriormente mencionamos que o modo de ser – a essência – do homem recebe indícios do modo de conhecer – já o fizemos nesse quadro de pressupostos: a fenomenologia hermenêutica como pensamento da finitude.

Essência não é mais um conceito importado do aparato conceitual da metafísica. A distinção entre essência e existência é um par de conceitos da metafísica enquanto ontoteologia, mas ela já vem problematizada desde Suarez e é assumida na sua condição de problema e não de solução por Kant.

Heidegger, ao apresentar, portanto, a definição do homem – "a substância do homem é sua existência" – já trabalha com a consciência de que "essência" quando falamos desde a analítica existencial deve ser empregada com muito cuidado. Não se trata mais de uma quididade, nem da definição que resulta da determinação do gênero pela diferença específica – não se trata mais, como vimos há pouco, de uma simples generalização. Essência na fenomenologia hermenêutica passará a ser definida a partir de *Wesen* como manifestação fenomenológica do ser ou de um modo de ser.

A fenomenologia possui como modo de acesso o levar algo a mostrar-se assim como se desdobra em seu modo de ser, como se manifesta, como se dá. "Se de todos os entes podemos falar do dar-se, do vir ao encontro, como diz Heidegger, como poderia a próprio ser humano ser determinado como os entes que no *Dasein* – o ser-o-aí – se dão?" (Waelhens, 1961, p. 678). O *Dasein* não pode ser reduzido a uma essência que podemos determinar, como o faz a tradição metafísica, adicionando a elementos genéricos uma diferença específica, como os traços de animalidade comuns com outros animais especificados por uma racionalidade. Por isso o ser humano foge às determinações que uma natureza (essência) recebe pela diferença específica. Waelhens afirma:

> O privilégio da compreensão do ser se revela, com efeito, de um tal alcance que ele transforma inteiramente, e até os elementos subjacentes, o ente que dela é dotado. De modo que a investigação definitória dos elementos simplesmente comuns que este ente divide com os outros entes dos quais ele se distingue pelo seu privilégio essencial torna-se uma operação que não conduz a não ser a erros ou banalidades (1961, p. 674).

Enquanto o ser humano é compreensão do ser, ele se sustenta por dois teoremas: a circularidade hermenêutica e a diferença ontológica. Desse modo, enquanto *Dasein* – o ser-o-aí, o ser humano é o lugar da diferença ontológica, que é uma diferença entre ser e ente que nunca é inteiramente tematizada. Sendo o *como* do ser humano enquanto compreensão do ser "um exercício inesgotável de sua diferença" (Waelhens, 1961, p. 678), ele jamais se estabelece como natureza ou essência como os outros entes. "Pelo fato de a compreensão do ser estar intrinsecamente ligada à finitude não existe *visada* exaustiva do ser e não há, do mesmo modo, compreensão do ser outra que aquela do homem" (p. 678-679).

O ser humano nunca pode dar-se a si mesmo um estatuto legitimador de sua possibilidade como efetividade. Ele é possibilidade como Heidegger o quer enquanto temporalidade em que predomina a futuridade, o poder-ser e não uma essência acabada. A fenomenologia hermenêutica quer se adequar como método a esse *modo de ser* determinado pelo *modo de conhecer* (não temático). "A substância do homem é a sua existência" é um enunciado que agora parece fazer sentido.

# Parte II

# Desconstrução e hermenêutica

## Origens, aproximações e críticas ao problema da desconstrução do ponto de vista hermenêutico

— I —

Investigações desenvolvidas sob diversos aspectos, tanto históricos como sistemáticos, sobre temas da hermenêutica clássica, mostraram-nos as etapas do desenvolvimento da hermenêutica desde o século XIX, até configurar-se como paradigma hermenêutico. O nascimento do paradigma hermenêutico deu-se em contextos históricos não apenas de caráter filosófico e por isso a matriz da hermenêutica possui um espectro extremamente amplo. Podemos falar em quatro momentos do desenvolvimento da hermenêutica: a hermenêutica filológica e teológica, a hermenêutica de caráter histórico, a filosofia hermenêutica e a hermenêutica filosófica.

Em todas estas etapas, mesmo que seja acentuado o aspecto da interpretação, o que predomina na aplicação da hermenêutica e nas teorias da interpretação pode-se resumir naquilo que a hermenêutica significa literalmente a partir do termo alemão *verstehen* enquanto significa *estar por,* assim como *vertreten* enquanto significa *representar alguém. Verstehen* introduz-nos no campo da alteridade. Para compreender é preciso como que deslocar-se para o lugar de um outro e nesse sentido compreender significa *estar por* ... alguém. Essa alteridade está no sentido da própria palavra *compreender* e, dessa maneira, a hermenêutica contém, sem necessidade de acréscimos teóricos como apoio central, a questão do diálogo.

Quando Heidegger introduziu o conceito de compreensão do ser, ele implicitamente definiu as condições do ser humano como *Dasein* a partir de *Verstehen* como *estar por.* O ser-aí está pelo ser, isto é, compreende o ser, o que significa que aí se afirma uma alteridade que termina remetendo para a diferença ontológica. Com essa introdução de uma Filosofia hermenêutica no campo do paradigma hermenêutico clássico, abriram-se aspectos que rompem a tradição hermenêutica e fazem do problema da hermenêutica um problema central da Filosofia. É com a compreensão do ser que o *Dasein* se define radicalmente como uma *diferença*. É por ele que se estabelece a distinção entre ser e ente. Essa distinção, entretanto, não é mais de caráter monológico, pois por ela vem reconhecida a dimensão da diferença enquanto constitutiva da ontologia, particularmente da ontologia fundamental.

Todas as discussões sobre a hermenêutica que se desenvolveram depois de Heidegger, com o conhecimento de *Ser e tempo*, passam por cima dos problemas apenas clássicos da hermenêutica. A Filosofia é hermenêutica, o que quer dizer que as investigações sobre a hermenêutica passaram a ser investigações filosóficas. Foi assim introduzida não apenas uma hermenêutica da facticidade que poderia servir de caminho para a investigação do sentido do ser. Ela própria passou a ser hermenêutica, isto é, analisar o problema do ser é mover-se na diferença e essa diferença que resulta de uma atividade essencial do *Dasein* que é a compreensão do ser, introduz, de maneira central e definitiva, o problema da alteridade. O outro da alteridade é aquele por quem se está, mas ele se torna irrecuperável na sua outridade, pois não podemos ser mais que apenas o lugar do outro por quem estamos e a partir do qual nos compreendemos. É por isso que Heidegger pode dizer que, ao lado do estar situado (afecção), se apresenta o existencial compreender como estrutura constituinte do modo de ser-no-mundo e do modo de acesso aos outros e às coisas.

A hermenêutica tem sido discutida para além de sua versão clássica numa direção que nem podia ser prevista no quadro de seus interesses que não eram primeiramente filosóficos e mesmo que se tentasse uma abordagem filosófica, ela não atingia mais que os limites que a situavam no próprio quadro da metafísica. Se, portanto, identificamos a hermenêutica como o núcleo central da Filosofia, pelo qual surge a diferença ontológica, ela se situa fora da metafísica, no sentido de que enquanto compreensão instaura a outridade como o lugar da diferença. O *Dasein* compreende o ser e na medida em que *está por... o ser* (pelo ser) compreende a si mesmo, isto é, *está por ... si mesmo*. Essa circularidade torna comutáveis entre si o *estar por...* de ser e ser-aí, na diferença ontológica. A hermenêutica pós-clássica introduz a importância de uma revisão e uma desconstrução da problemática filosófica metafísica, isto é, uma destruição e superação da metafísica.

## — II —

Nas discussões que hoje podemos acompanhar entre Derrida, Ricoeur e Gadamer sobre as relações entre hermenêutica e desconstrução aparece frequentemente uma remissão implícita à ideia de destruição que Heidegger introduz nos primeiros parágrafos de *Ser e tempo.* Na época em que esta palavra foi usada pelo filósofo para o seu confronto com a metafísica, seu sentido não era negativo. A vocação da destruição era uma desobstrução das camadas linguísticas e conceituais que haviam encoberto os aspectos filosóficos surgidos na metafísica, mas encobertos por processos históricos, traduções e formulações novas. É claro que cada um dos três autores aponta para aspectos diferentes, que vão desde a aproximação entre desconstrução e hermenêutica, como em Ricoeur, até uma oposição entre as mesmas em Derrida, ou uma tentativa de encontrar critérios para estabelecer deferenças entre elas a partir de um contexto heideggeriano mais amplo, como o faz Gadamer.

No desenvolvimento de nosso trabalho de análise do problema da desconstrução, é necessário prestar atenção aos diversos aspectos revelados pela polêmica. O que importa acentuar agora, no entanto, é que precisamos atentar para uma gradação de distinções que devem ser analisadas, mas que dependem em sua totalidade de um processo mais profundo de análise. Trata-se de introduzir alguns aspectos levantados pela teoria da desconstrução que representam as bases. São eles principalmente o problema da linguagem falada e da escrita, do logocentrismo da metafísica, da superação da metafísica como explicitação de suas matrizes centrais, da origem metafísica dos quadros conceituais da Filosofia e da corrupção metafísica das teorias da linguagem e da interpretação.

A teoria da desconstrução não se refere, em primeiro lugar, ao campo da semântica e da semiótica, mas sua meta é uma tarefa do pensamento e nesse sentido a desconstrução tem uma raiz filosófica que aponta para o lugar ocupado pela hermenêutica. A desconstrução é precisamente possível porque ela nos situa no que Heidegger denomina "o fim da metafísica" e nesse sentido ela se encaminha para a questão da diferença ontológica. É por ela que se torna possível uma clivagem da qual vive a desconstrução. A diferença é o que primeiro sustenta a possibilidade da desconstrução. Naturalmente a desconstrução não é simplesmente a repetição do compreender como um *estar por...*, mas ela pretende remover, mediante uma abordagem múltipla, aquilo que encobriu o compreender como um *estar por...* . Sua tarefa, portanto, não é hermenêutica ou hermenêutica da facticidade. Não é também um instrumento para estabelecer o lugar da diferença. Ela não trata da compreensão do ser e da compreensão que o *Dasein* tem de si mesmo.

A desconstrução situa-se para além da intenção da analítica existencial. Ela se insere, assim, na história do ser, isto é, ela se aproxima da crítica da metafísica como logocentrismo. A base dos processos de desconstrução consiste em desmascarar a alienação escolástica da metafísica pela a dissolução de palavras que se enrijeceram e mediante a ação de desconstruir histórias da metafísica que encobrem a história do ser. É desse lugar que se desenvolve a múltipla atividade da desconstrução no campo das Ciências Humanas, da Literatura, das produções artísticas e de outros fenômenos da cultura.

A desconstrução situa-se, sob certos aspectos, na esfera da hermenêutica, como se pode inferir do que afirmamos anteriormente. Quando assim se fala em hermenêutica, entretanto, ela não é pensada como um método, mas como aquilo que se tornou um elemento nuclear da Filosofia a partir de Heidegger enquanto o compreender se apresenta como um *estar por...* e o *estar por...* é o da compreensão do ser e da compreensão do ser-aí (*Dasein*). Esse *estar por...* remete para uma outridade. A desconstrução é, assim, na sua base, vinculada com a questão fundamental da diferença ontológica, mas sua tarefa é o que Derrida chamaria de "dissemination": a dispersão das consequências da história da metafísica no campo da linguagem e da escrita.

Derrida traduz a destruição do primeiro Heidegger como desconstrução desde sua leitura do segundo Heidegger, a partir da metafísica como história do encobrimento do ser.

## — III —

Para compreendermos toda a discussão em torno daquilo que se apresentou, na linguagem neoestruturalista de Derrida, como desconstrução, não podemos ficar retidos no paradigma estruturalista. Estamos diante de duas direções e hipóteses que vêm sugeridas pelo desconstrucionismo. De um lado, está fora de dúvida que o problema se apresentava nas análises da estrutura. Ela podia apresentar-se como linguística, antropológica ou cultural e diante desses diversos aspectos da estrutura se fazia necessária uma via que levasse para além da estrutura. Por esse primeiro caminho, a desconstrução possui uma vocação antiestruturalista e podemos observar em Derrida uma proposta de pôr em movimento a estrutura por meio da decomposição, da dessedimentação e da desmontagem. O modelo da desconstrução era certamente tirado do universo linguístico, mas tinha como direção expor as camadas de sentido escondidas por baixo das palavras, dos conceitos e dos conjuntos vocabulares, sobretudo nos textos. Esse desconstrucionismo volta-se contra as estruturas fonocêntricas e logocêntricas representativas da presença de uma razão lógica onipotente. Assim como se apresentou, no início, o processo de desconstrução não pretendia ser um método, nem uma espécie de movimento contra as estruturas do mundo acadêmico. No processo da desconstrução, estava presente um movimento oposto à tendência de universalização que se mostrava em cada discurso. Nesse sentido, ela possui um caráter irredutivelmente singular que se volta para a singularidade do texto. A desconstrução trazia em si uma radical arbitrariedade, muito mais próxima de um certo jogo aleatório a partir de um texto que se escreve e se lê. Ela constituía um processo divinatório aproximativo, resistente a regras que pudessem dirigir a interpretação. A desconstrução se apresentaria como uma afirmação dos elementos que não podiam ser atendidos pelos recursos da interpretação tradicional. Nesse sentido, desconstrução se confrontava com o que representa o texto, a escritura, o signo, a sintaxe, a gramática e todos os *corpus* que pretendiam garantir a inteligibilidade e a universalidade por meio de regras. Desconstrução possuía, assim, nesse primeiro sentido, uma espécie de profundo caráter de exterioridade.

A desconstrução procurava apresentar-se com uma determinada procedência ou como tendo uma origem histórica. É assim que a desconstrução recorreu ao universo da Filosofia. Podemos observar em Derrida um apelo às origens husserlianas mediante a incorporação do sentido de *Abbau,* como dessedimentação de camadas de sentido. De outro lado, Derrida recorre ao termo *Destruktion,* que Heidegger utiliza no começo de *Ser e tempo.* Naturalmente a tradução dessas duas palavras se faria por intermédio do termo *desconstrução*. Poderia representar primeiro apenas um expediente para garantir uma origem filosófica para um conceito que nascera no contexto linguístico, estruturalista. Assim como na crítica ao estruturalismo, o conceito de *desconstrução* representava um movimento contra uma tradição que se firmara a partir de teorias linguísticas, assim também o recurso ao conceito de destruição em Heidegger iria trazer para a teoria da desconstrução uma crítica voltada contra a metafísica. Desse modo se encontraram duas direções críticas. Uma no interior das discussões sobre linguística, as relações entre significante e significado, e a outra no contexto de uma teoria do encobrimento do ser na história da metafísica. Esse segundo aspecto trouxe para a teoria da desconstrução uma justificação filosófica de caráter histórico e ontológico. A desconstrução em geral não poderia ser apenas um ato ou uma operação de um sujeito que propunha um novo dispositivo para enfrentar um texto ou uma leitura. Pelo contrário, pela Filosofia, a desconstrução iria se inserir num todo maior que vê, na metafísica logocentrista, uma história do esquecimento do ser. Desse modo, a tarefa de desconstruir um texto estava ligada a um acontecimento no qual se dá "a clausura do saber e a disseminação do sentido".

Surgia, dessa maneira, uma hipótese de trabalho crítico que pretendia possuir origens semelhantes à hermenêutica filosófica, movendo-se, no entanto, em direção oposta. A origem comum que liga desconstrução e hermenêutica apresenta apenas uma face. Esta tomou forma em ambas quando essas já existiam, pela procedência de seu trabalho com o texto, a escrita e a linguagem. O universo em que se movimenta Derrida, contudo, para chegar ao conceito de desconstrução, é o da tradição estruturalista e linguística francesa, enquanto a hermenêutica, assim como é apresentada por Gadamer, nasce no contexto do romantismo alemão e das teorias da linguagem e da interpretação.

Certamente, tanto a desconstrução quanto a hermenêutica têm como um de seus objetivos ir para além do universalismo logocêntrico. Em ambas, pode-se observar a busca da singularidade do texto, seja pelo ato de desconstruir, seja pelo ato de interpretar. O modo como as duas direções se situam com relação à linguagem, contudo, é profundamente diferente. Isso acontece mesmo que ambos tenham encontrado, na ideia heideggeriana da destruição da ontologia e da história do ser como esquecimento, uma espécie de lugar histórico-ontológico, que lhes deveria garantir uma espessura filosófica.

Sem dúvida, encontramos na raiz heideggeriana comum ao desconstrucionismo e à hermenêutica o ponto de convergência que hoje os aproxima, sob certos ângulos, na discussão filosófica. Os efeitos que resultam das duas posições ao se confrontarem com a história da Filosofia, porém, não são os mesmos e representam o sintoma de algo profundamente diferente. A análise dessa diferença é que nos irá permitir a compreensão das possibilidades e dos limites das duas teorias.

## — IV —

Todo esforço de Derrida em garantir para a sua teoria uma legitimação de caráter ontológico e histórico termina por acentuar mais as diferenças do que as semelhanças com a hermenêutica. Numa primeira aproximação, o estudioso pode ter a impressão de que o desconstrucionismo pretende explorar os pressupostos semânticos não explicitados nas posições de Heidegger e Gadamer, no entanto o que se temina por descobrir é que para Derrida os processos de entendimento não são procurados por uma interpretação. Pelo contrário, as leituras que este filósofo faz ao modo da desconstrução não procuram uma espécie de história do sentido sutentado pela tradição. Em suas análises reaparecem os elementos semióticos do universo estruturalista, mas fora de qualquer jogo construído sobre convenções e regras. Isso produz a impressão de que a desconstrução de Derrida não pretende evitar mal-entendidos pela interpretação, mas de produzi-los em abundância. Dessa maneira, desconstrução se distancia de toda questão que pudesse implicar o círculo hermenêutico e o diálogo hermenêutico.

Temos na teoria da desconstrução um modelo de comportamento diante do texto que talvez se apresente antes como uma atividade espontaneísta. Há, certamente, um recurso aos problemas da linguagem e, ao mesmo tempo, uma crítica à predominância do logocentrismo da metafísica ocidental, mas esses pressupostos trazem vícios importantes da tradição estruturalista, incapazes de apanhar a dimensão da história e o problema da continuidade da tradição, como ocorre na hermenêutica. E muito menos podemos depreender da crítica de Derrida à relação sujeito-objeto uma compreensão do acontecer histórico e da superação da objetificação. Isso tudo reside na ausência de um triângulo fundamental da tradição hermenêutica: falante, intérprete e mundo. Seria somente nesse cenário que se introduz o verdadeiro problema hermenêutico no qual, mesmo que não seja afirmado um método de caráter estrito, existe um conjunto de regras de caráter implícito que remetem para o diálogo como o espaço do compreender. De nada adianta recorrer ao lugar-comum da superação e da destruição da metafísica como inspiradores da teoria da desconstrução, se ela não aceita os limites que a história do esquecimento do ser impõem a todo o processo de compreensão e interpretação.

A busca da redenção da singularidade não se pode conduzir por uma espécie de dispersão no aleatório. A singularidade que se quer salvar na crítica ao encobrimento do ser pela metafísica refere-se a um acontecer para além da objetificação e que representa justamente o tema fundamental que Heidegger pretende expor na sua analítica existencial e radicalizar na sua introdução da história da metafísica como uma história da dissimulação que é preciso destruir. Assim, a desconstrução, ao se apresentar como tradução de destruição, evitando o sentido negativo do conceito, terminou por perder o caráter de história e acontecimento que são essenciais para a hermenêutica.

Talvez tivesse sido importante salvar o conceito de pré-compreensão que nos liga a um pano de fundo do mundo da vida e a um horizonte de sentido de todo o compreender. Dela se deriva toda a intersubjetividade e qualquer possibilidade de ligarmos entre si o triângulo antes referido entre falante, intérprete e mundo. O desconstrucionismo tornou-se, precisamente pela ausência dessa antecipação compreensiva, uma teoria que ainda se move no contexto da discussão da morte do sujeito da tradição estruturalista. Ainda que seja proposta a superação da relação sujeito-objeto, isso não significa o início da total arbitrariedade no encontro com o texto e a linguagem com que se ocupa a interpretação. Derrida está por demais cauteloso diante das teorias do conhecimento do estruturalismo que pretendiam fixar um lugar último para a crença e o saber. Isso, contudo, não deveria significar a recusa, na prática desconstutiva do texto, ao respeito a elementos pré-reflexivos que nos inserem num processo de compreender que é dialógico.

Se de um lado o desconstrucionismo nos mostrou caminhos importantes para a atividade com o texto, com a escrita e talvez com o dizer, ele, contudo, guarda como base de suas pretensões a necessidade de se opor radicalmente a todas as estruturas compreensivas. Desconstrução não significa, necessariamente, desestruturação radical. Assim, também a crítica ao logocentrismo da metafísica não significa, necessariamente, a renúncia à dimensão apofântica da interpretação e ao reconhecimento da estrutura hermenêutica da compreensão que se fundam na abertura do ser-aí e na história do acontecimento do ser.

As considerações feitas de forma generalizada não pretendem substituir as análises detalhadas dos núcleos centrais da teoria da desconstução, nem recusar as possíveis aproximações que podem ajudar a esclarecer o *logos* hermenêutico do compreender.

## Desconstrução e hermenêutica – a crise da representação

### — I —

A questão da desconstrução que surgiu em meio à tradição francesa das discussões filosóficas e linguísticas dos anos 60 e que teve como seu representante principal Jacques Derrida, deve ser vista como algo filosoficamente relevante e que representa uma especificidade própria.

O que está em discussão nas obras de Derrida representa um problema profundo da Filosofia e da linguagem no final do século XX. Sem dúvida, as análises que vão expondo progressivamente os temas e os conteúdos da desconstrução não estão situadas no quadro da tradição analítica das teorias do significado. As consequências das abordagens dos materiais escritos e dos símbolos culturais, no entanto, foram explicitando um conjunto de questões que aproximam os resultados atingidos de problemas centrais da Filosofia. Sem desconsiderarmos o caráter particular das origens da desconstrução, de seus conteúdos implícitos, de seu desenvolvimento teórico e de sua aplicação, no trato com os textos e a própria teoria da Literatura, podemos identificar nisso que hoje representa uma tendência fortemente estabelecida em vários contextos universitários, o problema da *crise da significação* (Gumbrecht, 1986).

A questão do significante e do significado que aparece, desde o começo, foi tomando, no desenvolvimento e nas transformações da crítica ao logocentrismo, uma forma e um modo de tratamento dos textos que se passou a confrontar com o campo da própria hermenêutica. Nos encontros entre Gadamer e Derrida, a discussão deslizou na palavra do primeiro para uma *confrontação improvável*, em que ambos confessam um mútuo respeito, mas em que, na expressão de Derrida em um comentário a uma crítica de Austin à desconstrução: *the confrontation never quite takes place*. O motivo a que se deve essa espécie de movimento de atração e repulsão reside basicamente no fato de a hermenêutica ter como objeto fundamental o problema do compreender como algo já sempre dado e objeto de amplas análises históricas, enquanto o desconstrucionismo leva a questão da compreensão para níveis radicais de incomunicação. É assim que a questão das estruturas prévias da compreensão leva o desconstrucionismo a afirmar a sua intransparência e a tendência de eliminá-las da estrutura do texto. Dessa maneira, o texto passa a ter uma autonomia tão própria que nele ocorre um *play of the signifier*, o que constitui um aspecto estético simplesmente instaurador de significado. É a exclusão da dimensão do significado que leva a leitura da desconstrução a se opor a qualquer otimismo hermenêutico do compreender. Assim, mesmo que ambos se ofereçam, mutuamente, um fundo que lhes dá relevo, por outro lado movimentam-se numa esfera de experiência improvável um para o outro.

O que está por trás das pretensões da desconstrução é uma espécie de exploração do sintoma da crise da representação na modernidade. De um lado, essa crise levou a Filosofia a buscar um fundamento para o conhecimento individual e, de outro lado, fez com que se tornasse um sério problema a questão da intersubjetividade no nível do conhecimento e da realidade social. A Filosofia do século 20 dedicou-se à exploração de teorias que pudessem encontrar um terreno confiável para as teorias do significado e da verdade na questão do conhecimento. O desconstrucionismo põe diretamente em dúvida estas duas tarefas e, em cada circunstância de texto, coloca-nos diante da pergunta se efetivamente leva a algum resultado essa atividade de busca de evidências de conhecimento para o sujeito e de possível relação supraindividual no contexto da comunicação intersubjetiva.

Com isso, a desconstrução se movimenta na direção oposta a toda a Filosofia logocêntríca, isto é, das possibilidades construtivas para um entendimento mútuo, seja em que nível for. Essa suspeita contra todas as convenções do discurso científico e filosófico situa-nos, ao enfrentarmos qualquer texto ou teoria, diante do *grau zero de sentido*.

## — II —

Derrida soube, com sua erudição bem conduzida, situar sua ideia de desconstrução no contexto da superação da metafísica, desenvolvendo-se como crítico do logocentrismo e com isso se aproximou do espaço aberto pela Filosofia heideggeriana. Isso aumentou a importância da desconstrução e lhe forneceu um veículo relativamente conhecido da Filosofia do século XX. Aliando-se com a crítica de Heidegger à questão do sujeito como último refúgio do logocentrismo, Derrida assumiu as diversas formas da eliminação do sujeito como conceito fundador da Filosofia. Uma vez incorporado esse instrumento crítico, no entanto, a desconstrução introduziu uma área de fascínio por uma confrontação improvável, isto é, por uma comunicação impossível, o que significa a instauração da ambivalência entre eliminação e presença da categoria da subjetividade.

Dessa maneira, a desconstrução não se apresenta como um método que pode ser aprendido ou substituído por algo alternativo. Para compreender a desconstrução é preciso partir do pressuposto da assimetria na concepção de papéis no diálogo. Resta, então, no final, o seguinte problema: toda Filosofia ocidental confiava, ingenuamente, na possibilidade da construção de uma evidência intersubjetiva no conhecimento, quando o desconstrutivismo procura mostrar, com uma certa desilusão, que a atividade da construção é inútil. Faz-se, assim, com o surgimento do desconstrutivismo, uma experiência de aporia diante da instância do sujeito e de uma perda de confiança diante da instância da verdade.

Sem recorrermos, explicitamente, ao conjunto dos textos de Derrida, podemos resumir, como o fizemos anteriormente, as consequências da apresentação da desconstrução e o lugar que ela pretende ocupar ou ocupa, talvez contra ela mesma. A desconstrução, contudo, dispensa a análise dessa espécie de contradição, pois ela mesma representa as aporias que estavam encobertas pelas leituras centradas no sujeito e pela aparente orientação na necessidade de verdade.

## — III —

Com o desenvolvimento do debate desconstrutivista e a ampliação do uso da desconstrução no campo literário e estético, acentuou-se o aspecto criativo da linguagem e do texto, em oposição à simples função representativa de conhecimento de que está dotada a linguagem na Filosofia tradicional. Assim, também, a leitura e a interpretação terminam sendo uma "desleitura" e uma "desinterpretação", dado que não há mais a pretensão logocêntrica que conduz o uso da linguagem. Dessa maneira, podemos mesmo dizer que o que domina é a inadequação entre signo e significado e que, portanto, o surgimento do sentido aparece como produto ou efeito da forma da linguagem. Fica, assim, posto em dúvida o estatuto metalinguístico atribuído geralmente à intepretação. Então, a leitura desconstrutivista não é simplesmente uma técnica de análise de texto.

Não é só pela adesão de estudiosos da Literatura, como Harold Bloom, Paul de Man e Geoffrey H. Hartman, que a desconstrução aproxima textos literários e textos filosóficos. Filosofia e Literatura passam a representar um universo em que predomina, sobretudo, a criatividade pela leitura. Dessa forma, categorias como temporalidade, sujeito, significado, são um efeito do texto que se produz na leitura. Uma tal concepção não pretende substituir a argumentação e a interpretação da tradição lógica e linguística da Filosofia. Desconstrução não significa a introdução da confusão no conhecimento, nem põe em dúvida o estatuto particular do conhecimento.

A "desleitura" do desconstrucionismo, no entanto, representa uma transformação do conceito de compreender e, assim, fornece um potencial de provocação para a tradição da hermenêutica, sobretudo na sua vertente clássica que desemboca em Gadamer. O que uma tal aproximação com o texto significa em profundidade é a separação entre linguagem e história, entre texto e tradição, entre compreensão e historicidade. A desmitificação desconstrutiva da sacralidade do texto provocou um distanciamento do modo tradicional de olharmos o discurso. A desconstrução introduziu uma ambivalência entre familiaridade e estranheza, entre a familiaridade que esperávamos e agora nos surpreende e a estranheza que esperávamos nos surpreendesse e agora nos parece familiar.

Nossa atividade como estudiosos da tradição filosófica vinha sempre com uma proposta de compreensão histórica e nos garantia uma presença confiável do significado. Agora, no entanto, com o trabalho da desconstrução, passamos a perceber a ilusão da presença que Heidegger estigmatiza como sendo a característica do encobrimento da Filosofia ocidental. Não podemos deixar de ver, na tarefa que a desconstrução nos impõe, uma espécie de dinâmica que reduz o significado aparente e nos põe diante da tarefa de encontrarmos o significado que se esconde e para o qual não temos um determinado método para expor sua gênese histórica. O significado familiar termina nos ameaçando com sua presença e, na confiança que tínhamos nele percebemos uma atitude defensiva. A desconstrução nos põe diante da escassez de significados e da ameaça de uma exorbitância de significantes. Diante disso as instâncias que nos oferecem sentido têm pouca chance de satisfazerem nossa pretensão de verdade definitiva.

## Texto e interpretação ou desconstrução da escrita e interpretação do sentido

### — I —

É preciso enfrentar, sob certo aspecto, de modo definitivo o produto dos últimos 30 anos de uma vertente da Filosofia francesa que se apresentou com traços fortemente linguísticos e terminou experimentando uma metodologia assim construída, em diversos campos do conhecimento das Ciências Humanas e disciplinas filosóficas.

Abordar de modo incontestável, tanto do ponto de vista do reconhecimento de conquistas positivas quanto pelo viés de uma crítica ampla e consistente, os principais temas e as etapas mais decisivas desse pensamento francês dessa época, implica inevitavelmente optarmos por um lugar desde o qual tenhamos suficientes recursos para a análise e para selecionar temas circunscritos e, no presente caso, um autor determinado.

A escolha que fizemos não resultou de uma justaposição puramente exterior, mas parte de uma proximidade que, do ponto de vista filosófico, representa uma perigosa vizinhança. O que pretendemos examinar pode ser delimitado da seguinte maneira: existe de fato uma longa tentativa de diálogo e de confronto entre a Filosofia francesa e a Filosofia alemã representadas pelo desconstrucionismo de Derrida e pela hermenêutica filosófica de Gadamer. Temos com relação a isso um número relativamente grande de textos e um número bem mais modesto de (des)encontros para debates e colóquios. Essa aproximação, porém, terminou sendo sempre mais uma exteriorização de respeito e um pressentimento de um confronto improvável ou um diálogo impossível.

É por isso que somos levados a definir um lugar exterior ao debate não havido, que se pode constituir a partir de certos personagens que, fora os principais, Derrida e Gadamer, são representados por Saussure, Heidegger, Wittgenstein e Tugendhat, e alguns outros por nós todos situados no horizonte da virada linguística. Não podemos negar que a tentativa de Derrida de ir além de Heidegger tem por base uma certa variante do *linguistic turn*, mas o patrono de Derrida não é Wittgenstein, mas sim Saussure. Isso esclarece porque a Filosofia da linguagem de Derrida não se orienta no paradigma do enunciado predicativo (e da verdade), mas no signo verbal singular e suas distinções. Na esteira dessa tradição sobre a qual Derrida reflete relativamente pouco, ele se afasta, já nos primeiros passos, de sua recepção de Heidegger e da insistência deste sobre a "estrutura–enquanto da compreensão", sobre o enunciado predicativo e a crítica de Heidegger ao esquema sujeito-objeto que termina estabelecendo que objetos de enunciados são estados de coisas e não coisas.

É verdade que Derrida estava muito perto de compreender a posição de Heidegger, quando tentou esclarecer o sentido grego de ser como *ser-verdadeiro*, no seu texto intitulado *Le supplément de la copule. La philosophie devant la linguistique*, e teria tido a oportunidade de estudar a função de "é" no enunciado predicativo. O filósofo mostrou, entretanto, que "ser" ocupa um lugar particular nas linguagens indo--europeias que outras línguas não conhecem: a posição de cópula. Derrida termina afirmando que a função da cópula nessas outras línguas é *suplementada* por uma espécie de lugar vazio, mas pleno de sentido em cujo funcionamento Derrida crê poder identificar um parentesco daquilo que ele chamará de *différance* (Derrida, 1972, p. 241).

Tugendhat, que certamente representa na Filosofia alemã um dos autores mais fecundos que seguiram uma outra variante linguística, cujo representante é Wittgenstein, na mesma crítica aos limites do conceito de "ser" na Filosofia ocidental, conseguiu dar continuidade à ideia heideggeriana, aceitando a estrutura fundamental do compreender como "algo enquanto algo", que é também a estrutura do enunciado predicativo. Este autor conclui, assim, que o sentido próprio de "ser" e seu significado nuclear é, então, o de "ser-verdadeiro". Esse era também o pensamento básico de Heidegger, que Tugendhat apenas explicita, dizendo que ao significado de "é" nos enunciados assertóricos predicativos nós só chegamos por meio da demonstração do caráter fundamental de todos os enunciados predicativos, qual seja, o aspecto *semântico formal*. Tais enunciados são as unidades significativas do compreender e somente por elas pode-se dar a entender alguma coisa a alguém.

Assim como Derrida procura superar a diferença ontológica mediante a substituição da *différence* pela *différance*, também Tugendhat procura com a Filosofia analítica da linguagem salvar a diferença entre ser e ente, não entificando o ser (mas ligando-o à ideia de ser-verdadeiro) e aceitando a crítica heideggeriana à metafísica de que ela confundira o ser com o ente. Dessa maneira, Tugendhat aceita a crítica heideggeriana à metafísica que ele, como Heidegger, considera o nome para o pensamento objetificador, convertendo apenas a tese heideggeriana da diferença ôntico-ontológica, por meio de uma tradução mais adequada, na terminologia da *semântica formal* (Tugendhat, 1976, lições 3 e 4).

A recepção que Tugendhat teve da Filosofia de Heidegger nos permite ver a problematicidade do caminho que Derrida desenvolveu pela sua recepção de Heidegger. A diferença entre as duas variantes linguísticas leva Derrida a desenvolver uma teoria dos signos no sentido mais amplo que ele chamará de atividade de desconstrução e que pode ser chamada de semiótica com características muito especiais. Já Tugendhat, aderindo à variante da analítica da linguagem, desenvolve, particularmente a partir de Wittgenstein, uma reinterpretação da compreesão do ser em Heidegger e da diferença ontológica como uma teoria dos enunciados assertóricos predicativos a que chamaria de semântica formal.

A posição que procurávamos para avaliar a relação entre os representantes da Filosofia francesa e da Filosofia alemã, do ponto de vista da confrontação entre a variante linguística seguida por Derrida e que se dedica ao problema da desconstrução do texto, por razões teóricas vistas anteriormente, e a hermenêutica filosófica que procura analisar o sentido da linguagem do ponto de vista da sua historicidade, levando assim o texto para uma dimensão não apenas semiótica, nem apenas semântica, mas hermenêutica, em que se procura afirmar a linguisticidade como um centro especulativo, se coloca em frontal oposição ao pensamento de Derrida com sua desconstrução, mas é capaz de explicitar e incorporar elementos fundamentais da hermenêutica enquanto nela está em questão o todo do nosso compreender que se dá na linguagem.

## — II —

A questão que permanece quando se observa a paisagem de aproximação entre desconstrução e hermenêutica refere-se aos motivos pelos quais as duas posições tendem sempre de novo a um diálogo que se revela como uma confrontação improvável e um diálogo impossível.

Vamos comprovar o interesse mútuo dos dois atores principais da cena. Derrida diz, por exemplo,

> com a desconstrução não tratamos de uma nova hermenêutica no sentido tradicional (...). Tenho muito respeito diante da hermenêutica e considero uma ciência hermenêutica sempre necessária em todas as áreas. Mas a desconstrução de modo algum é uma hermenêutica, porque o sentido como última camada do texto sempre é dividido e múltiplo e não se deixa apanhar como um todo. O empenho de alcançar um sentido fundamental e originário está condenado, de antemão, a uma espécie de multiplicação e divisão que tornam impossível o ficar imóvel diante de um sentido. Se digo impossível isso não quer significar um limite, um fracasso, mas que o texto pode ter um sentido, porque a diferença ou a divisão, ou a dispersão (*dissémination*) constitui a origem. Para a ciência hermenêutica isso, em todo caso, representa um limite. Isso quer dizer que uma ciência puramente hermenêutica não lê o texto: ela o lê, certamente, mas existe um ponto onde ela não lê o texto que não mais se deixa ler no sentido clássico do conceito de leitura (In: Rötzer, 1987, p. 71-72).

Gadamer manifesta-se sobre a aproximação entre desconstrução e hermenêutica num encontro do qual participou Derrida, da seguinte maneira:

> Tudo isso me parece justificar que se parta desse processo de acordo que se forma e muda de forma quando nos damos por tarefa descrever a linguagem e sua eventual fixação escrita. Isso seguramente fica aquém de qualquer metafísica, mas pontua a condição prévia que deve colocar qualquer parceiro de um diálogo, incluído aí Derrida quando me põe questões. Será que ele se mostrará decepcionado que não nos possamos entender verdadeiramente? Mas não: a seus olhos isso seria cair na metafísica. Ele mostrará então bem antes sua satisfação pois encontrará na experiência privada da decepção confirmação de sua própria metafísica. Mas eu não chego a ver nisso uma razão de lhe dar razão, nem que ele encontre aí seu resultado por ele mesmo. Mas eu compreendo muito bem que ele se refere aqui a Nietzsche, justamente porque os dois não têm razão contra eles mesmos: eles falam e escrevem para serem compreendidos.

Após dizer que um diálogo entre parceiros, talvez, tenha que ser infinito para não cair em verdadeiros diálogos de surdos, Gadamer continua:

> Mas Derrida pensa, sem dúvida – que ele queira me perdoar se procuro compreendê-lo – que a mesma coisa não acontece com o texto. Toda palavra que aparece sob a forma de escritura, já sempre, é para ele uma ruptura e isto vale tanto mais para o texto literário, para toda a obra de linguagem: ela nos impõe uma ruptura com as linhas de nossa experiência e seus horizontes de expectativa (Gadamer, 1984, p. 346).

As razões que aproximam, inevitavelmente, desconstrução e interpretação, a análise de textos francesa e alemã, a teoria da escrita de Derrida e a hermenêutica filosófica, são obviamente o objeto central das duas posições: a linguagem e o texto. Isso, no entanto, representaria uma perspectiva pouco filosófica e, certamente, superficial. Atrás dos encontros de pessoas sobre esse tema está uma "filiação" filosófica. O pensamento central do segundo Heidegger sobre a metafísica como história do encobrimento do ser e da necessidade de uma destruição da ontologia a partir do conceito de tempo serve de moldura significativa para a desconstrução e a hermenêutica. A posição diante da superação da metafísica, como história do esquecimento do ser, no entanto, é aquilo que separa as duas correntes filosóficas.

Foi tarefa de nossa investigação, que partiu de um certo lugar da analítica da linguagem e seu vínculo com Heidegger, mostrar as questões filosóficas complexas cuja discussão não pode ser adiada. Dela poderá resultar a determinação do lugar próprio e dos limites da desconstrução e da hermenêutica.

## ***Destruktion*, *déconstruction*, *différance* e a incontrolabilidade do sentido**

### — I —

Não é apenas a partir do olhar retrospectivo que parte da situação do debate sobre a desconstrução, nesse final de século, que podemos identificar, na obra de Heidegger, as razões propriamente ditas do pensamento sobre desconstrução.

Existem, em Heidegger, já no parágrafo 6º de *Ser e tempo*, dois tipos de argumentos que reaparecem em forma atenuada no desenvolvimento do desconstrucionismo. Temos, por assim dizer, dois caminhos pelos quais o filósofo desenvolve as bases de sua análise da história da Filosofia. Explicitados os elementos componentes dessas duas vias, podemos localizar o lugar teórico que as sustenta: a analítica existencial com suas consequências para uma nova concepção de Filosofia.

Os dois argumentos podem ser denominados segundo a radicalidade e a amplitude que eles procuram expressar. Temos então, de um lado, o argumento forte. Esse consiste na maneira de Heidegger encarar o todo da história da Filosofia, trabalhando com a hipótese da eliminação de um primeiro referente, de um princípio originário ou de uma representação que sobredetermina todas as outras instâncias da Filosofia. Na medida em que Heidegger delimitou o espaço da discussão filosófica a partir da hermenêutica da faticidade, ele suprimiu qualquer elemento que pudesse significar algum dos teoremas metafísicos que aparecem em todos os filósofos ocidentais.

Dado esse primeiro passo de supressão de qualquer elemento teológico ou cosmológico do campo filosófico, e fechada, assim, a possibilidade de a Filosofia operar com um significante primeiro, Heidegger se estabeleceu com seu pensamento no espaço da diferença. Essa é expressa, em toda a obra do filósofo, como diferença ontológica, a distinção entre ser e ente. Ficou assim como única alternativa de argumentação última: o círculo hermenêutico. A superação do grande significante só pode ser sustentada a partir dos dois teoremas fundamentais de Heidegger: a diferença ontológica e o círculo hermenêutico. Com a introdução desses três elementos, a Filosofia heideggeriana tomou uma posição nova com relação ao problema do sentido e do significado. Não há dúvida que este argumento forte com sua tríplice estrutura irá retornar em todos os modos pelos quais a desconstrução é apresentada nos diversos autores. Isso pode aparecer de maneira explícita, mas geralmente as desconstruções, nos diversos campos do saber, trabalham com esse elemento filosófico apenas como recurso implícito.

É propriamente desse argumento forte que se pode derivar aquilo que Heidegger chama de "*destruição* realizada a partir do *fio condutor da pergunta pelo ser*, do conteúdo tradicional da ontologia antiga". Essa destruição não tem "o sentido negativo de um livrar-se da tradição ontológica". Denomino esse argumento de fraco porque o conceito de ontologia significa a tarefa a ser realizada, uma vez estabelecido o tríplice aspecto do argumento forte. E essa tarefa consiste "em circunscrever (a ontologia clássica E. S.) no aspecto positivo de suas possibilidades, o que implica sempre esgotá-la em seus *limites*, isto é, nos limites faticamente dados no respectivo questionamento e na delimitação do possível campo de investigação esboçado a partir dele" (Heidegger, 1977a, p. 22).

O argumento fraco possui um papel de executor das consequências que resultam do argumento forte, já que esse estabelece os axiomas a partir dos quais toma forma a própria concepção de filosofia para Heidegger. Então uma das tarefas que resulta do argumento fraco é traduzida nas seguintes palavras: "A destruição não se comporta negativamente com relação ao passado, mas sua crítica afeta o 'hoje' e o modo usual de tratar a história da ontologia, tanto o modo doxográfico como aquele que se orienta pela história do espírito ou a história dos problemas. A destruição não pretende sepultar o passado no nada; ela tem um sentido *positivo*; sua função negativa é apenas implícita e indireta" (Heidegger, 1977a, p. 22-23).

Dessa forma, o argumento fraco realiza o pressuposto básico da Filosofia heideggeriana e assim se impõe uma tarefa de hermenêutica dos textos da metafísica que, por sua vez, assenta sobre a hermenêutica da faticidade que é conduzida pela pergunta pelo sentido do ser, não de maneira explícita e primeira, mas enquanto momento preparatório da análise da temporalidade e do conceito de tempo.

No contexto das exposições do trabalho de Heidegger, esses dois argumentos não se separam explicitamente nas diversas etapas do exame da história da Filosofia. Eles, no entanto, conduzem a sua atividade de interpretação dos textos clássicos da metafísica, na medida em que ela se orienta na concepção de que a metafísica é a história do encobrimento do ser e, assim, a história do limite de nossa compreensão do ser.

A possibilidade de Heidegger ligar o encobrimento do ser à tradição da ontologia em que predomina o conceito de *presença* lhe vem da análise da temporalidade do *Dasein* e do pressuposto de que o tempo é o horizonte do sentido do ser. Só assim passam a ter uma função relevante as três dimensões da temporalidade: futuro, passado e presente. A destruição parte da hipótese do encobrimento do ser pela presença. Isso não impõe necessariamente que a presença seja suprimida, mas que nela se possa mostrar, pela fenomenologia, o que nela se oculta. É pela presença que se conduzirá toda a problematização da tradição clássica do ser. Se o desconstrucionismo da vertente derridaiana tanto insiste na questão da *presénce* é porque, num primeiro passo, ela percebeu o essencial de que tratava a proposta heideggeriana da *Destruktion* que é traduzida por *désconstruction*. Essa tradição francesa, contudo, não articula, de maneira adequada, a presença da analítica existencial com a presença da ontologia tradicional. Por isso termina exigindo a supressão da diferença (No que se refere à tradução de "Destruktion" por *desconstrução*, ver de Derrida "Lettre à un ami japonais", Derrida, in *Psyché*, 1987, p. 387-393).

O lugar teórico que sustenta os dois argumentos apresentados é constituído pela analítica existencial. Sabemos que as duas seções da primeira parte de *Ser e tempo* tratam da cotidianeidade e da temporalidade. Assim, nem mesmo foi concluída a terceira seção que teria de expor o tempo como horizonte do ser. Como consequência da análise bem-sucedida dessa terceira seção, Heidegger teria as condições para a desconstrução das ontologias tradicionais que concebem o ser a partir do tempo como presença. Logo, a destruição que Heidegger se propõe realizar, como desconstrução da metafísica enquanto lugar de encobrimento do ser, não possui uma base explícita em *Ser e tempo*. É verdade que a analítica existencial pode ser completada por escritos publicados depois, e recebe assim diversos reforços de complementação. Por isso, ela não pode ser invalidada como base teórica da desconstrução da história da metafísica, estando assim na raiz de qualquer projeto de desconstrução.

— II —

Quando Heidegger introduz o terceiro nível, o ente que é o ser-aí e compreende o ser – no início de sua ontologia fundamental e situa esse nível acima dos dois níveis da tradição da metafísica ocidental – o ser do ente e o ente enquanto ente – o filósofo o faz para colocar o fundamento para a questão do sentido do ser.

A ideia de Heidegger era mostrar porque se perdera na metafísica o sentido do ser e se entificara o ser nas principais ontologias da história da Filosofia. Nisso consistia o ponto de partida para seu processo de desconstrução. E como esta se tornara imperativa por causa da entificação do ser, era a diferença ontológica que se iria situar na base da destruição – desconstrução. O fio condutor para a questão se apresentaria como uma espécie de silogismo:

*O ser-aí como ser-no-mundo compreende o ser.*
*Ora, o sentido do ser do ser-aí é a temporalidade (Zeitlichkeit).*
*Logo, o horizonte do sentido do ser é o tempo (a temporalidade como Temporalität).*

Ainda que não recusasse as ontologias tradicionais, ele lhes diagnosticava serem o lugar da entificação ou da objetificação a partir do ser, porque pensavam o ser a partir do tempo como sucessão de agoras, portanto a partir do tempo físico, dos objetos e sobretudo a partir do presente.

Somente pela ontologia fundamental seria dado um ponto de partida que permitiria a correção do lado objetificador das ontologias e, nelas, a hegemonia do tempo presente. A desconstrução passa a se tornar um imperativo diante da objetificação.

Depois das duas seções da primeira parte de *Ser e tempo* – analítica da cotidianeidade e da temporalidade – a terceira seção desenvolve, como conclusão das premissas: a temporalidade (*Temporalität*) como horizonte da exposição do ser.

Dessa forma, o filósofo, ainda que critique as ontologias da metafísica, prepara o horizonte de uma nova ontologia ou teoria do ser. Esta, no entanto, deveria evitar a hegemonia do *presente* do tempo, para não cair na entificação do ser como acontecera com as ontologias da metafísica.

Estas ontologias, todavia, que teriam como pressuposto a *ontologia fundamental* não mais pensariam o ser apenas no contexto da sucessão de agoras e com a hegemonia do presente. Heidegger designa estas ontologias de met'ontologias, ontologias que estão além da ontologia fundamental, mas preservam, contudo, um aspecto metafísico, dado que nelas o ser é encoberto pelo ente, mas elas sabem deste encobrimento, porque a ontologia fundamental como referência nelas preserva a tríplice dimensão da temporalidade (*Temporalität*). A tríplice dimensão da *Temporalität* (temporalidade) que levou às met'ontologias, apesar de ser o horizonte do ser, não impede uma objetificação, um encobrimento. É por isso que depois, em Derrida, a temporalidade irá surgir como fio condutor do processo de desconstrução. Somente nesse processo de desconstrução irá parecer a utopia de eliminação da presença. Derrida, no entanto, suprime assim a própria possibilidade da diferença que conduz sua hipótese de desconstrução.

## — III —

Uma avaliação comparativa e ao mesmo tempo interna dos elementos que compõem a desconstrução em Derrida pode ser apoiada em certos núcleos temáticos e em sua relação com determinados autores e apropriações específicas que deles realiza.

Derrida situa-se no quadro da crise da representação que vem do século XIX e ocupa todo o século XX, sobretudo com a discussão das teorias do significado e os problemas da justificação do conhecimento.

Céticos quanto a uma solução definitiva do problema por uma resposta última, muitos autores desligaram-se de uma problematização ortodoxa de teoria do conhecimento e mesmo da teoria do significado e suas consequências para questões antropológicas e éticas.

Derrida filia-se, com seus textos básicos da primeira fase, no estruturalismo linguisticista e antropológico. Isso, no entanto, ocorre quando já se havia apoderado de conhecimentos da fenomenologia de Husserl e de temas importantes da obra de Heidegger, tanto sob o ponto de vista de interpretações e recepções de *Ser e tempo* quanto de sua compreensão da leitura de Heidegger da história da metafísica ocidental. Ao lado disso, toma importância o nietzscheanismo francês e uma recepção muito particular da obra do autor da *Genealogia da moral*.

O volume de conhecimentos da linguística e do estruturalismo trouxe para Derrida uma sequência de questões que se teriam perdido num conhecimento fragmentário, caso não tivesse acontecido a descoberta da combinação entre essas questões e o modo de Husserl apresentar questões centrais na abordagem das estruturas do sentido e da fundamentação ou genealogia da lógica, de um lado e, de outro lado, o modo de Heidegger falar da relação com a história da Filosofia ocidental, como destruição da ontologia em busca do sentido do ser entificado e objetificado e, caso a consequente superação da metafísica não tivesse posto à disposição o modelo da destruição que teve tão auspicioso destino na sua (Derrida) tradução por desconstrução.

Derrida enfrenta, portanto, a crise da representação sob o aspecto do fundamento do conhecimento e da intersubjetividade, com as duas perguntas que lhe serão essenciais: a possibilidade do sentido e a origem das dificuldades para determinar um sentido no contexto da Filosofia do século XX e a possibilidade da comunicação e dos compromissos éticos e sociais,

Sua tarefa irá concentrar-se em estabelecer, a partir da teoria da linguagem e do texto, certas constantes para sua análise, como diferença (*différance*), presença (*présence*), traço (*trace*), intervalo (*marge*), corte (*coupure*), disseminação (*dissémination*) e muitos outros textos específicos. E, por outro lado, irá situar suas análises no quadro heideggeriano da superação da metafísica, da crítica ao logocentrismo e da desconstrução (*Destruktion* em *Ser e tempo)*.

Naturalmente a leitura que Derrida irá fazer do próprio Heidegger, para lhe extrair filosofemas de seu interesse, já passa pela desconstrução, sobretudo pelo contexto linguisticista em que ele se move.

Podemos descrever a recepção derridaiana da obra de Heidegger, acentuando elementos em voga na tradição francesa da Filosofia dos anos 60 em diante. Talvez seja mais relevante, todavia, acentuar a ligação do filósofo com a vertente saussureana da linguagem para perceber o filtro de sua leitura e sobretudo uma certa incapacidade para perceber o verdadeiro sentido de certos *topoi* heideggerianos: a destruição, a superação da metafísica, a diferença ontológica, a crítica ao *logos*, a importância da palavra "ser", o sentido de *algo como algo* (no enunciado e na compreensão), a compreensão do ser, o problema da hermenêutica e da faticidade, o contexto dos limites da crítica à "presença" e o sentido da palavra "é" como cópula e, principalmente, em seu sentido veritativo.

Nossa intenção não é recusar todas as estratégias de desconstrução que Derrida conseguiu desenvolver produtivamente mesmo a partir de interpretação equívocas de Heidegger. Certas consequências na discussão indireta da crise da representação pelo desconstrucionismo, entretanto, merecem discussão, sobretudo porque não pretendem inibir as conquistas, mas mostrar equívocos na recepção e nas soluções dadas a termos clássicos da Filosofia.

Certamente a própria interpretação da herança heideggeriana tem traços fortemente diferentes, quando inserida na vertente da Filosofia analítica da linguagem de tradição anglo-saxônica. É dessa realidade que temos de ter consciência se quisermos levar a sério a crise da representação, tanto no que se refere à possibilidade do conhecimento (do sentido), quanto ao problema da intersubjetividade (o outro) e mostrar a contribuição de Heidegger mediante sua analítica existencial e sua visão da história da metafísica como entificação (encobrimento) da questão do ser pela hegemonia da presença, e o remédio que para isso encontra na desconstrução da objetificação e da entificação do ser pelo esquecimento da diferença.

A própria questão do ser, portanto, da presença, recebe um tratamento diferente quando posta no contexto da diferença ontológica ou no contexto da semântica formal. A questão do sentido do ser, no entanto, continua central, ainda que não simplesmente como vetor, suporte da racionalidade do *logos* no sentido do logocentrismo. Ela continua importante no quadro da crise da representação e do fundamento e não podemos simplesmente aderir aos resultados da desconstrução, seja em Derrida, seja em teorias nas quais as questões do sentido são abandonadas a um certo arbítrio ou a um indizível e a questão do outro é afirmada contra a ontologia fundamental, seja como ética, como a face, o outro (humano), seja como o outro a que se acena pela abertura que a disseminação sustenta.

## — IV —

Apoiando-nos em análises de Frank, podemos apresentar assim os elementos básicos da desconstrução (Frank, 1989, p. 471-490).

É inegável que a desconstrução de Derrida que parte de Saussure, mas realiza uma correção básica no estabelecimento da unidade do sentido, irá permanecer uma herança que traz constante embaraço a partir da vertente saussureana. A questão do sentido será ligada a um ver semiológico e a uma semântica, não recuperando mais o sentido operativo da linguagem que algo apresenta algo e que é tão importante na questão da hermenêutica.

A inovação de Derrida, no estruturalismo, reside na superação da teoria saussureana de que "a unidade do sentido se origina das recíprocas relações de exclusão e de combinação entre as matérias gráfico-fônicas de que se compõem os signos". Para Derrida, "o trabalho da diferenciação está produzido para todo sempre através de uma estrutura pronta e acabada" (Frank, 1989, p. 473).

Essa ideia é a de que a estrutura constitui uma pressuposição, de que ela, pelo seu fechamento em si, pode exercer uma pressão de determinação suficientemente forte sobre a diferenciação de seus elementos.

Assim, a estrutura funciona como uma grade e abre um espaço para um acontecer imprevisível e sem unidade de diferenciação. É assim que a estrutura se torna a *origem* e o lugar do que Derrida irá designar *différance* (diferância).

A *diferância* representa então um acontecer que impede qualquer univocidade do significar e com isso do compreender e encoraja uma produtiva anti-hermenêutica.

A estrutura rompe pela *diferância* com o sentido estabelecido pela *presença*. Derrida quer salvar com esta mudança gráfica (que fônicamente não é perceptível) um duplo sentido de diferença que supera a presença em duas direções: diferença como ser diferente, distinto, e diferença como diferir no sentido de adiar, postergar, dilatar, abrir para o futuro (Frank, 1989, *passim*).

Assim a *différance*, como aberta diferenciação imprevisível, auxilia as *marques* linguísticas a encontrar o sentido e o significado. Derrida acusará então o pensamento identitário e logocêntrico, de ser um caminho sem saída da *épistémè ocidentale*.

É a partir desta crítica ao logocentrismo identitário, representada pela introdução do conceito de *différance*, que Derrida irá recorrer ao conceito de *déconstruction*, desconstrução. Crítica significará derrubar até os fundamentos. A melhor desconstrução será um pensamento além da presença, do *logos*, da metafísica, da identidade e do que pode ser controlado racionalmente.

O operar da *desconstrução* está assim a serviço da *estrutura* para se realizar o jogo sustentado pela *diferância*. Este consiste na abertura incontrolável do sentido e do significado que se dá na escrita ou no *texto*, mais amplo que a escrita, na medida em que abrange todos os signos da cultura.

O viés semioticista e semântico será o ponto de vista que apanha apenas o lado apofântico da desconstrução heideggeriana. A desconstrução da metafísica será vista apenas como superação do caráter identitário da metafísica (negativo) e não o elemento hermenêutico que se dá pela diferença e pela história do ser.

— V —

Derrida resume tudo isso na seguinte afirmação:

> A racionalidade – mas talvez se devesse renunciar a essa palavra por razões que se tornam visíveis no fim desta proposição – a racionalidade que domina uma escrita assim ampliada e radicalizada, não se origina mais de um *logos*. Ao contrário, ela inicia com a destruição e quando não com o esmagamento, no entanto, com a dessedimentação, desconstrução do *logos*. Isso vale particularmente para a (conceito de) verdade. Todas as determinações metafísicas da verdade, mesmo aquelas a que nos remete Heidegger para além da ontoteologia, não podem ser separadas da instância de um logos (Derrida, 1968, p. 13).

Para concluir, eis o modo como Frank critica-o a posição de Derrida:

> Não a presença a si (*Selbstgegenwart*), mas a *différance* – a aberta diferenciação imprevisível – auxilia as *marques* lingüísticas a encontrar o sentido e o significado. Dessa maneira o pensamento identitário, logocêntrico, se revela como um caminho sem saída da *épistéme occidental* e dele somente se pode fugir por uma *déconstruction* (um arrasar até os fundamentos). Ela será um pensamento além da presença, do *logos*, da metafísica, da identidade e da controlabilidade racional. "Indiferenciabilidade semântica" (*incontrôlabilité des effets du sens*) é a palavra mágica deste novo pensamento do lado de lá da *ratio*, à qual oferece eco o "*anything góes*" daqueles que perderam o contato, por falta de exercício, com a confiabilidade (*Verbindlichkeit*) do argumentar. Dessa maneira, a semântica do discurso deve ser ultrapassada em favor dos traços a-significantes daquilo que Derrida designa, com uma arrojada metonímia, "escrita". Assim todo o discurso responsável e capaz de verdade da argumentação deve ser suspenso (Frank, 1993, p. 130-131).

Esta instância do *logos* deve, portanto, ser desgastada e devem ser abolidos os compromissos discursivos nele inscritos. Esse combate deve ser travado, sobretudo, contra o sujeito consciente como agente do *logos*: Consciência de si é então mediada por signos e toda a interação medida por sinais está liberada de limites de modo disseminal: A viagem da reflexão consciente não leva nunca de volta a Ítaca de um ponto de partida com caráter de presença. Consciência de si é a ilusão transcendental dessa *marche barrée de la réflexion* (Derrida, *La dissémination*, p. 299). Desse modo, naturalmente, a linguagem autonomisada (ou melhor, a *escrita*) herda todos aqueles traços que a modernidade havia atribuído ao sujeito autorrefletivo e adulto, a saber a espontaneidade da fundação de sentido e de transformação do sentido – só que o "texto infinito" que "se fala a si mesmo" (*un langage qui se parle [ou qui se murmure] tout seul*), às nossas costas e por cima de nossas cabeças, não pôde mais receber o atributo da maioridade. A isso corresponde na esfera ético-política uma suspeição generalizada contra o "espírito" reflexivo e adulto (Frank, 1993, p. 131-132).

# Parte III

# Desconstrução e psicanálise

## Bases analítico-existenciais da desconstrução e da desobjetificação – consequências para a psicanálise

O ensaio parte da introdução de Heidegger de um novo nível, ao lado do ser dos entes e do ente enquanto ente de Aristóteles, o *Dasein*. Como ente que compreende o ser. O fato de o filósofo ligar a questão tradicional (do ser) ao problema do homem lhe permite uma nova interpretação do ser a partir do tempo e com isso uma destruição (*Destruktion*) e desconstrução da metafísica que irá denominar *superação da metafísica*. Da ontologia fundamental e da desconstrução dos conceitos da metafísica é possível avançar para uma antropologia existencial (filosófica), na qual são desobjetificados os conceitos que se referem ao ser humano. A antropologia desobjetificada põe o *Dasein* em lugar do sujeito. Tal modificação tem consequência para a Psicanálise e sobretudo para uma nova compreensão do eu.

## Superação da metafísica pela compreensão do ser e pela história do ser

A originalidade da intuição heideggeriana, quando introduz a compreensão do ser, consiste no fato de introduzir na Filosofia um terceiro nível de problematização nas questões da ontologia, por meio do ser-aí que tem um modo privilegiado de ser. Já em Aristóteles temos o nível do ser enquanto ser e o nível do ser dos entes. Questões avulsas em Aristóteles apontam para um terceiro nível que também é de caráter ontológico e que não é simplesmente empírico. Quando este filósofo diz que "*A alma é de algum modo todas as coisas*" (Aristóteles, p. 431, cap. 21; Heidegger, 1976, p. 14), ele se refere indiretamente a uma situação que não consegue descrever por causa do objetivismo de sua visão da ontologia. Foi necessário que se processasse toda a história da Filosofia para que, no fim da metafísica, alguém perguntasse: qual é a compreensão que a alma (o *Dasein*) deve ter para poder ser de certo modo todas as coisas? "É somente porque é ser-aí enquanto constituído pela abertura, quer dizer compreensão, pode em geral ser compreendido algo como ser, é possível compreensão do ser." (Heidegger, 1977a, *Sein und Zeit*, p. 230). É que nesta pergunta a ontologia é posta num outro nível: não mais de objetificação do ser e dos entes, mas de afirmação de que existe uma relação entre ambos com a alma (*Dasein*) que é condição de possibilidade de falar dos dois. Isto significa que o realismo aristotélico não é suficiente para fundamentar a relação que existe entre a alma e todas as coisas.

Podemos dizer que a objetificação da tradição metafísica se faz porque tudo é situado no contexto de uma concepção de tempo como sucessão de momentos, segundo o antes e o depois. Pelo fato de a alma ser todas as coisas, só podemos falar das coisas por intermédio daquilo que faz a alma ser todas as coisas. Isso pode ser chamado compreensão do ser, assim como Heidegger a coloca no começo de *Ser e tempo*. Esta compreensão do ser que faz do *Dasein* ser de algum modo todas as coisas, no entanto, exige que elas sejam pensadas não como objetos, mas numa relação com um outro tempo que é definido por Heidegger como a temporalidade. Esta temporalidade, esse tempo, tempo originário, é que vai possibilitar as coisas e o *Dasein* no seu acontecer. Essa solução, contudo, entrevista por Aristóteles e realizada por Heidegger, significa a destruição das concepções objetificantes, introduzindo uma relação entre ser humano e coisas que precede qualquer relação objetificante. Esta relação sempre vem expressa quando tratamos das coisas como objetos, não permitindo que ela seja simplesmente uma relação *com objetos* porque é *condição de possibilidade dos objetos*. Toda a analítica existencial pretende, assim, ser uma ontologia fundamental, pois trata do ser-aí (da alma) como ser-no-mundo junto das coisas, mas sempre já as transcendendo em direção ao futuro e ao passado, o que representa a perspectiva da temporalidade do ser-aí.

Naturalmente para nós, herdeiros da metafísica ocidental, a frase de Aristóteles de que "a alma é de algum modo todas as coisas" foi pensada como uma relação objetificadora por causa da ideia de representação. Implicitamente toda metafísica objetivista e toda a Filosofia moderna procuraram pensar a representabilidade da representação sempre como uma questão de possibilidade dos objetos deduzida da reflexão. Os nomes empregados na Filosofia para esse fim foram: *nous, mente, consciência, consciência de si* e por meio deles mesmos se consolidou a convicção de que nossa relação com o mundo é sempre uma relação com objetos. Quando Heidegger traz outro nome para substituir os anteriores (Stein, 1991), ele não quer continuar a tradição da representabilidade da representação dos objetos pela consciência e pela reflexão. Ser-aí, ser-no-mundo, representam explicitamente o corte com a tradição metafísica e a ruptura com a ideia de ser e ente de objeto e coisa, de representação e representado é, entretanto, realizada pelo conceito de afecção (sentimento de situação) que acompanha a compreensão e que o filósofo expressa, de maneira sintética, no conceito de *cuidado*. Esta palavra tem um sentido ontológico, pois ela pretende romper com a ideia da metafísica de que todos os enigmas da Filosofia estariam resolvidos por uma resposta objetiva sobre a origem e o fim do ser e dos entes.

O cuidado se constitui como ser do ser-aí porque nele se estabelece uma relação circular entre afecção e compreensão na medida em que é eliminada a ideia de representação e substituída por um modo de ser-em, de ser-no-mundo e de relação do ser-aí consigo mesmo como ter-que-ser e ser-para-a-morte (faticidade e existência). O cuidado é o ser do ser-aí porque o ser-aí tem nele o horizonte de seu sentido: a temporalidade. Então o cuidado, com sua tríplice estrutura temporal de futuro, passado e presente, é o caminho pelo qual o ser-aí, numa relação ontológica consigo mesmo, consegue, pela afecção e pela compreensão, ser, de algum modo, todas as coisas. Assim, foi encontrado um modo de se relacionar com as coisas e os outros não mais objetificante, pois sensível e inteligível, afecção e compreensão, são o modo como as coisas vêm ao encontro do ser-aí. Isso quer dizer que foi substituído o tempo, no sentido clássico da metafísica, em que os entes são congelados numa sucessão de agoras, pela temporalidade, que não permite mais pensar o ser-aí como oposto ao mundo das coisas. Elas, como entes disponíveis, fazem parte do modo de ser-no-mundo e, portanto, do mundo em sua totalidade. Como o ser-aí, no entanto, enquanto cuidado tem seu sentido na temporalidade, a totalidade não se dá nunca como algo objetificado: a transcendência coincide com a existência, isto é, o caráter da temporalidade do *Dasein* é a entrada para qualquer tipo de conhecimento. Então "ser de algum modo todas as coisas" não é privilégio de uma entidade humana que representa, mas que em sua finitude (afecção e compreensão não se separam) se dá como temporalidade que é o sentido ontológico do ser-aí. Tudo isso significa que a compreensão do ser se dá na temporalidade e, pelo cuidado, ela recebe ao mesmo tempo a abertura e o limite dessa abertura. Compreender o ser, assim, vem sempre acompanhado por um *acontecer irrepresentável* e que não pode ser dominado pelo *Dasein*. É assim que o encontro entre ser-aí e coisas dá-se num acontecer ontológico que precede e acompanha qualquer relação com as coisas e com os outros.

Quando Heidegger fala em compreensão do ser pelo *Dasein*, ele substitui a expressão aristotélica de que "a alma é de algum modo todas as coisas". Esse *de algum modo* é, quando se fala em compreensão do ser, aquilo que limita essa compreensão e que, portanto, acontece com o *Dasein* no horizonte da temporalidade enquanto esta possui o caráter do acontecer. O *Dasein* não possui mais a possibilidade de um retorno reflexivo sobre si mesmo[1] que esgote a compreensão de si e que por meio dela esgote a coisidade das coisas, convertendo-as em objetos. Há um acontecer que impede para sempre toda a objetivação no sentido metafísico. Como a história da metafísica é a história daquilo que não foi pensado como acontecer do ser, ela é uma história de encobrimento, e assim, uma história que pode levar toda a tradição metafísica às pretensões da objetivação total, isto é, a uma pretensão de um sistema absoluto.

A história do ser é, portanto, a história dos limites da compreensão do ser, é uma história da finitude, uma história da temporalidade que foi encoberta pelo conceito metafísico de tempo, em que tudo é objetivável. Saímos, assim, da metafísica pela introdução do terceiro nível que Heidegger juntou ao nível do ser enquanto ser e do ser do ente, nível que podemos chamar o lugar onde foi introduzido o ser-aí como compreensão do ser. Em lugar de os dois níveis da metafísica incluírem o terceiro nível relativo ao *Dasein,* porém, é somente por meio dele que os outros dois níveis se tornam possíveis, numa unidade de um acontecer do ser que se dá pelo *Dasein* como temporalidade. Não há mais assim condições para separar sujeito e objeto, inteligível e sensível, compreensão e afecção, pois já sempre há um acontecer na temporalidade, onde reside propriamente a historicidade.

Todo o conhecimento, toda a experiência, se enraízam na concepção da analítica existencial no ser-em, na afecção, no cuidado como modos do ser-aí enquanto ser-no-mundo. Assim, não será mais necessário perguntar pela possibilidade da representação dos objetos, pois eles se dão num encontro com o ser-aí que já sempre pressupõe uma relação de acontecimento. Empírico e transcendental fundem-se na ideia do acontecer. Quando falamos no acontecer do ser, este acontecer une na unidade do cuidado, enquanto temporalidade, o que a metafísica chamava de empírico e transcendental, de objeto e representabilidade do objeto.

Quando falamos desse terceiro nível antropológico-existencial, que Heidegger acrescentou aos dois modos que Aristóteles apresentara como ser enquanto ser e ser do ente, introduzimos aquilo que Heidegger chama de diferença ontológica. Se com ela ele supera a metafísica, de um lado, de outro, ele desfaz o abismo que separava o ser do ser humano, portanto do aspecto antropológico, que Heidegger chama de

[1] Nisso consiste propriamente o caráter da finitude do *Dasein*.

existencial. Assim a ponte entre o empírico e o ontológico não é mais necessária. Desaparece o transcendental clássico e se introduz o acontecer do ser junto com a compreensão do ser. Quando Heidegger fala do fim da metafísica e de um novo começo é a isso que ele se refere (Heidegger, 1989, v. 65). Estas as razões para podermos compreender que o tratamento da relação entre a Filosofia e as Ciências não é mais epistemológico, mas possui o caráter do acontecer e que está para além das objetivações com que se ocupam os epistemólogos que querem usar a Filosofia para o tratamento das coisas das Ciências. Abre-se um espaço novo para pensar o mundo das coisas e do ser humano.

## A antropologia existencial de Heidegger e a nova concepção do conhecimento do ser humano – suas consequências para a Psicanálise

Com a questão central analisada até agora, surge em Heidegger uma posição contra um tipo de pensamento que, ao mesmo em que é dependente de um sujeito, se relaciona com as coisas como se fossem de um mundo exterior, dispondo sobre elas e organizando-as de maneira categorial como simplesmente existentes. É por isso que a analítica existencial de Heidegger visa à crítica rachadura entre mundo e sujeito, entre *res cogitans* e *res extensa*, como o havia postulado Descartes (Heidegger, *Sein und Zeit*, parágrafos 19-21). O filósofo critica todas as iniciativas do pensamento metafísico que pergunta pela realidade do mundo exterior sem primeiro clarificar o próprio fenômeno do mundo (Heidegger, *Sein und Zeit*, parágrafo 43).

Esta crítica se volta radicalmente contra Kant também, filósofo que procurou estabelecer a causalidade como um fio que unisse todas as coisas e que seria tornada inteligível pela presença de um entendimento dotado de formas *a priori* e que possuía no *eu penso* o princípio unificador entre sensível e inteligível. Contra isso o filósofo estabelece a ideia de ser-no-mundo como estrutura prévia de sentido que une todas as coisas. Esta estrutura, no entanto, se desdobra em diversas formas a partir da compreensão do ser pelo homem.

Com o estabelecimento da compreensão do ser e, a partir daí, do sentido ontológico do ser-aí, o filósofo não estabelece apenas uma ontologia fundamental, mas implicitamente também expõe as bases para uma antropologia não mais orientada na relação sujeito-objeto. O ser humano não é mais uma coisa que aparece no mundo entre as coisas, pois com ele surge o próprio mundo e ele se torna ser-no-mundo. Dessa maneira, a antropologia não é mais definida, mesmo filosoficamente, como *anima, animus* ou *mens* ou então mais tarde como sujeito, como pessoa ou como espírito. Heidegger dirá na *Carta sobre o humanismo* que a essência do homem não consiste nem no fato de ele ser um organismo animal nem no fato de isso ser compensado com uma alma imortal, pelas faculdades da razão ou pelo caráter de pessoa. O que torna manifesto o homem é, com esta tentativa, sempre com base no mesmo projeto metafísico, encoberto (Heidegger, 1947, p. 13 ss).

Numa outra passagem, Heidegger critica a antropologia como sendo um instrumento para a Psicologia, e Pedagogia, a Medicina e a Teologia e diz expressamente que "isso já não é mais uma moda, mas uma praga" (1982, p. 122). O filósofo pode falar assim porque *Ser e tempo* é a obra em que se abandonou definitivamente a possibilidade de responder o *que* é o homem, para afirmar que só se pode questionar *como* é o homem. A resposta vem diretamente do fato de que ele é ser-no-mundo e ser-aí. Com esta resposta, o filósofo remete o ser humano para o lugar da compreensão do ser. Seu modo de ser consiste em compreender o ser, de tal modo que a pergunta pelo ser se torna a pergunta pelo modo como ele se dá: pelo ser-aí que compreende o ser.

Numa célebre passagem, Heidegger assim se manifesta:

> O que aconteceria se talvez não soubéssemos onde estamos e quem nós somos? O que aconteceria se as respostas à pergunta por quem nós somos, apenas cada vez residiriam na mesma aplicação de uma resposta já dada, resposta que não corresponde àquilo que é talvez agora tocado na pergunta por quem nós somos, pois agora perguntamos não por nós enquanto seres humanos, suposto que esse nome é compreendido no significado tradicional. Segundo este, o homem é uma espécie de animal vivo (*animal, zoon*) que existe entre muitos outros habitantes na Terra e no universo. Nós conhecemos este animal vivo, pois somos de sua espécie. Existe uma grande oferta de ciências que nos informam sobre esse animal vivo – chamado ser humano – e todas estas ciências são reunidas sob o nome de antropologia (Heidegger, 1967, p. 8).

O que importa é percebermos que o perguntar pelo ser, perguntar pelo ser e pelo tempo, perguntar pela essência do tempo (temporalidade) nos impele inexoravelmente para a pergunta pelo homem. Heidegger diz que o tempo só se torna tempo na medida em que o homem é. Será, porém, que já não houve um tempo em que não houve ser humano? Poderíamos dizer talvez que em cada tempo houve e haverá ser humano. "Não existe tempo quando o homem não foi, não porque o homem existe desde a eternidade e para sempre, mas porque tempo não é eternidade e porque o tempo só se temporaliza tornando-se tempo enquanto ser-aí humano e historial" (Heidegger, 1983, v. 40, p. 90). É por isso que em sua conferência de 1963 intitulada *Tempo e ser* Heidegger dirá que ser *e* tempo se dão como acontecimento – apropriação.

Quando Heidegger, portanto, pensa a antropologia como analítica existencial ou como ontologia fundamental, na pergunta pelo sentido do ser (ser enquanto ser) e na questão do ser do ente, a diferença ontológica, ele cria com essa nova antropologia um terceiro nível de ontologia, a ontologia do ente privilegiado que se chama ser-aí e ser-no-mundo. Com isso assistimos a uma mudança profunda na Filosofia ocidental. Heidegger designará, a partir daí, a tarefa da Filosofia, a destruição das ontologias objetificantes como a de Aristóteles, de Descartes e de Kant. Esta destruição significará um adentramento na metafísica mediante a desconstrução de seus próprios conceitos e de todos os conceitos que as ciências provindas da metafísica articulam como seu aparato conceitual. É que Heidegger encontrou um fio condutor que lhe permite realizar esta desconstrução: a temporalidade como sentido ontológico do ser-aí diferente do tempo como simples sucessão de agoras em que se dão os entes simplesmente existentes e que não são ao modo de ser do *Dasein*.

Essa mudança introduzida por Heidegger representa um vetor capaz de sustentar o processo de desconstrução dos conceitos da metafísica e os conceitos das Ciências Humanas contaminadas pela sua origem metafísica. Entre elas se situa a Antropologia, a Psicologia e a Psicanálise. Dessa maneira temos a possibilidade de desconstruir todos os conceitos fundamentais do conhecimento que trata do ser humano. As consequências para a Antropologia são muito grandes e são também consideráveis as novas possibilidades para a revisão dos conceitos da Psicanálise pela desconstrução. Essa desconstrução atinge o edifício metapsicológico de Freud no qual o paradigma metafísico é tomado como moldura para a formação dos conceitos.

A partir do que foi dito, de que o ser humano é um *como*, toda a Psicanálise e psicopatologia irá se ocupar com um modo de acontecer. O ser humano não é um efeito da natureza, mas é um fenômeno que surge pela compreensão do ser. Assim, o objeto da Psicanálise não é um ente no tempo linear explicável causalmente. Desaparece, então, o animal vivo, o animal com psiquismo, ou o animal com espírito, visto que o ser humano é *Dasein*, é ser-no-mundo. Por isso não podemos objetificá-lo como um objeto no espaço e no tempo. Nem podemos tratá-lo propriamente como um objeto denominado eu. A desconstrução possibilitada pela analítica existencial irá mostrar-nos que podemos apenas falar do modo de ser do ser-aí e não de sua substância "Mas a ¢substância¢ do ser humano não é o espírito como síntese de alma e corpo, mas a existência" (Heidegger, 1977a, p. 117). "A substância de ser humano é a existência" (*ibidem*, p. 212).

## A passagem da teoria clássica das faculdades para uma concepção global do sujeito como *Dasein*

O que na Psicanálise produziu uma incontestável revolução ante a Psicologia e da Psiquiatria é representado por uma visão do comportamento humano como uma unidade dinâmica que está por baixo de todas as diferentes deficiências das faculdades como percepção, imaginação, inteligência, vontade, memória e afetividade. Essa concepção é que propriamente seria capaz de prestar conta do sentido e do alcance existencial das perturbações psíquicas. A descoberta do inconsciente e a sua natureza libidinal, sexual, que mediante os processos de recalcamento termina por produzir o retorno do recalcado como sintoma, representou a possibilidade de uma distinção clara entre os aspectos manifestos e os aspectos latentes que constituiriam propriamente o estatuto do sujeito. Sua história é uma sucessão de incidentes de percurso, em que o latente se inscreve no discurso secreto do sujeito, quer seja ele normal quer seja patológico. É assim que a doença psíquica recebe uma maneira nova de manifestação pela palavra, pela qual se filtra o que retorna da outra cena.

Apesar de Freud ter introduzido desse modo uma teoria de duplo sentido na aparição fenomenológica do sujeito humano e, portanto, ter propiciado assim a construção de uma metapsicologia ligada aos processos da compreensão, ele não dispunha, entre as tendências filosóficas de seu tempo, de um instrumento para pensar os fenômenos metapsicológicos como totalidade no universo do sentido. Esta a razão por que ele termina apelando para uma situação em que o biológico passa a ter a sua preponderância. Por certo a intuição freudiana não se esgota nessa tendência, mas para expressar aquilo que é explicado por uma solução biológica não era do conhecimento de Freud nenhuma visão antropológica suficientemente radical para apanhar aquilo que ele tentaria expressar no aparelho psíquico e que significava a superação da teoria das faculdades da alma.

Se para representar uma tal função apelamos aos recurso da Antropologia existencial que Heidegger desenvolveu na sua teoria do ser-no-mundo e do *Dasein,* é porque aí encontramos não somente uma primeira exposição da unidade do ser humano e do psiquismo, para além das faculdades da alma, mas também para além dos restos de causalismo e naturalismo que Freud apresenta para pensar a unidade dos processos dinâmicos entre o latente e o manifesto. A analítica existencial situa a questão dos fundamentos da sensibilidade e da inteligibilidade num modo de ser-no-mundo em que pelos processos estruturantes da afecção e da compreensão se constitui um novo começo para a Antropologia que será pensado por Heidegger como cuidado e temporalidade.

Por esse caminho se estabelece a possibilidade de superação das explicações do sujeito a partir do universo dos objetos, pois o ser-aí se constitui não simplesmente por categorias que lhe seriam comuns com as coisas, mas seu modo de ser estruturado é, pela força de seu sentido ontológico, enquanto cuidado e temporalidade, de caráter existencial. Cada uma de sua estruturas recebe uma significação a partir de seu caráter temporal no sentido originário e por isso elas se chamam existenciais.

Assim, a analítica existencial representa a passagem da causalidade para a existência, do caráter objetivo para a dimensão de acontecer historial. O homem, enquanto ser-aí, não vem mais ao nosso encontro para ser objetificado pelo conhecimento científico, pois ele é um acontecer que se desdobra não como fenômeno objetivo, mas como uma história que se articula no acontecer da temporalidade. Dessa forma, ocupar-se com os problemas do psiquismo e dos sujeitos humanos não significa olhá-los ao modo de objetos no mundo, mas como um acontecer que constitui o mundo, no qual o ser-aí está situado e a partir do qual ele compreende a sua situação. Heidegger chamará isso de abertura de caráter triplo, para si, para os outros e para as coisas. Desaparece, assim, a primazia do interior e do exterior na concepção antropológica e a compreensão de nós mesmos e das coisas não se faz mais a partir de uma relação consigo e com os objetos.

A antropologia existencial inaugura, então, um paradigma alternativo para aquele paradigma que Freud ainda encontrou nas filosofias de seu tempo para pensar o todo do acontecer da relação entre latente e manifesto. Temos, dessa maneira, uma nova matriz teórica para compreender os chamados conceitos fundamentais da Psicanálise e para preservá-la de uma queda, na explicação última de suas intuições, para dentro do paradigma da causalidade e da Biologia. O que comanda como vetor de unidade o acontecer dos processos inconscientes não será mais o determinismo de uma causalidade onipresente, mas a estrutura prévia de sentido que percorre, como dimensão fundadora, ou como um jogo enigmático de retração e de aparecimento, as manifestações com que a Psicanálise trabalha. Pode-se, sob muitos aspectos, substituir, assim, o caráter de construção do aparelho psíquico, por uma dimensão em que se dá o acontecer de fenômenos ligados ao caráter de mundaneidade do ser humano.

Sobre estas considerações podemos agora fundar a tarefa de desconstrução dos conceitos da Psicanálise. Como foram articulados no universo da tradição metafísica, eles carregam em si elementos de objetificação que só podem ser superados pela desconstrução analítico-existencial que Heidegger apresenta como instrumento de superação da metafísica. Essa desconstrução apresenta-se como um primeiro passo para a crítica de muitos conceitos psicanalíticos, para a substituição de outros tantos, sem, no entanto, atingir intuições fundamentais de Freud que podem receber um aparato conceitual analítico-existencial. Uma releitura de Freud e de conceitos fundamentais da Psicanálise deve, portanto, pressupor uma atividade de inserir a leitura e a interpretação no quadro do acontecer do ser humano, assim como é pensado, não mais metafisicamente, na Antropologia existencial de *Ser e tempo*. A destruição e a reconstrução dos conceitos pela via da antroplogia existencial não irá invalidar certas propostas novas para a leitura de Freud. Elas, entretanto, terão de ser revistas e situadas no quadro da analítica existencial que se mostrou, no século passado, como o melhor caminho para a superação da objetificação que tomou conta do conhecimento psicanalítico, nas diversas tendências que se constituíram em correntes e escolas.

## "No dizer eu, o ser-aí se pronuncia como ser-no-mundo" (Heidegger, 1977a, p. 321)

A grande questão que resulta da desconstrução de certos conceitos da Psicanálise, a partir da Antropologia existencial, reside nas transformações que ela impõe ao problema do eu como sujeito. O que significa a pretensão de Heidegger de encontrar uma dimensão ontológica em que a concepção do sujeito e do eu é precedida por uma descrição do fenômeno do mundo? Poderíamos dizer que não é tão importante a afirmação de um nível mais profundo em que é pensada a questão do eu. Trata-se antes de introduzir um modo de falar do ser humano em que ele não pode ser tratado simplesmente como objeto ou como coisa, pois ser-no-mundo é um modo como se dá o ser-aí. A partir dessa maneira de pensar, a objetificação, trivial no campo psíquico quando se fala no eu ou no sujeito, é superada por um estilo de ver que não passa mais simplesmente pela representação e pela reflexão. Trata-se de um fenômeno em que há algo irredutível, posto que ele não é simplesmente dado, mas é condição da instauração de qualquer sentido a partir do mundo. É assim que dizer "eu" remete não àquilo que eu sou, mas a um modo como se dá o sentido pelo ser-no-mundo. A relação que se estabelece se constitui a partir da compreensão de que o dizer eu aponta para o estar em jogo do meu modo de ser.

Heidegger introduziu, pela analítica existencial, uma maneira de pensar a relação que tenho com o meu eu como um compreender-me de modo prático no mundo. O ser-aí consiste fundamentalmente num *compreender-se em jogo enquanto se é.* O problema do eu que antes podia ser resolvido como a representação de si como objeto, é pensado agora como uma relação prática de si consigo mesmo. Essa relação prática pode ser descrita como um ter-que-ser inelutável em que se produz o sentido que é dado pelo mundo e que ao mesmo tempo está comprometido com esse sentido. Trata-se primeiro não de uma representação ao nível do eu, mas de uma compreensão do seu ser que está em jogo desde que eu sou. Heidegger explicita isto como a compreensão que o ser-aí tem de si mesmo e que nasce da compreensão do ser. O eu enquanto um *como,* enquanto um modo de ser, é posto fora da relação que ele pudesse ter consigo mesmo numa relação sujeito/objeto ou numa espécie de percepção interior.

Heidegger irá falar de uma atividade de encobrimento que o eu realiza no cotidiano enquanto se objetifica como um entre muitos, deixando de lado propriamente a sua condição de ser um modo de ser-no-mundo e como tal participar de um acontecimento referido à estrutura prévia de sentido. Esse encobrimento que nos leva a vermos o eu como objeto é inevitável, mas não é inevitável a possibilidade de percebermos que ele é precedido e acompanhado por um acontecer mais originário. Poderíamos perguntar até que ponto os processos que acontecem entre o latente e o manifesto de Freud possuem algum parentesco com esta ambiguidade que se revela na tendência para o encobrimento. É difícil, porém, sustentar uma conexão implícita entre os dois fenômenos. A razão disso é que aquilo que se mostra no eu e o que no mostrar é encoberto representa um elemento estrutural do ser-aí, enquanto a relação entre latente e manifesto se refere a um dinamismo atribuído aos processos psíquicos.

A aproximação talvez seja impossível porque o elementio psíquico desaparece da descrição do ser humano, como modo de ser-no--mundo. Ser-no-mundo é descrito por Heidegger como um sentimento de situação que se expressa numa disposição de ânimo de caráter existencial. É nesse lugar que se mostra a diferença do que Heidegger apresenta na sua antropologia filosófica. Assim como ela significa a superação da teoria clássica das faculdades, ela também significa a superação de outras teorias do psiquismo humano, como construções do eu. É, sobretudo, a questão dos aparelhos que entra em crise com uma teoria não objetificante como é a teoria do ser-aí. Tanto os aparelhos da mente que se constituem na teoria do conhecimento quanto o aparelho que aparece nas duas tópicas da Psicanálise, são expressões de processos de objetivação do inobjetivável, são resultados da instrumentalização de aspectos do modo de ser-no-mundo reduzidos a instâncias psíquicas.

As estruturas do psiquismo, descritas como instâncias psíquicas ou como aparelhos mentais, são resultados de uma concepção metafísica objetivista, na qual o eu e o sujeito humano são tratados como objetos ou coisas. É nesse ponto que aparece a importância daquilo que podemos chamar de desconstrução dos conceitos, assim como Heidegger procede na analítica existencial. O filósofo diria que as construções ou os aparelhos psíquicos nada mais são que modos de encobrimento daquilo que ele pretende explicitar com a descrição das estruturas existenciais relativas ao ser humano enquanto ser-aí.

Sob esse ponto de vista, a Antropologia existencial de Heidegger enquanto analítica existencial nos serve de ponto de partida para mostrar, por intermédio da desconstrução, as diversas camadas de encobrimento a que servem as múltiplas análises da teoria do eu, das relações de objeto e a introdução das duas tópicas na Psicanálise. Por mais utilidade que tenham representado as diversas inovações da metapsicologia freudiana, ela faz parte do universo conceitual de origem metafísica, portanto, de caráter objetificante a que são levadas as teorias que fazem do universo psíquico da alma, da realidade mental, simples objetos que perdem e encobrem o modo de ser-no-mundo, que é o caráter primeiro do ser-aí.

Temos, dessa maneira, na analítica existencial, as bases para a desconstrução e desobjetificação do aparato conceitual que a Psicanálise herdou de sua época. Uma tal tarefa a ser realizada não se volta contra a teoria psicanalítica e os processos no quais pretende intervir pela clínica, mas se constitui na abertura e ampliação de um modelo de tratamento das "realidades psíquicas" na medida em que essas se fundam em modos de ser do ser humano que são apresentados pela Antropologia existencial de Heidegger.

## A desconstrução do eu: A *Zerlegung* de Freud e a *Auslegung* de Heidegger

A questão do eu na Psicanálise foi tratada pela maioria dos autores como se fosse um ponto de referência, entre outros, para a discussão do inconsciente e das diversas teorias desenvolvidas em torno dos chamados conceitos fundamentais da Psicanálise.

Freud trata do eu como o conceito central de seu edifício teórico. Aliás, não faria sentido algum discutir questões do inconsciente sem a análise das implicações que isso tem para a concepção do eu como tal. Não há eu, consciência de si, consciente, identidade pessoal que mudariam de sentido e importância, conforme teorias relativas a eles, abordando novos aspectos do psiquismo humano. Certamente houve progressos na Filosofia no que se refere às teorias do eu, da identidade pessoal, do mesmo (*Selbst*), mas a posição central do eu não foi suprimida. Assim também nenhuma nova hipótese sobre o inconsciente irá legitimar-se se quiser substituir o eu por qualquer coisa mais importante. Haverá novas teorias do eu, mas o eu continua o mesmo como identidade central do ser humano consciente.

Podemos, no entanto, fazer desconstruções do conceito de eu levados por novas descobertas. É isso que ocorreu na Psicanálise. Por isso podemos perguntar pela desconstrução do eu como conceito na teoria freudiana. Sustenta-se a concepção clássica de eu depois da metapsicologia? Qual a consistência do conceito de eu na teoria freudiana? Muda com as hipóteses da Psicanálise a concepção do eu como Freud o queria?

Neste capítulo pretende-se apresentar um exame da desconstrução freudiana do eu e algumas referências à analítica-existencial do ponto de vista crítico.

## — I —

A impressão que temos quando examinamos o edifício teórico de Freud e as etapas percorridas para a constituição do que ele passaria a chamar de psicanálise, é que não podemos afirmar que se trata apenas da obra de um homem genial que de repente descobriu as bases de uma nova ciência. O que podemos destacar é que as diferentes frentes de seu experimentalismo e o leque de leituras psiquiátricas e psicopatológicas puseram-no em contato com uma soma de fatos que tinham diversas ligações entre si, mas que não recebiam de nenhum estudioso da época uma interpretação articulada, levando-o a uma espécie de ensaio de tentativa e erro desenvolvido nos primeiros 20 anos de seu trabalho.

Até agora a quase totalidade dos intérpretes de Freud procurou encontrar um fio que unisse os múltiplos textos produzidos por um autor altamente dotado de capacidade literária. São, no entanto, inúmeras e recorrentes as referências de Freud a situações sem saída em seus escritos e a novas tentativas para ver se acertava aquilo que obscuramente se ia construindo na imaginação. É assim que a Psicanálise toma forma mediante uma soma de ensaios avulsos nos quais aparecem certos livros articulados numa unidade teórica parcial, mas não no todo da Psicanálise.

Não é um bom caminho forçar a partir de hoje, para dentro do edifício da obra de Freud, uma doutrina unitária e um pensamento consequente e lógico. O que efetivamente aconteceu resultou do encontro de três aspectos da atividade de Freud: a) sua formação cultural clássica em Literatura, Filosofia e Antropologia; b) os conhecimentos psicológicos, médicos, psicopatológicos e biológicos; c) o conjunto de experiências clínicas, realizadas por ele e alguns de seus interlocutores, e o material delas surgido como novo e esperando interpretação. O trabalho da Psicanálise constituiu-se, por isso, num ir-e-vir entre as diferentes interpretações dos fenômenos ainda não unificados sob o nome de uma ciência. O autor, quando fala em abandonar um tipo de conhecimento para se ocupar de outro, não recusa as informações anteriores acumuladas. É como se tivesse que retomar um objeto invisível de análise através de um outro ângulo. Isso faz da Psicanálise que surgiu de sua atividade um edifício autobiográfico, ensaístico, por vezes teórico e muitas vezes de caráter especulativo ou filosófico.

O que deu unidade à Psicanálise em seus primeiros 20 anos foi o exercício de uma clínica, de uma nova prática de atendimento e interpretação dos pacientes. De uma mudança de atitude diante dos sintomas e com isso a introdução de uma nova semiologia. Poucos psicanalistas, que se tornaram os primeiros discípulos de Freud, foram admitidos como participantes de uma espécie de grupo de pesquisa. Muitos, porém, ou quase todos, foram confidentes e possuidores de informações resultantes de práticas clínicas. Era como se a multiplicação dos núcleos clínicos e estudiosos de casuística constituíssem a Psicanálise, reservando-se Freud, não apenas o privilégio, mas a quase exclusividade de incorporar, no conhecimento psicanalítico, materiais teóricos e clínicos de seus colegas e discípulos. Mesmo que recusasse certas interpretações teóricas de outros, Freud trabalhava, muitas vezes em segredo, sobre materiais alheios. É por isso que não temos propriamente vários fundadores da Psicanálise. Freud tem a consciência e assume a pretensão de ser o fundador.

Esta é a razão pela qual o pensamento psicanalítico se apresenta, nos primeiros 30 anos, como tendo sempre a autoria central de Freud. Somente no 13º Encontro Internacional de Psicanálise de 1934, em Lucerna, na Suíça, começam a aparecer contribuições, comunicações, conferências e debates de muitos países, mas já não mais simplesmente no contexto do paradigma freudiano. Basta lembrarmos algumas figuras que participaram desse congresso sob a presidência de Ernest

Jones: Anna Freud, Melanie Klein, Marie Bonaparte, L. Binswanger, W. Reich, Pfister, e muitos outros. Apesar do cordão umbilical que os ligava a Freud ausente, muitos deles já situavam suas contribuições ligadas a experiências clínicas, em contextos paradigmáticos bem diferentes das influências e convicções que cercavam Freud no nascimento da Psicanálise. É por isso que podemos dizer que o encontro de 1934 constitui o começo da diáspora, geograficamente mas, sobretudo, teoricamente.

Ainda que tivessem sido ponderações de ordem política que modelaram o perfil do congresso de 1934, Freud já se dera conta de uma diáspora da Psicanálise que se consistituira pela recepção de suas ideias centrais e da prática em outros contextos históricos, culturais e paradigmáticos. Boa parte da obra de Freud, do fim dos anos 20 e dos anos 30, se constitui de análises da inserção da Psicanálise num universo cultural que, muito por causa da própria Psicanálise, também estava sofrendo transformações profundas e ao mesmo tempo exigia novos modelos de interpretação. É assim que o destino da Psicanálise se fazia tanto mais dependente da obra de Freud e de sua interpretação quanto mais a diáspora de seus adeptos trazia o risco da deformação das ideias psicanalíticas em outros contextos culturais e paradigmáticos.

## — II —

Representa uma coincidência que a Psicanálise tenha surgido no começo do século XX, quando se dava o início da desintegração da imagem do mundo predominante, centrada na concepção dos grandes indivíduos, das personalidades fortes e na concepção de um sujeito e de um eu autônomos. Não estaremos forçando demasiadamente a obra de Freud se dissermos que ela constitui, do ponto de vista cultural, uma nova reflexão sobre o eu, do ponto de vista psicopatológico uma nova interpretação das doenças do eu, do ponto de vista teórico uma reestruturação dos problemas do eu e do ponto de vista clínico uma nova experiência com uma nova dinâmica dos sintomas do eu. Se as descobertas de Freud do ponto de vista clínico e teórico são resultados de sua pesquisa aparentemente realizada em várias frentes, o elemento comum que constitui a preocupação do fundador da Psicanálise é a questão do eu. A nova ciência causa escândalo, de um lado, porque amplia as estruturas que compõem o pretendido núcleo da personalidade humana e, de outro, porque revela um quadro psicopatológico em torno do eu que o tirava de seu centro. É assim que podemos ler, na sucessão dos textos da Psicanálise, um duplo cuidado de seu fundador: mostrar os revolucionários aspectos da economia psíquica e da dinâmica interna do ser humano, eu quase diria europeu, e contudo preservar mediante uma tópica, ainda o papel central do eu diante dos processos inconscientes.

As descobertas de Freud representavam um destronamento das teorias do eu das psicologias nascentes e das diversas tendências psiquiátricas. Ainda que continuasse convencido do papel central do eu para os estudos que realizava, ele sabia que, ao transformar sua Psicologia em metapsicologia, o eu nunca mais recuperaria o lugar que o século XIX lhe reservara, sobretudo nas teorias da subjetividade e no pensamento idealista. A interpretação das doenças mentais e a Psicologia nascente da segunda metade do século XIX ainda se centravam em elementos empíricos ou teorias que pouco atingiam as questões do eu. Somente em alguns filósofos do final do século XIX e alguns estudiosos de psicopatologia haviam começado distinções no eu e divisões internas que apontavam para os conflitos da personalidade humana. Somente Freud, entretanto, conseguiu ser sensível a essas diversas ideias procurando, no entanto, concretizá-las em hipóteses e pesquisas empíricas. Ainda que suas teorias novas com relação ao eu e a seus conflitos continuassem a se desenvolver e transformar progressivamente, era na clínica e na casuística psiquiátrica que se iam confirmando novos modos de abordar o problema do eu. Assim, a Psicanálise começará a fazer uma nova leitura dos sintomas e a introduzir a teoria do recalcamento, ainda por iniciativa do eu, juntando a isso a massa de informações de vários especialistas em psicopatologia sobre o papel da sexualidade.

Não é sem razão que Freud terá problemas em manter constantemente separadas as etiologias das diversas neuroses, das patologias do eu. O problema do narcisismo é tão central na Psicanálise desde o começo dos anos 10, não simplesmente porque aí se constituía um campo de investigação a mais, mas porque uma teoria do narcisismo iria atingir profundamente a concepção do eu. E nesse caso era necessário proceder com extrema cautela, o que ainda revela a primeira tópica. Penso que somente a partir das novas descobertas de Freud em *Para além do princípio do prazer* lhe vêm argumentos para ousar falar da decomposição do eu. Somente aí onde ações prejudicadas em sua liberdade pela compulsão não mais buscam ganhos para um aparente eu é que Freud pensa ter argumentos para destronar o eu de seu lugar único e situá-lo, no contexto da segunda tópica, ao lado do isso e do supereu.

Para afirmar essa nova teoria do eu como parceiro de outras instâncias, Freud, no entanto, vê-se compelido a construir uma nova

Psicologia, uma nova concepção do eu, pela metapsicologia, concebida como um grandioso drama evolutivo em que se conjugam etapas da filogênese com o aparecimento das neuroses de transferência. Assim, ainda que diminuído em relação ao lugar que ocupara no século passado, o eu torna-se o palco em que se desenvolve o grande cenário metapsicológico das neuroses de transferência. Há, portanto, para Freud, uma história evolutiva que justifica seu ataque frontal ao núcleo do psiquismo humano até aquele momento: o eu. Nesse sentido, a metapsicologia aparece com duas funções que conflitam entre si: ela possui um lado especulativo, quase filosófico que Freud quer sistematizar nos 12 trabalhos intitulados *Preliminares para uma metapsicologia*, parte dos quais é destruída por ter um caráter especulativo exagerado e que tinha a função de proteger a Psicanálise contra as psicologias correntes, enquanto a outra parte é preservada porque se incorpora na outra função da metapsicologia que é confirmada na prática clínica e que, portanto, teria um caráter mais científico.

Se desejarmos realizar uma crítica da Psicanálise temos de levar em consideração o panorama até aqui traçado e observar em que horizonte paradigmático Freud tentou salvar o eu, apesar das novas evidências de suas descobertas e, por outro lado, criticar as teorias do eu porque deficientes ou inteiramente errôneas. A Psicanálise tornou-se, certamente, um grande processo desconstrutivo do eu. O que temos a nos perguntar, nas análises que fazemos da obra freudiana, do ponto de vista de sua consistência, é tentar descobrir o melhor modo de compreender o seu trabalho de desconstrução, aceitando-o em seus resultados ou recusando-o porque ele teria operado com pressupostos paradigmáticos insuficientes, cientificistas, mecanicistas ou biologicistas. Somente assim se poderão apresentar propostas que corrijam a desconstrução freudiana do eu ou que a substituam por um universo paradigmático melhor. As hipóteses com que se irá trabalhar terão assim muitas consequências para a Psicanálise porque, ao trabalhar na desconstrução das teorias do eu de Freud, atingem matéria central da Psicanálise.

## — III —

A aproximação entre analítica existencial e Psicanálise tem sido feita por grande parte dos autores por intermédio de impulsos produzidos por simpatia mútua. É por isso que a maioria das interpretações que, por exemplo, a analítica existencial fez da Psicanálise, se caracterizam pelas abordagens fragmentárias ou por uma transposição de um universo teórico para dentro de outro universo teórico. É isso que tem acontecido desde Binswanger até a contemporânea psicopatologia fundamental (Stein, 1998, p. 109-133).

O que se pode observar nisso é que a iniciativa da aproximação sempre partiu de psiquiatras ou psicanalistas, em busca de elementos teóricos ou de instrumentos metodológicos para o estudo do psiquismo humano.

Antes de qualquer aproximação dos dois campos importa distinguir as intenções que conduzem o estudioso da analítica existencial e da psicanálise como tal. *Ser e tempo,* ao analisar a constituição do *Dasein*, exemplifica-a pelo fenômeno do ser-no-mundo e a apresenta como uma estrutura complexa, com muitos aspectos. O *Dasein* não é monolítico, mas também não é um ajuntamento de estruturas. O filósofo afirma a co-originariedade de todas as estruturas, o que significa que a tarefa não consiste em deduzir uma estrutura de outra. A analítica existencial não é uma dedução empírica ou transcendental.

Com isso, no entanto, não estamos condenados a realizarmos uma enumeração rapsódica de aspectos ou elementos que depois deveriam ser combinados numa sinopse. Há no entanto, em *Ser e tempo,* um momento essencial no parágrafo 40 em que aparece uma estrutura que Heidegger denomina de mais originária. A angústia toma esse lugar privilegiado que leva o autor a utilizar esse existencial como instância particular, quando retoma a discussão do *ser si mesmo* e do *eu* a que se referira em capítulo anterior (Heidegger, 1977a, §40). É a angústia que é denominada de afecção fundamental. É na experiência da angústia que o ser-no-mundo é levado a sua singularidade. O autor chega a dizer que "a angústia singulariza o *Dasein* em direção ao porquê ele se angustia e esse enquanto compreensivo se projeta essencialmente em direção de suas possibilidades" (Heidegger, 1977a, § 40).

A noção ontológica que corresponde ao fenômeno da angústia é o ser-possível de um si (*Selbst*) singular. É a essa singularização que Heidegger liga o fenômeno da liberdade compreendida como capacidade de se escolher radicalmente a si mesmo. É assim que o filósofo prepara o espaço para a desconstrução do eu na analítica existencial e é assim também que os existenciais passam a ter uma função desestruturante da clássica unidade do eu.

O método de que Heidegger se serve para essa tarefa é a desconstrução hermenêutica. É pela interpretação que a analítica existencial apresenta a inconsistência ontológica do eu e expõe o fenômeno da singularização do *Dasein;* portanto, desconstrução como *Aus-legung*, interpretação, explicitação.

Sigmund Freud, na conferência 31 de sua *Nova sequência de conferências introdutórias de Psicanálise*, anuncia a desconstrução do eu como *Desmontagem* (decomposição) *da personalidade psíquica* "supereu, eu e isso são, portanto, os três âmbitos, regiões, províncias em que desmontamos (*Zer-legen*) o aparato anímico da pessoa" (Freud, 1940, v. 15, p. 79). A desconstrução que Freud realiza do si (*Selbst*), do eu, não acontece como interpretação – *Aus-legung*, mas como desmontagem *Zer-legung*.

A atividade analítica que Freud empreende com o ser humano não consiste na apresentação de estruturas complexas cooriginárias, nem podemos afirmar que sua teoria analítica consiste numa dedução empírica ou transcendental. Freud realiza simplesmente uma descrição do que comumente se entende por personalidade psíquica, para então praticar a operação de sua desconstrução a partir do desmantelamento de uma unidade imaginária. O resultado dessa desconstrução irá consistir na apresentação de âmbitos ou regiões que constituem os componentes essenciais em que se funda a dinâmica dos processos psíquicos do indivíduo.

Nessa introdução já se apresentam os paradoxos de duas desconstruções do eu (*Ich*), e os pressupostos que conduzem o trabalho de desconstrução procedem de origens diferentes. Disso resulta a necessidade de estudarmos o que é a desconstrução da Psicanálise e o que é a desconstrução da analítica existencial. Teremos de nos perguntar qual a relação entre estas duas desconstruções que tratam do mesmo objeto; quais são as consequências de uma aproximação da *Auslegung* da *Zerlegung* freudiana. No nosso caso aqui iremos desenvolver primeiro mais o trabalho de Freud. Isso irá preparar o terreno para explorarmos a transposição e aplicação da desconstrução heideggeriana no campo da Psicanálise. Naturalmente, o nosso trabalho irá referir-se ou à indicação de falhas de Freud na questão da desconstrução do eu ou a questões mais profundas vindas do seu paradigma filosófico.

## — IV —

No início da conferência 31, Freud mostra como o ponto de partida é importante na Psicanálise e que ela realmente começou a ser ouvida porque se ocupou com o sintoma. Literalmente, Freud diz que o sintoma é o mais estranho ao eu, porque é resultado do recalcado e, ao mesmo tempo, representante desse recalcado diante do eu. O recalcado é para o eu, contudo, "terra estranha, terra estranha interna, assim como a realidade é terra estranha externa". Do sintoma a

Psicanálise chegou ao inconsciente e a partir daí à vida pulsional e à sexualidade.

Se Freud agora enfrenta a Psicologia do eu e procura uma apresentação que não faça parte da Psicologia comum, ele terá de atravessar uma região onde muitas coisas parecem conhecidas e qualquer novidade que aí se queira apresentar pode ser tomada como fantasia. É por isso que ele apela para as estruturas que se manifestam na psicopatologia. Essas estruturas sempre pareceram estranhas para os povos, pois revelavam algo que não era parte do cotidiano.

Assim o autor inicia a sua analítica do eu pelo caminho psicopatológico. Isso o conduz, através da *mania de ser observado*, até o problema da *consciência* para então dizer que o fenômeno que aí aparece pode ser denominado de supereu. Assim está introduzida uma estrutura básica do aparelho anímico. Freud exemplifica isso com a presença do supereu no melancólico, em que esta instância produz efeitos de punição durante períodos e onde, em outros períodos, o eu parece estar num estado de embriaguez como se o supereu tivesse perdido todas as forças e como que tivesse coincidido com o eu. Esse eu maníaco permite a satisfação de todos os seus desejos.

Introduzida, assim, a estrutura do supereu, Freud expõe o processo que o levou ao que ele denomina, apoiando-se no uso linguístico de Nietzsche e em uma sugestão de G. Groddeck, de *isso*. "Esse pronome impessoal parece particularmente apropriado para expressar o caráter principal dessa província da alma, a saber, sua estranheza diante do eu" (Freud, 1940, v. 15, p. 79).

Com essas três estruturas, *supereu*, *eu* e *isso*, Freud apresenta o aparelho anímico que representa a desmontagem da personalidade psíquica. Ele observa, entretanto, que, ao lado do supereu, o isso representa a parte obscura e inacessível de nossa personalidade. "O pouco que dele sabemos nós aprendemos pelo estudo do trabalho do sonho e da formação neurótica do sintoma e quase tudo isso tem caráter negativo, podendo ser descrito apenas em oposição ao eu" (Freud, 1940, v. 45, p. 79). Freud explicita que nos aproximamos do *isso* por meio de comparações e "o chamamos de caos ou de caldeira cheia de excitações em ebulição". E continua: "Ligamos isso muito a aspectos somáticos, a necessidades pulsionais que no *isso* encontram sua expressão psíquica. A partir das pulsões o *isso* se enche de energia, mas não possui organização, não consegue fazer surgir uma vontade unida, e apenas consegue criar a aspiração de produzir, para as necessidades pulsionais, satisfações, obedecendo ao princípio do prazer" (Freud, 1940, v. 15, p. 80).

E Freud conclui que para os processos do *isso* não valem as leis lógicas do pensamento e, particularmente, de modo algum o princípio da não contradição. Afirma ainda que o *isso* nada sabe do tempo e nada lembra nele o princípio do filósofo Kant, de que nossos atos anímicos possuem como formas necessárias o espaço e o tempo.

O *isso* é apresentado como aquilo que apenas se liga ao passado, isto é, aparece como recalcado e não constitui a parte menor da ação terapêutica do tratamento analítico.

— V —

Introduzidas as três províncias da personalidade psíquica por Freud, por intermédio de um modo de proceder específico, da lição 31, podemos perguntar pelos caminhos formais que ele esconde no modo de uma apresentação coloquial e um diálogo encenado com um público culto ao qual quer apresentar um novo aspecto da Psicanálise que ocupará sua atenção durante muitos anos, mas que ainda não desenvolvera explicitamente.

Se lermos com atenção o texto *A desmontagem da personalidade psíquica,* poderemos observar que as oscilações de Freud diante da Psicologia do eu já diminuíram consideravelmente. É por isso que ele pode dizer que "minha apresentação da Psicologia do eu" vai repercutir no público de maneira muito diferente da "introdução ao mundo psíquico subterrâneo que a precedeu". Freud distingue com especial acento que a Psicanálise se tornou até agora conhecida por meio de fatos, ainda que fossem estranhos e surpreendentes. O que ele agora pretende fazer, em 1932, é expor concepções, portanto, na sua expressão, especulações. Sabemos da importância que tiveram as apresentações dos fatos na construção e afirmação da Psicanálise. É como se Freud tivesse desconhecido a Psicologia do eu e mostrado provocativamente quanto material ela não levara em consideração e que fazia parte agora do mundo psíquico subterrâneo da Psicanálise. Freud denomina este mundo de *psicologia das neuroses* para distinguir o seu conteúdo da *psicologia do eu* caracterizada por eventos e fatos de uma ordem totalmente diferente dos processos inconscientes.

Pode-se perceber que ao iniciar a *Zerlegung,* a desmontagem da personalidade psíquica, ele quer, de um lado, garantir uma continuidade das pesquisas que a Psicologia do eu fizera, mas que, de outro lado, a Psicanálise introduziria uma espécie de ruptura com os fatos aceitos até aí pelos estudos do psiquismo humano. É por isso que nesse texto ele se refere, com diversas expressões, à dificuldade de começar o seu procedimento. O pesquisador se situa diante de diversas possibilidades de abordagem, mas pela constante troca de exemplos e pela variação de novos enfoques de apresentação, o autor dá sinais de que a sua tentativa de desmontagem do eu, por força das exigências dos novos fatos que a Psicanálise já pesquisara, apresentava elementos muito novos e, ao mesmo tempo, contudo, necessários para definir a especificidade do material da Psicanálise.

É por isso que aí temos que aprender de Freud que é preciso ter um extremo cuidado na avaliação do universo teórico da Psicanálise, com o qual ela explicita descobertas na clínica e justifica sua investigação diante do público científico. Temos de reconhecer que o fato de a Psicanálise ter partido do sintoma e do recalcamento significou para a Psicologia em geral uma absoluta novidade. É por isso que Freud diz: "A partir do sintoma o caminho conduziu para o inconsciente, para a vida pulsional e para a sexualidade" (Freud, 1940, v. 15, p. 62), provocando reações de estranhamento e críticas violentas.

Querer agora apresentar estruturas que sustentam toda essa realidade dinâmica da Psicanálise representava uma empresa difícil de ser iniciada, ainda mais difícil de ser justificada e, acima de tudo, correndo o risco de se desfazer em meras especulações. Podemos ressaltar que a Psicanálise conseguiu justificar a dinâmica do psiquismo humano como um todo, mas permaneceu um projeto não acabado no que se refere à construção das estruturas (tópica) sobre as quais essa dinâmica se apoia. É por essa razão que a metapsicologia de Freud desperta a suspeita de grande fragilidade e de que se constitui por um conjunto de categorias que poderiam ser melhoradas ou mesmo substituídas. É a razão pela qual muitos teóricos tentaram apresentar novas propostas para a metapsicologia freudiana, por exemplo, Binswanger, Lacan, Winnicott e outros.

Freud sabia muito bem da radicalidade de suas intuições com relação à dinâmica do psiquismo humano, sobretudo inconsciente, e para essa dinâmica ele encontrou um universo categorial preciso e metáforas e analogias que entraram na cultura ocidental. Ao falar das estruturas do edifício teórico, entretanto, a sua obra ficou incompleta por duas razões. De um lado, ele não queria apresentar um edifício psicológico totalmente novo e, de outro, porque ele sabia da impossibilidade de poder utilizar simplesmente as categorias da Psicologia sem submetê-las a uma desconstrução, decomposição em sua linguagem.

Assim, encontramo-nos com Freud quando trata da Psicologia do eu, num terreno favorável a um diálogo, a procedimentos semelhantes aos de Freud e até a sugestões para substituir categorias da

Psicanálise no que se refere à estrutura do psiquismo humano e da relação do homem consigo, com o mundo e com os outros. Chegamos assim à possibilidade de nos juntarmos a Freud para pensarmos com categorias contemporâneas aquilo que ele tentara na metapsicologia e completarmos aspectos que concepções filosóficas atuais sobre o ser humano apresentam de maneira mais convincente e produtiva, testando outros universos paradigmáticos na produção de conceitos.

É preciso, no entanto, tomar como advertência o risco de, ao trabalharmos com Freud, desconstruirmos elementos de sua metapsicologia, atentar contra a intuição fundamental que é a matriz da Psicanálise: *o retorno do recalcado como sintoma*. Dito de outra forma, esse teorema não pode ser tocado, pois sem ele de nada valeria a melhor reconstrução do edifício metapsicológico.

## — VI —

Quando Freud inicia o desmantelamento da categoria do eu da Psicologia, ele não realiza simplesmente uma correção. Temos a impressão, ao ler a lição 31, que estamos na presença de alguém escolado na clínica, esclarecido pela casuística e confirmado nos debates em torno dos eventos e dos fatos do inconsciente, mas que tem receio de erigir um edifício metapsicológico apenas com a crítica dos conceitos da Psicologia. Freud aparece aqui como pesquisador, como teórico da constituição do ser humano e como analista e intérprete de um mundo categorial novo. Ele se pergunta: Como deve ser constituído um ser que se rege pela dinâmica do inconsciente em suas estruturas essenciais de caráter psicológico, psicopatológico e existencial? Acompanhando Freud nessa pergunta, estaremos no caminho que ele seguiu e que nós teremos de seguir.

Ainda que Freud não tenha inventado o termo "eu", nem mesmo as expressões "inconsciente" e "consciente", a maneira como recebeu as teorias refentes a esses universos temáticos estão na raiz da Psicanálise. Vindo da tradição alemã, a questão do eu era apresentada por Freud, poderíamos dizer, fora da sua pretensão de fundar um novo conhecimento, que era bem ao modo das análises dos grandes filósofos alemães desde o século 19:

> O eu é o mais próprio do sujeito, como pode ele ser convertido em objeto? Entretanto, não há dúvida de que podemos isso. O eu pode tomar a si mesmo como objeto, tratar-se como outros objetos, observar-se, criticar-se e, sabe Deus quanta outra coisa a gente pode fazer consigo mesmo. Nisso uma parte do eu se coloca em face do resto do eu. O eu é, portanto, passível de ser cindido. Divide-se durante muitas de suas fun-

ções, ao menos passageiramente. As partes constituintes podem depois novamente ser reunidas (Freud, 1940, v. 15, p. 64).

Esta passagem da conferência 31 parece uma descrição de Fichte ou de Hegel.

Apresentadas com certa ironia, estas afirmações reproduzem as convicções da Filosofia do idealismo alemão, mas, ao mesmo tempo era pensamento generalizado na tradição antropológica, psicológica e ética correntes. Freud já aprendera em 1883, com seu professor Meynert, que o eu se dividia entre um *eu primário* e um *eu secundário*. Essas distinções psiquiátricas, no entanto, interessavam-no não como pano de fundo filosófico para concepções organicistas (mesmerianas) do funcionamento do espírito humano. Muito cedo a prática o pusera em contato com diferentes afecções psíquicas, como a histeria, as ideias obsessivas, as confusões alucinatórias e a paranoia. Tanto a sua correspondência com Fliess quanto o seu *Esboço de um psicologia científica,* revelam sua concentração sobre a natureza das relações conflitivas do eu. É por isso que, já no capítulo VII da *Intepretação dos sonhos,* se esboça a *primeira tópica* com a qual pretendia descrever a estrutura que sustenta os conflitos. Sua obra *Três ensaios sobre a teoria sexual* termina explicitando o eu como o lugar de um sistema pulsional onde se diferenciam as pulsões sexuais por meio de um apoio no eu. Ainda que apresentadas como completamente distintas, são decisivas para o quadro em que se constitui o eu como sede de um investimento libidinal, ao lado da libido de objeto.

São diversas as etapas teóricas que levam até a *segunda tópica* dos anos 20, que vai se confirmando no ensaio *O eu e o isso,* até chegarmos à lição 31, em que Freud fala da consciência como o "único farol que nos ilumina na psicologia profunda" (afirmação semelhante aparecerá novamente em 1938) e conclui com a célebre expressão: *Wo es war soll ich werden* (Freud, 1940, v. 15, p. 84).

Essa expressão que liga *isso* e *eu* fará surgir, conforme a natureza que se atribuir a essa ligação, as principais leituras divergentes da doutrina freudiana: a *Ego psychology* de Anna Freud, que verá no eu um polo de defesa ou de adaptação à realidade; a vertente lacaniana, em que o eu imerge no isso e é cindido num *moi* e num *je;* e a *Self psychology,* em que o eu é inserido numa fenomenologia do si ou da relação de objeto. Podemos afirmar que nenhuma das três vertentes permanece fiel ao Freud da lição sobre *A decomposição da personalidade psíquica. Wo es war soll ich werden* representa o novo imperativo para a cultura que Freud compara ao secamento, por etapas, do *Zuyderzee.*

## — VII —

A desmontagem da personalidade psíquica que representa uma síntese da doutrina de Freud com relação ao eu, em que sobram poucas interrogações, constitui o ponto mais avançado que foi capaz de desenvolver o pesquisador Freud. Aquele que pergunta pela constituição do ser em que acontece a dinâmica de que se ocupa a Psicanálise e procura estabelecer as condições de possibilidade ou as estruturas que lhe permitam pensar numa unidade, *a dinâmica, a tópica e a econômica*. Preocupado na elaboração de modelos teóricos não ligados diretamente à pratica e à observação clínica, procura dar conta nos diversos ensaios de sua metapsicologia da compreensão científica que explica a dinâmica, a tópica e a econômica. No seu artigo sobre o inconsciente, Freud define a metapsicologia da seguinte maneira:

> Eu proponho falar de apresentação metapsicológica quando somos bem-sucedidos em descrever um processo psíquico sob os pontos de vista dinâmico, tópico e econômico. Posso prever no estado atual de nossos conhecimentos que não alcançaremos a não ser pontos isolados (Freud, 1940, v. 15, p. 48).

Em *Para além do princípio do prazer*, Freud refere-se ainda mais fortemente aos três elementos teóricos citados:

> Nós pensamos que um modo de exposição onde se tenta apreciar o fator econômico, além dos fatores tópico e dinâmico é o mais completo que nós poderíamos nos representar atualmente e que ele merece ser posto em evidência pelo termo de *metapsicológico* (Freud, 1940, v. 13, p. 3).

Estas duas passagens são suficientes para mostrar o quanto é importante passar a ver a relevância da metapsicologia na questão do eu para Freud.

Para situar a complexidade da posição de Freud diante de sua atividade ocupada com a metapsicologia é necessário manter abertas várias direções de seu pensamento. Metapsicologia significa para Freud um termo teórico para se distinguir da Psicologia do eu, mas, de outro lado, pretende apresentar-se como uma Psicologia das neuroses e por fim uma continuação ou passagem da Medicina para uma Psicologia nova, a Psicanálise. Enquanto, porém, ela se ocupa com o conhecimento de fatos psíquicos do inconsciente, a metapsicologia transforma-se em "construção de uma realidade supra-sensível que a ciência transforma numa psicologia do inconsciente" (Psicopatologia...). A metapsicologia é que levará Freud a expor o problema do eu ligado ao universo da Biologia, com consequências pesadas.

A intenção do autor em manter abertas todas essas direções é se apossar de conhecimentos teóricos e realizar uma empresa intelectual que tome uma "forma científica" que "toma de empréstimo seu objeto da *démarche* filosófica". Somente assim ela levará a pensar a articulação possível de processos psiquícos com os fundamentos biológicos. Escrevendo a Fliess em 1898 Freud, falando dos sonhos, observa: "Parece-me que a explicação pela realização de um desejo dá, certamente, uma solução psicológica, mas não uma solução biológica, muito antes uma metapsicológica". E acrescenta: "Aliás, importa que me digas seriamente se eu posso dar à minha psicologia que irrompe pelas costas no consciente, o nome de metapsicologia".

Em *Psicopatologia da vida cotidiana,* Freud alerta que a metafísica pode até constituir uma espécie de modelo formal para a metapsicologia a ser pensada. Seu objetivo, no entanto, não consiste em se fechar nisso, mas de avaliá-la e estabelecer que as construções filosóficas (mitológicas e religiosas), com o mesmo direito que todas as formas de crenças e delírios que dela podem derivar, não constituem outra coisa que "uma psicologia projetada no mundo exterior". Freud tira uma conclusão importante diante dessas consequência, dessa Psicologia querendo ser filosofia. "Poderíamos dar-nos como tarefa decompor (*Zerlegen*), colocando-se, nesse ponto de vista, os mitos relativos ao paraíso e ao pecado original , ao mal e ao bem, à imortalidade, etc., e traduzir a *metafísica em metapsicologia.*" (Freud, 1940, v. 13, p. 131). As duas citações sobre dinâmica, tópica e econômica que citamos anteriormente e que tratavam do inconsciente e da questão do além do princípio do prazer, tratam esses dois aspectos metapsicologicamente. É nesse contexto que o autor situa diversos ensaios desde o *Esboço da psicologia,* passando pelo capítulo VII da *Interpretação dos sonhos,* pelo texto *Para introduzir o narcisismo,* pelo *Eu e o Isso e* pelo *Esboço de psicanálise* no fim dos anos 30.

O uso que Freud faz da termo *metapsicologia*, entretanto, recebe um outro sentido quando redige os *Elementos para uma metapsicologia*, por volta de 1915, ao escrever os 12 ensaios dos quais nos sobraram *Pulsões e destino das pulsões, O recalcamento, O Inconsciente, Complemento metapsicológico da doutrina dos sonhos, Luto e Melancolia* e um sexto texto descoberto recentemente *Visão geral das neuroses de transferência* (Freud, 1985).

O primeiro sentido de metapsicologia é estabelecido por Freud com a intenção de impedir, mediante uma espécie de barreira epistemológica, as derivações psicologistas e organicistas que ameaçavam a Psicanálise. O segundo sentido de metapsicologia que está implícita nos 12 ensaios traz uma nova ideia de Freud que rompe com o primeiro projeto metapsicológico e pretende ser uma construção sistemática em que já se articula aquilo para o qual encontramos documentos em toda obra de Freud: a vinculação da perspectiva ontogenética com a aventura da reconstituição filogenética tentada nos 12 ensaios.

Esses dois sentidos de metapsicologia, ao mesmo tempo que o primeiro pretende ser uma defesa contra o biologismo, e o segundo uma inserção num processo biológico, encontram-se no objetivo de Freud de desenvolver uma teoria da articulação do psiquismo com o substrato biológico. Era, no entanto, importante que se garantisse um discurso da Psicanálise claramente separado da Psicologia e do modo como ela desembocaria no biológico e que, de outro lado, abrisse um caminho para que todo o edifício da Psicanálise se orientasse para um dia poder se desfazer, inserindo-se nas futuras descobertas da Biologia. Era importante para Freud que não se resolvessem os problemas psicológicos numa explicação biológica adequada à Psicologia, mas que os processos dinâmicos da Psicanálise, com suas inovações teóricas e clínicas, encontrassem uma explicação biológica própria. Freud queria impedir que as teorias da Psicologia e as teorias da Psicanálise caíssem numa vala biológica comum. Para ele é muito diferente o edifício da Psicologia terminar num experimentalismo biológico, que se o edifício psicanalítico, enquanto construção metapsicológica pioneira e teoria antecipadora, se dissolver nas conquistas da Biologia. No caso da Psicologia, estar-se-ia dando uma solução simplista e como esclarece Freud, "projetada no mundo exterior", enquanto no caso da Psicanálise haveria uma espécie de substituição, mas também de continuidade, da explicação dinâmica dos processos psíquicos. No fundo, para Freud, a ligação entre Psicologia e Biologia é radicalmente diferente do vínculo entre Psicanálise e Biologia.

## — VIII —

O que é afirmado no *Wo es war soll ich werden* terminou sendo o mote do fim do trabalho da desmontagem da personalidade psiquíca ou do eu, assinalando uma tarefa inacabável como a secagem do *Zuiderzee*. A tarefa descrita no fim da conferência 31, contudo, é direcionada por Freud para o fortalecimento do eu. Os "esforços terapêuticos da psicanálise" têm a "intenção de fortalecer o eu, torná-lo mais independente do supereu, ampliar seu campo de percepção e construir sua organização de maneira tal que possa se apropriar de novos fragmentos do isso" (Freud, 1985, p. 86).

Ainda que seja definido como uma das províncias da alma o eu é posto ao final da *Zerlegung*, da desmontagem, como enfrentando três senhores coercitivos: o mundo exterior, o supereu e o isso. "Se acompanhamos os esforços do eu em agradar simultaneamente aos três, não teremos direito ao arrependimento por termos personificado esse eu, de tê-lo estabelecido como um ser singular que se sente encurralado por três lados, ameaçado por três tipos de perigos diente dos quais reage com angústia (p. 84).

A metapsicologia freudiana aparece neste contexto cindida em duas tendências. Do ponto de vista clínico e da teoria do sintoma ela propõe um acordo entre o eu e o retorno do recalcado, estabelecendo uma relação conflitiva interminável. É a partir dessa visão de conflito entre o eu e o isso que Freud falará de análise finita e infinita.

O eu está doente, enfraquecido, mas possui ainda uma posição privilegiada. Esta é a posição de Freud, ainda que na conferência 31 admita um poder decisivo do isso diante do eu, na analogia que o autor faz do cavaleiro e do cavalo. Como conclusão, porém, a desmontagem, a *Zerlegung*, preserva uma dimensão mais sólida para o eu diante das outras instâncias do aparelho psíquico.

Há, no entanto, uma outra direção da metapsicologia que se apresenta mediante um certo paralelismo entre o ontogenético e o filogenético. Esta posição é explorada por intermédio do grandioso panorama traçado nos 12 ensaios sobre as neuroses de transferência. Nelas se revela o lado implosivo do eu na questão do narcisismo. Comparada com os investimentos de objeto, a libido do eu é entrópica (Ver os capítulos seguintes).

Mesmo com as novas descobertas em *Para além do princípio do prazer*, da compulsão sem ganho e das pulsões de vida e de morte, Freud estabelece a nova tópica com a incorporação do isso (*Es*), expressão criada por Groddeck em 1923, o eu continua privilegiado em todas as teorias que Freud desenvolve.

Podemos observar aqui a solidez de um paradigma filosófico que ainda se preserva e com ele a concepção do eu que nele está enraizado. As teorias do eu e da subjetividade sustentam-se mesmo diante de evidências cada vez mais fortes de que a simples desmontagem do eu (*Zerlegung*) não consegue atingir o problema central. Seria simplesmente por falta de radicalidade na exposição do lugar do eu na tópica?

É verdade que Freud termina admitindo a crise do eu e a insustenta-bilidade do lugar que ocupava na metafísica da modernidade, quando, compelido pela teoria do narcisismo e das descobertas de *Para além do princípio do prazer*, introduz a pulsão de morte. Nesse sentido, a questão do eu é resolvida com o seu pleno desaparecimento. O fundador da Psicanálise confessa, dessa maneira, que pensa que a teoria do eu é o anteparo erguido diante da morte e da finitude. Esta ideia, contudo, lhe é insuportável, tanto assim que a questão do narcisismo desaparece no último *Esboço de psicanálise*, de 1938.

Sem nos mostrarmos afoitos demais, podemos concluir que as consequências da segunda tendência da metapsicologia, que põe em xeque o eu, não se esclarecem a não ser que seja desconstruído o paradigma metafísico em que ela tomou forma.

As consequências da metapsicologia freudiana presa ao paradigma metafísico, conduzem o fundador da Psicanálise não a rejeitar a sua construção teórica, mas a afirmar que um dia ela será substituída pelas descobertas da Biologia, o universo físico-químico. É por isso que Freud defende, desde 1895, a explicação naturalística dos fenômenos psíquicos.

Muito esclarecedoras são para isso as seguintes passagens da obra de Freud:

1) "Que todas as nossas propriedades psicológicas sejam um dia fundadas no chão de suportes orgânicos" (*Introdução ao narcisismo*, 1914);

2) "O edifício doutrinário da psicanálise que construímos é, na realidade, uma superestrutura que um dia deverá ser assentada sobre seu fundamento orgânico; mas nós ainda não o conhecemos" (*Conferências introdutórias à psicanálise*, (24), 1917);

3) "Se nos fosse possível, pela via química, intervir nesta engrenagem, aumentar ou diminuir a quantidade de libido presente em cada situação ou fortalecer uma pulsão à custa de outra, isso seria então, em sentido próprio, uma terapia causal" (*Conferências introdutórias à psicanálise*, (27, 1917);

4) "As falhas na descrição provavelmente desapareceriam se em lugar dos termos psicológicos, já pudéssemos usar os fisiológicos ou químicos" (*Para além do princípio do prazer*, 1920);

5) "A determinação de todas as nossas análises que denominamos metapsicológicas procede obviamente do fato de não sabermos nada sobre a natureza dos processos de excitação dos elementos psíquicos e de não nos sentirmos no direito de aceitar resposta alguma. Portanto, operamos assim, constantemente, com um grande X, o qual levamos junto para dentro de cada fórmula nova" (*Para além do princípio do prazer*, 1920);

6) "O elemento psíquico, seja ele de que natureza for, é inconscientemente de espécie similar a todos os outros processos da natureza dos quais tomamos conhecimento" (*Esboço de psicanálise*, 1938).

Ao lermos essas passagens, podemos perguntar-nos o que restaria propriamente da realidade do eu que enfrenta o *mundo exterior*, o *isso* e o *supereu*, se toda a construção metapsicológica é realmente apenas provisória para Freud, esperando ele a dissolução de todos os processos psíquicos em reações químicas. Seria uma consequência do caráter metafísico da construção metapsicológica do eu o fato de Freud terminar por dissolvê-lo na Biologia?

O trabalho que o fundador da Psicanálise apresenta na conferência 31 sobre a desmontagem da personalidade psíquica – a *Zerlegung* – não chega a satisfazer às exigências da desconstrução do paradigma em que se apoia. O mesmo acontece com a tentativa de explicar radicalmente os fenômenos da clínica, o sintoma como retorno do recalcado e a questão da transferência?

Precisamos pensar nas estruturas de que se utilizou a metapsicologia freudiana. Essas não foram explicitadas. Ao menos não são suficientes para dar conta da combinatória do aparelho psíquico na produção de sua econômica e dinâmica. Freud, diante dos problemas que restam da *Zerlegung*, escolheu para o eu a pulsão de morte, a submersão no inorgânico ou no mundo da Biologia.

Quando, nos próximos capítulos, formos pensar não mais no paradigma da *Zerlegung*, mas da *Auslegung*, abrimos um novo caminho para a desconstrução da metapsicologia freudiana que nos deixou, após tantas vicissitudes, a questão do eu para ser pensada a partir de estruturas que não nos levem a dissolvê-lo no mundo da Biologia. A desconstrução analítico-existencial ou hermenêutica não pretende substituir a clínica freudiana, nem o princípio fundador da Psicanálise de que o recalcado retorna como sintoma. Talvez a desconstrução hermenêutica possua outros instrumentos que se apoiam num outro paradigma para mostrar a verdadeira origem da metapsicologia freudiana. A investigação revelará o que falta na *Zerlegung*. Na medida em que concebe o eu e os destinos do eu, no quadro da metafísica, terá a *Auslegung* novas possibilidades para pensar essas questões?

## O modo de ser-no-mundo e a perturbação da relação de objeto

### — I —

Pretendo explorar, em três etapas, o conceito de *mundo* em Heidegger e sua articulação com o conceito de objeto e *a relação de objeto na Psicanálise.*

A primeira parte consistirá numa análise sumária da aproximação entre o conceito de *mundo* em Heidegger e a perturbação na *relação de objeto* na Psicanálise. Vou tomar como ponto de partida um dos modos fundamentais do *Dasein*: o lidar com os entes disponíveis. Tomarei, por outro lado, a relação de objeto como um conceito simplesmente dado.

Neste exame, no entanto, já se firmará uma posição clara com a compreensão do que pode ser determinado e do que determina, no encontro entre mundo e relação de objeto.

Ao tirar as consequências de como, no lidar com os entes disponíveis, pode resultar uma perturbação na relação de objeto, isto é, por intermédio de um *plus* inesperado que surge na forma da angústia diante da totalidade e se mostra como o estranho, o sinistro, o inobjetivável, irá mostrar-se a necessidade da desconstrução do conceito *relação de objeto* a partir da análise da finitude do *Dasein*.

A tendência para o encobrimento da existência como totalidade (impossível), como finitude, reside em absolutizar o estar-junto-do--ente, no seu puro caráter de presente e procura silenciar o ser-adiante-de-si-mesmo, do cuidado como futuro e o já-ser-em da faticidade. O *Dasein*, posto diante de si mesmo como totalidade finita, perderia a possibilidade do ser-junto-dos-entes objetivados, como objetos acabados e plenos. Mostrar-se-ia a transitoriedade e a incompletude do lidar com os entes disponíveis no presente e, desse mesmo lidar, apareceria o modo como o ente coagulado como objeto aparece sem fundo e se perde no nada, isto é, aponta para o objeto perdido irrecuperável na finitude e, contudo, tendo de ser sustentado como tal, na angústia. Aquilo de que propriamente fugia era do caráter de insuportabilidade de um objeto ausente.

A partir dessa estrutura construída desde um modo de ser do *Dasein* se irá impor a necessidade da *desconstrução da relação de objeto*.

A análise dessa segunda parte nos permitirá preparar uma hipótese sobre a relação entre *culpa e melancolia*, na perspectiva de *um novo regime de objetos*. Já a terceira parte terá como finalidade mostrar, usando um exemplo, como é produtiva a substituição da relação de objeto pela de objeto perdido, no contexto da teoria da falta, usando o exemplo de um tipo de experiência diante da arte contemporânea.

## — II —

Depois de Heidegger ter atingido pela analítica provisória da cotidianeidade o ser do estar-aí – o cuidado – o filósofo desenvolveu, na segunda seção, a questão da temporalidade. Ela é denominada o sentido do ser do estar-aí. "Sentido" significa aqui algo como o lugar da compreensão, espaço onde se realiza o articular-se do cuidado, horizonte onde os existenciais do estar-aí recebem sua determinação. A própria temporalidade, no entanto, faz parte do estar-aí. É pela modificação de sua temporalidade que os modos fundamentais do estar-aí se distinguem em:

representar – o ente puramente existente
lidar – com o ente disponível
compreender-se – em vista da existência.

Para o desenvolvimento do meu trabalho irei desenvolver basicamente uma modificação da temporalidade e do cuidado, *o lidar com o ente disponível*.

Lidando com o martelo, o estar-aí torna presente o martelo num ser-para-que (*Um-zu*), enquanto a partir do em-vista-de (*Um Willen*) de sua existência conta com um por-que (*Wozu*) e, dessa maneira, segura o martelo no com-que (*Womit*) de sua serventia.

*Um-zu* – ser-para-que
*Wozu* – aquilo-por-que
*Womit* – com-que

São os esquemas dos êxtases de futuro, presente, passado nos quais o estar-aí expressa sua temporalidade praticamente como intratemporalidade. "A diferença entre o existir e o lidar com o ente disponível resulta, portanto, da modificação da temporalidade do estar-aí, que, de um lado, acentua a historicidade e, de outro, a intratemporalidade".

Os três modos de ser do estar-aí são modos de ser da temporalidade (*Zeitlichkeit*) e ao mesmo tempo sua manifestação ou dispersão só pode dar-se a partir de uma outra temporalidade (*Temporalität*) como espaço de distinção de todos os modos possíveis de ser.

Examinarei, aqui, apenas uma modificação da temporalidade e espero que a partir dela se possa mostrar que não é a perturbação da relação de objeto que revela uma perturbação do ser-no-mundo, mas que também não é possível pensar uma perturbação do ser-no-mundo que iria interferir na relação de objeto. Apresentarei um aspecto daquela que me parece ser a verdadeira solução e apenas a partir do lidar com o ente disponível.

É no presentificar na forma do ser-junto-dos-entes, na forma do lidar com os entes disponíveis, que se dá a origem do objeto enquanto elemento que preenche o conhecimento e acalma, pelo sentido de posse, a busca da vontade.

Em *Ser e tempo*, porém, essa dimensão do presente leva o ser humano a encobrir as dimensões de futuro e passado, fugindo este, assim, de uma totalidade (finita) na qual está inserido e que o constitui como ser no mundo.

É o cuidado como ser do estar-aí, portanto, como estrutura ontológica, que se articula na tríplice dimensão de futuro, passado e presente – existência, faticidade e decaída – como totalidade sempre implicada em cada um dos modos fundamentais do ser-aí, que são modificações da temporalidade.

## — III —

Podemos abordar a questão central a partir da constatação de que o lidar com o ente disponível faz parte do todo da existência humana. A existência mesma é a essência do homem ("A substância do homem é a sua existência", Heidegger, parágrafo 43 de *Ser e tempo*) e, nessa medida, o ser-no-mundo constitui uma estrutura fundamental que ainda que possa ser subdividida em diversas estruturas, e nós referimos três estruturas importantes, contudo constitui uma unidade. Ser-no-mundo, existência, *Dasein*, cuidado, temporalidade, são constructos que remetem a um modo de ser que tem como característica fundamental ser uma estrutura prévia de sentido.

No relacionar-se (comportar-se) com os entes disponíveis como puramente presentes, ocorre uma relação com os objetos que produz um encobrimento. Quando se emprega o conceito de objeto fica oculta a dimensão central de ser-no-mundo que vem implícita no lidar com os entes disponíveis. É por isso que na relação de objeto se encobre o que no comportamento deveria mostrar-se: que o objeto não é o todo. E isso perturba. Perturba-nos em nossa relação de objeto ou perturba-se o nosso modo de ser-no-mundo, nosso mundo?

Ainda que na obra de Freud apareça com pouca frequência a expressão *relação de objeto* ou algo semelhante, na tradição inglesa essa expressão adquiriu uma importância de primeira linha e a partir daí seu uso se difundiu pelo mundo. Embora essa expressão seja universalmente compreendida, ela trouxe, no entanto, graves problemas para o seio da Psicanálise. É, sobretudo, nas implicações teóricas que a relação de objeto causa dificuldades muito grandes, porque traz consigo uma profunda ambiguidade. Esta se situa em dois níveis: num, se apresenta a questão do vínculo entre relação de objeto e mundo, particularmente sob o aspecto do que é determinante entre perturbação da relação de objeto e perturbação do mundo; no outro, a dificuldade reside no próprio sentido de objeto, na medida em que ele sugere uma espécie de plenitude e de posse, quando, na Psicanálise, tem extrema importância a questão da falta de objeto. Este segundo nível foi trazido ao domínio da discussão pela expressão lacaniana de *objeto perdido*, tema desenvolvido no *Seminário 4*. "Freud insiste no seguinte: que toda maneira, para o homem, de encontrar o objeto é, e não passa disso, a continuação de uma tendência onde se trata de um objeto perdido, de um objeto a se encontrar" (Lacan, 1995, p. 13).

A questão que eu quero examinar implica uma série de elementos com os quais se deve tentar resolver um problema essencial: ouve-se dizer muitas vezes que a nossa perturbação na relação com os objetos é consequência da perturbação de nosso mundo. *Não é a relação perturbada dos objetos que perturba o nosso modo de ser-no-mundo, mas é uma falha de nosso modo de ser-no-mundo que interfere em nossa relação com os objetos.* Dessa questão decorrem consequências extremamente importantes. Em primeiro lugar, e essa é a objeção fundamental que vem do campo daqueles que trabalham com a clínica, propõe-se o seguinte: se a perturbação na relação com os objetos é consequência da perturbação de nosso ser-no-mundo, então toda tentativa de uma terapêutica de nossa relação com os objetos passa a depender da possibilidade de nós conseguirmos pôr em ordem a perturbação sofrida pelo nosso modo de ser-no-mundo. Ora, se fôssemos exigir uma terapia do nosso modo de ser-no-mundo, estaríamos trazendo um problema sério sobre que tipo de terapia seria essa. Isso não merece ser analisado mais longamente porque não entra nem mesmo em questão. Como então resolver este problema de que há um vínculo entre mundo na analítica existencial e relação com os objetos na Psicanálise?

Nós sabemos que o lidar com os entes disponíveis, isto é, com os objetos que nos rodeiam em sua instrumentalidade, sabemos que esta relação é um elemento constitutivo do nosso modo de ser-no-mundo de uma maneira temporal e finita. Quando, porém, descrevemos esse lidar com os entes disponíveis, não estamos descrevendo uma instância empírica. O que estamos efetivamente fazendo é construir uma espécie de estrutura que possa ser vista como algo que sustenta os elementos empíricos que podem aparecer no nosso modo de relação com os objetos, seja de uma maneira normal, seja de uma maneira perturbada.

Se falamos, portanto, do lidar com os entes disponíveis como elemento que compõe o nosso modo de ser-no-mundo e, dessa forma, integra a nossa existência, e se consideramos tanto existência, como *Dasein*, como modo de ser-no-mundo, constructos estruturais, propriamente afirmando que em algum desses elementos estruturais se produziu uma perturbação, se produziu uma desordem, significaria que com isso se estaria pondo em jogo aquilo mesmo para o qual serviu essa construção de estruturas. Isto é, dar uma espécie de elemento constante que é constituinte da condição humana. Há, então, aí, a afirmação de um nível que faz parte daquilo que podemos chamar a estrutura prévia de sentido que dá unidade ao nosso modo de ser.

Se o lidar com os entes disponíveis pudesse ser perturbado e então surgisse disso uma relação de perturbação de objeto do nosso mundo, estaríamos afirmando que efetivamente no âmbito de um tratamento da nossa relação com os objetos, ou de uma terapia de nossa relação com os objetos, ou de uma clínica da nossa relação com os objetos, estaríamos declarando que aí também se exigiria uma clínica do nosso modo de lidar com os entes disponíveis, enquanto estrutura do modo de ser-no-mundo, enquanto característica do constructo *Dasein*. Isso parece impossível por muitas razões. Em primeiro lugar, porque se pretendemos uma descrição central da condição humana por meio do constructo *Dasein* e de seus diversos elementos, incluído o lidar com os entes disponíveis, temos uma pretensão de completude, isto é, de dar as coordenadas essenciais que constituem a existência. Isto de uma maneira formal, de uma maneira construída.

A perturbação não se fará no plano da construção formal da estrutura que constitui a existência. Se fosse possível uma perturbação nesse âmbito, o constructo *Dasein*, a existência, ou o ser-no-mundo, estaria, de certo modo, incompleto e teria algum tipo de vínculo com uma dimensão empírica que é negado radicalmente pela analítica existencial. Uma vez que não pode haver uma perturbação da relação do lidar com os entes disponíveis, precisamos procurar as razões pelas quais a relação de objeto está perturbada e se continuarmos afirmando que esta relação de objeto está perturbada porque há um vínculo com o lidar com os entes disponíveis, então deve ser introduzido um elemento que até agora não foi acentuado por nenhum autor. *Isto é, não é o mundo no lidar com os entes disponíveis que é perturbado, produzindo então uma perturbação na relação de objeto, mas mediante a experiência do lidar com os entes disponíveis revela-se uma dimensão no cotidiano lidar com os entes no presente, uma dimensão que, nesse lidar cotidiano com os entes no presente, abre algo maior, ou algo mais amplo do que simplesmente o estar ocupado com os entes no presente e de certo modo lidando aí com os entes disponíveis. Que algo maior é esse?*

É recorrente na obra de Heidegger a afirmação de que o *Dasein* tende de um modo radical para o encobrimento. Isto significa que no seu lidar com os entes disponíveis o homem exerce como que uma atividade de encobrimento, como também nos outros aspectos de sua relação com os entes simplesmente existentes e, no compreender-se em vista de sua existência, também se encobrem elementos fundamentais.

A perturbação nas relações de objeto, portanto, não provém de uma perturbação do lidar com os entes disponíveis. De alguma maneira, porém, o indivíduo é posto, pelas suas relações de objeto, diante de algo desconhecido, diante de algo estranho, diante de algo que não acontece constantemente, diante de algo que revela faces novas, diante daquilo que podemos chamar do oposto ao *familiar* dos entes disponíveis, que seria o *estranho* ou, então, o *sinistro*. A perturbação, portanto, não vem de aspectos negativos produzidos no lidar com os entes intramundanos, mas se produz a partir de um *plus*, de um *mais* que é dado experimentar, justamente, como condição total da existência. Esse algo mais, no entanto, esse *plus*, não é algo que nos apazigua, algo que nos tranquiliza, mas é um *como* que rompe a atitude cotidiana, a atitude do lidar no presente com os entes intramundanos, causando uma série de reações diferentes. Essas reações podem se desenvolver em graus diferentes conforme o tipo de pessoa que passa por essa experiência. Todos nós passamos por essa espécie de visita do *estranho*, que nasce para além daquilo que se mostra na relação com entes intramundanos e os entes disponíveis. Só que cada um é capaz de suportar até um certo grau esta experiência. Alguns sofrerão, na sua relação empírica com o mundo dos objetos, perturbações, terão problemas que se poderão revelar por meio de manifestações traumáticas, por diversos tipos de sintomas que se revelam na perturbação da relação de objeto.

Isso não significa que o mundo dessas pessoas, em sua totalidade, que sua existência se tenha perturbado ou, de certo modo, descomposto. Não significa isso. É que na existência como um todo se filtraram, ou nos interstícios, em certos momentos, vazaram aspectos ligados à experiência como um todo que são *estranhos, não familiares*, não costumeiros e por isso, no nível da relação com os objetos se produz uma perturbação. Assim, para podermos efetivamente pensar numa dupla estrutura, por exemplo, na Psicanálise, como o faz a analítica existencial, em que em geral todos os autores atribuíram a perturbação na relação de objeto a uma perturbação primeira do mundo, nós precisamos ver que essa perturbação primeira do mundo não é de caráter negativo. Pelo contrário, ela amplia a nossa experiência rotineira do cotidiano e faz com que sejamos como que surpreendidos por aquilo que poderíamos chamar o *estranho*, o *sinistro*, aquilo que nos desenraiza, pois é aquilo que *tendencialmente encobrimos*. É dessa maneira que nos visita, como Heidegger diz em *Que é metafísica?*, o nada. É dessa maneira que nos cerca a angústia. Nós, porém, não vivemos constantemente na angústia, na relação com os entes disponíveis no plano existencial. Não. Normalmente nós estamos ocupados com os entes intramundanos, junto dos quais estamos e esquecemos as condições da faticidade e as condições da existência ou da futuridade. Quando algo da faticidade ou da futuridade introduz esse elemento surpreendente no nosso lidar com os objetos intramundanos no mundo cotidiano, nos sentimos como que atingidos por algo que não esperávamos. Justamente esse algo ainda faz parte da existência, numa medida em que ela, antes, estava encoberta. Se nós suportamos ou não a experiência do nada, a experiência da angústia que nos vem a partir da experiência da totalidade da existência, é uma outra questão. E as perturbações no âmbito dos objetos ocorrem ou não, conforme sejamos capazes de suportar a experiência do nada, a experiência da angústia.

Com essas observações estamos respondendo a uma série de problemas que haviam ficado sem solução desde Binswanger com a sua análise do *Dasein*, na medida em que a objeção fundamental era a seguinte: se no plano da relação de objetos, se no nível da experiência clínica existem perturbações que devem ser remetidas a um tipo de perturbação de nosso mundo, então para que serve uma simples clínica dessas situações da relação de objeto no mundo cotidiano da neurose, da psicose, da perversão? Nós teríamos que, para poder tratar isso, tratar antes a própria existência, teríamos que, de certo modo, ter uma clínica para o nosso modo de ser-no-mundo. Esta questão aparece recorrente na *Daseinsanalyse* de Binswanger. Nisso se revela algo muito mais radical. Se nós interpretarmos esta questão como até agora o tentei fazer de *uma maneira positiva*, por algo novo que se revela, pelo sinistro, pelo estranho que nos visita, então, certamente, faremos duas descobertas fundamentais e que se opõem, radicalmente, àquilo que poderíamos confusamente aproximar de Marx e Freud. Vamos fazer a experiência de que, como na existência, sempre aparecerão, em sua experiência, elementos estranhos, singulares, inusitados. Se sempre aparece isso, sempre haverá algum tipo de perturbação que nos irá invadir no cotidiano das nossas relações de objeto e eventualmente perturbar esta relação. Isso significa apenas, do ponto de vista psicanalítico, por exemplo, que a análise é interminável, que de certo modo não existe cura definitiva. Porque cada vez que o estranho, o sinistro, o não acostumado aparecer por intermédio do nada, pela experiência da angústia, se formarão, novamente, no plano da pessoa, no nível do cotidiano, perturbações, e elas serão novamente revistas e, desta maneira, transitoriamente se fará não uma cura definitiva, mas simplesmente uma superação daqueles momentos fundamentais em que o sofrimento que aparecera se tornara insuportável. Disso que eu expus, portanto, se conclui que a Psicanálise é interminável e que propriamente a cura não existe na Psicanálise. Se quiséssemos impedir para sempre o surgimento de uma perturbação na relação de objeto, teríamos que nos curar da existência humana, isto é, tirar da existência aqueles elementos que dela surgem, enquanto ela é um modo de ser-no-mundo. Ora, curar a existência humana desse *novo* que pode filtrar-se nos interstícios do dia a dia, como o nada, a angústia, o sinistro ou o estranho, querer eliminá-los, seria truncar a existência. Sob esse ponto de vista estaríamos eliminando a própria condição humana.

Dessa forma, vendo positivamente, a condição humana sempre será uma condição finita, não totalmente transparente e por isso mesmo será imprevisível como pode agir sobre nós aquilo que encobrimos enquanto existimos radicalmente. Certamente não é a perturbação do nosso mundo que produz a perturbação na relação de objetos, mas é o *novo*, que de vez em quando emerge na nossa experiência da existência, que não é suportado no nível em que a clínica pode trabalhar as perturbações. Fundamentalmente, esta é a questão central. Assim conseguimos fugir de grande parte das objeções que se faziam contra essa duplicidade da perturbação do mundo e da perturbação na relação de objeto e também se descobre, se deduz, que a Psicanálise é interminável e que não existe a cura definitiva, porque o *Dasein* continua sempre de novo nos preparando surpresas.

## — IV —

Os modos fundamentais do estar-aí que representam uma modificação da temporalidade, no seu todo, são designados por Heidegger como existência. E existência é um modo fundamental do estar-aí. É nesse sentido que Heidegger pode dizer que "a substância do homem é a sua existência". O constructo estar-aí que Heidegger descreve por meio do representar o puramente existente, do lidar com o ente disponível e do compreender-se em vista da existência, representa a hipótese da ontologia fundamental de Heidegger ou a hipótese fundamental da analítica existencial. É claro que quando nós falamos, distinguindo os dois níveis a que me referi anteriormente, o nível empírico em que aparecem fenômenos que podem ser abordados pela clínica e o nível existencial que tem uma certa qualidade transcendental que seria essa estrutura fundamental da existência, nós estamos trabalhando, nesse segundo nível, com uma espécie de construção. Daí que a hipótese, dentro da hipótese maior do lidar com o ente disponível, das relações com os objetos no modo de ser-no-mundo, também representa uma construção.

Ora, toda construção é algo que não é a realidade como tal. Toda construção é uma espécie de teoria. Entre a relação de objeto, que nós percebemos perturbada no plano clínico e a hipótese do lidar com os entes disponíveis, existe um espaço vazio, isto é, existe uma instância que deve ser transposta. Como ir *do lidar com o ente disponível* até as manifestações, por exemplo, numa neurose *em que aparecem as perturbações na relação de objeto,* como ir entre um pólo e outro significa ter que dar conta do preenchimento desse espaço. Esse espaço só se pode preencher com uma teoria. É justamente essa teoria que estaria presente na afirmação de que a perturbação nas relações de objeto é produto da perturbação do lidar com o ente disponível, portanto uma perturbação do mundo como estrutura.

A afirmação de que a perturbação com o mundo precede a relação de objeto e condiciona essa relação de objeto é uma declaração que deveria ter uma base teórica. Só assim nós preenchemos o vazio entre lidar com o ente disponível e o aparecimento da perturbação nas relações de objeto.

Naturalmente nós podemos perguntar-nos o seguinte: se o lidar com o ente disponível é uma hipótese, dentro do constructo do *Dasein,* o que significa nós falarmos em perturbação disso que é colocado na hipótese, lidar com o ente disponível? É muito difícil podermos dizer que existe uma perturbação em estruturas que são descritas e apresentadas hipoteticamente como elementos fundamentais da existência. As perturbações deveriam se dar na existência como tal e não em elementos que são apresentados por esta hipótese da teoria da existência. Isso porque a teoria da existência não é uma teoria empírica. Se não é uma teoria empírica, ela necessariamente é um constructo que nós arrumamos para poder falar de uma dimensão que presumimos anterior à relação de objeto no plano empírico.

Dessa maneira, não podemos, pela afirmação de que perturbação do mundo produz perturbação nas relações de objetos, fazer uma passagem empírica. Afirmar que a perturbação das relações de objeto é produto da perturbação das relações do mundo parece uma afirmação de caráter empírico. Isso também é uma hipótese e não é a descrição de uma realidade. Porque nós temos, nas duas pontas, dois planos diferentes, não podemos aproximar os dois níveis em que um é o da experiência e o outro é um nível a partir de um constructo. Não podemos fazer a passagem através de dados da experiência. Isso torna muito problemática a hipótese de que a perturbação nas relações de objeto seja um produto da perturbação do mundo.

Como fazer então? É justamente aqui que se encontra o núcleo da questão que já mostrei na análise anterior. Como se constitui esse mundo? Como podemos afirmar algo assim, se nós não temos uma passagem empírica desse elemento existencial, transcendental, para o elemento empírico? Em todo caso, fazendo uma espécie de inversão da afirmação de que a perturbação está no constructo ser-no-mundo, portanto no lidar com o ente disponível, para uma afirmação de que desse ser-no-mundo, no lidar com o ente disponível, algo escapa e que é uma presença positiva, naturalmente, como construção. Que presença positiva é esta? Ela é a hipótese de que no lidar com o ente disponível estão presentes *elementos maiores* que o simplesmente lidar com as coisas junto aos entes intramundanos. Nessa hipótese está presente também a ideia de que com isso encobrimos aspectos que, de certo modo, de si não aparecem, mas que em momentos privilegiados podem aparecer. Nesse sentido, se a partir desses momentos privilegiados fizermos uma passagem para a perturbação nas relações de objeto, novamente estaremos fazendo uma transposição da estrutura do mundo para a estrutura de uma experiência empírica. Nesse segundo momento, contudo, nós não estamos negando que está se desarticulando um constructo, uma estrutura, uma hipótese. Apenas estamos afirmando que a hipótese do lidar com o ente disponível, como um dos elementos da modificação da temporalidade, que essa hipótese não expressa tudo o que, num primeiro momento, vemos na expressão *lidar com o ente disponível*. Isto é, não é apenas o estar junto dos entes, perdido no presente, mas este estar-junto-dos-entes, perdido no presente, é também uma manobra com a qual excluímos aspectos que de certo modo são perturbadores e que vêm de outras instâncias que não o presente; que vêm do futuro e do passado, como se a existência (futuro) e a faticidade (passado) não tivessem uma ação simultaneamente com o presente, sobre o nosso modo de nos relacionarmos com os objetos. Assim, de certo modo nós excluímos por uma espécie de encobrimento ou uma fuga de nós mesmos esses dois aspectos que podem trazer para o mundo familiar da relação com o ente disponível elementos estranhos, elementos inesperados, elementos assustadores, aquilo que denominamos o sinistro. Assim sendo, se olharmos positivamente as perturbações na relação de objeto como resultado do lidar com os entes disponíveis, podemos incluir esses outros aspectos e são estes que produzem uma perturbação na relação de objeto. Não porque representam uma perturbação do mundo, mas porque representam o mundo como totalidade que nós encobrimos quando ficamos numa pura relação com os entes no presente.

Justamente o mundo como totalidade não nos aparece sempre. Heidegger tem exemplos notáveis sobre quando aparece este em sua totalidade, exemplos, sobretudo, registrados na conferência *Que é metafísica?* É assim, então, que terminamos trabalhando com a hipótese da origem da perturbação nas relações de objeto, a partir do modo de ser-no-mundo que não exige uma desarticulação do nosso constructo, pelo contrário, nele existem elementos que nós, conscientemente, ao fazermos esse constructo, sabemos presentes. Eles são elementos que fazem parte da temporalidade, mas que são elementos do futuro e do passado, da existência e da faticidade que, no nosso lidar com os objetos no presente, são encobertos. E quando eles aparecem em momentos em que se produz uma espécie de totalização da existência no âmbito do cotidiano, no plano da experiência empírica, ocorre uma espécie de confusão, de reação anormal, uma espécie de tentativa de também fugir, aí, disso que é a experiência da totalidade. E assim isso aparece como neurose ou como outras manifestações de caráter patológico. É assim que temos, então, a afirmação de que há uma relação entre as perturbações que são atingidas no plano clínico e o mundo que Heidegger descreve como estrutura prévia de sentido. É assim que essa ligação que fazemos tem como resultado não podermos ser contestados com a afirmação feita antes: de nada adianta tratar perturbações no nível de objeto se não tratarmos as perturbações que as causam, que são dadas no plano da perturbação do mundo, no modo de ser-no-mundo. Efetivamente, nada há perturbado nesse nível analítico-existencial do ser-no-mundo. Pelo contrário, *nesse âmbito são apanhados elementos que nós tendencialmente encobrimos, nos momentos de angústia, nos momentos de fuga de nós mesmos em que nós nos perdemos no cotidiano junto aos entes*. Esses elementos, quando fazem o seu aparecimento ou sua manifestação, no nível empírico, produzem reações que poderemos chamar de patológicas.

Então não existe necessidade de dizermos que com uma teoria que coloca como elemento fundante a analítica existencial, nós temos, de certo modo, que dar conta de como se faz a modificação desse nível profundo, no qual não é preciso fazer nenhuma modificação, pois é nele, em sua estrutura completa que nós encobrimos em parte, na nossa tendência para o encobrimento, que se enraizam experiências que num nível empírico não são suportadas e diante das quais reagimos de uma maneira traumática, ou neurótica. É importante podermos encontrar o caminho, ao menos aproximado, nessa direção, porque com isso fugimos das dificuldades que têm a maioria dos teóricos da

Psicanálise que se baseiam na analítica existencial. Com isso fugimos das contradições e dos paradoxos que com eles se apresentam. Sobretudo as objeções que são levantadas constantemente de que apresentam dois planos de perturbação e possuem apenas a terapia para um tipo de perturbação e não para a outra. Não existe a possibilidade de fazer a terapia para o modo de ser-no-mundo. Fazer a terapia do modo de ser-no-mundo seria exatamente ter de fazer uma nova construção como hipótese do que é o ser humano como *Dasein*, como existência, portanto, seria, de certa maneira, negar exatamente aquilo que se coloca como uma questão essencial na analítica existencial, a de que somos entes finitos que nunca se abarcam na sua totalidade, na medida em que *apanhada como totalidade*, a existência – o futuro, a faticidade – o passado e o estar junto dos entes, faz parte de uma experiência esporádica, de uma experiência transitória do ser humano enquanto cuidado.

É assim que podemos repetir aquilo que já no início referimos: que o modo positivo de ver as manifestações que aparecem no nível da perturbação na relação de objeto, o modo positivo de ver como isso é produzido mediante a experiência existencial, nos mostra os limites de nós mesmos no dia a dia; mostra-nos a impossibilidade de sermos inteiramente transparentes. No fundo, revela-nos a impossibilidade de nos prevenirmos contra essas perturbações na relação de objeto. Isto é, mostra que é impossível a cura na Psicanálise, ou como diz Freud, a Psicanálise é interminável. Nunca estaremos prevenidos contra a manifestação da angústia que se filtra através de nossa experiência da qual queremos fugir e a qual queremos encobrir. Quando, porém, ela aparece na experiência da totalidade, termina produzindo, no nível da relação de objeto, possíveis perturbações. É isso fundamentalmente que queremos propor com a inversão dessa afirmação de que é uma perturbação do mundo que produz uma perturbação da relação de objeto. Pelo contrário, é o mundo como totalidade que se manifesta esporadicamente na existência, por meio de experiências radicais, da experiência da angústia, que nós não suportamos no âmbito empírico, no plano do cotidiano e por isso aparece como uma experiência traumática, uma experiência neurótica no plano da relação de objeto.

## Finitude do *Dasein* e a desconstrução da relação de objeto

### — I —

Quando a Psicanálise se refere à relação de objeto, ela, ao mesmo tempo em que trabalha com um conceito recorrente na construção da relação eu-mundo, se confronta com conteúdos múltiplos que vêm expressos nesse termo técnico. Certamente a Psicanálise não consegue dar conta de todos os elementos que devem ser acionados para que a expressão *relação de objeto* manifeste sua complexidade. Num primeiro momento, exprime-se o simples vínculo que representa a passagem do sujeito para o objeto. Como se a solução dessa passagem não oferecesse já suficientes dificuldades teóricas, a relação de objeto se configura na Psicanálise mais com um sentido afetivo, emocional. É preciso, portanto, introduzir o que representa o movimento pulsional em direção do objeto. As dificuldades começam quando queremos descrever este *como* da passagem para o objeto que constitui a relação.

Tradicionalmente, coloca-se o desejo como o vetor que leva a vontade ou o afeto em direção a algo. Esse algo, por sua vez, quando para ele se inclina o desejo, já não é mais simplesmente um objeto neutro. Nossa inclinação para ele já se dá num quadro que não é simplesmente real. No desejo o objeto toma a forma de um imaginário e o contexto no qual se realiza esse movimento tem um caráter simbólico.

Tratamos, no entanto, aqui, ao falarmos da relação de objeto no contexto da Psicanálise, de um quadro todo da relação que aparece situado na *outra cena*. E aquilo que aí se desenrola não é uma abstração psicológica. A relação de objeto representa o lugar de uma eficácia. Aí se mostra o desejo inconsciente que, em geral, não é reconhecido, pois aparece mais como sintoma, sendo assim a expressão censurada de um desejo não reconhecido, isto é, recalcado. Ao estabelecermos, todavia, o contexto da outra cena, teríamos que reconhecer-nos como sendo nós mesmos aquilo que da outra cena se revela como sintoma.

Os eventos que introduzem a relação de objeto no inconsciente apresentam-se com uma dupla face: de um lado, o trauma nos dá elementos epistemológicos que podem ser ligados até a ideia de causalidade; mas, de outro lado, sabemos que o trauma é apenas ocasião para que se estabeleça a relação de objeto, mas efetivamente ele nos leva a uma dimensão de ordem prática. Ele se mostra eficaz apenas no momento do sintoma. Assim, o que efetivamente ocorre na relação de objeto não se situa na ordem da causalidade, sai do contexto da natureza, é independente dos fenômenos físicos, revelando-se uma espécie de automatismo que se desenrola na outra cena.

A relação de objeto, portanto, não nasce de uma simples representação de qualquer fato traumático, ela pode dar-se mesmo fora do campo de representação do sujeito, aparecendo, então, deslocada da rede significativa do sujeito. É por isso que não podemos separar a relação de objeto da ideia da outra cena, pois ela é sempre uma desordem produzida na trama simbólica do sujeito. Por isso se converte em sintoma.

Do que expusemos até agora pode-se inferir, sem dificuldade, que existe um problema naquilo que a expressão *relação de objeto* diz, à primeira vista, e aquilo que efetivamente aí está em questão para o inconsciente. A melhor maneira de localizarmos o problema introduzido por uma expressão não inteiramente adequada é desconstruir a expressão. A desconstrução significa retirar da compreensão e da circulação comum essa expressão e com ela retornar às origens onde ela se gerou. Assim sendo, desconstruir pode significar despir a expressão de sua universalidade aceita e ressituá-la na nudez e no desamparo de sua origem.

Entregarmo-nos, todavia, à tarefa da desconstrução de um expressão tão essencial coloca-nos, no mínimo, em confronto com todo o edifício epistêmico da Psicanálise e, de outro lado, nos exige recursos teóricos articulados a partir de um outro contexto. Se na análise que segue empreendemos essa desconstrução fazemo-lo por várias razões, que, primeiro, nos vêm da autoridade da obra de Freud, de Lacan e de Heidegger. Poderíamos dizer simplesmente que "relação de objeto" representa exatamente uma simetria entre o sujeito desejante e o objeto desejado. Ora, somente existe Psicanálise, existe recalcamento, existe sintoma, porque o ser humano está constituído precisamente pela falta de objeto. Nascemos culpados não porque somos uma obra imperfeita, mas porque nos debitamos como imperfeição o objeto perdido. É assim que pela desconstrução se desfaz o conceito de relação objetal, caindo também assim a ideia de completude, de preenchimento. No caminho da desconstrução somos capazes de recuperar para a clínica o legado originário de Freud que ele embutiu na palavra *Trieb* (pulsão), que justamente se constitui em Lacan como desejo, pela falta de objeto, pela nostalgia do objeto perdido.

Referimo-nos, anteriormente, a um quadro teórico no qual teria que ser feita essa desconstrução do pressuposto epistêmico que se transmite na expressão "relação de objeto". Ao analisarmos, em linhas passadas, a questão da hipótese da perturbação na relação de objeto, introduzimos alguns elementos centrais da analítica existencial. Vimos aí que a estrutura do cuidado enquanto ser do *Dasein* se estrutura por intermédio do ser-adiante-de-si, já-sempre-no-mundo e junto-dos-entes. Heidegger designa essa tríplice estrutura com os termos existência, faticidade e dacaída. E nessa estrutura o elemento central se constitui pela possibilidade diante do ser-para-a-morte, como impossibilidade de qualquer nova possibilidade. Assim, também a faticidade se dá como a inelutabilidade do ter-que-ser exatamente referido a essa impossibilidade, sem poder repor nada, sem receber a simetria de um objeto, mas apenas o destino da ausência de objeto, da falta. E Heidegger continua descrevendo a situação da decaída em que, junto dos entes, procuramos, em sua presentidade, uma simetria entre sujeito e objeto que encubra nossa condição de sermos constituídos precisamente pela perda dos objetos, pela falta, pela nostalgia do objeto perdido enquanto estrutura existencial.

Não precisamos expor em mais detalhes isto que constitui, como modificação da temporalidade, o modo de ser na finitude do *Dasein*. Falamos numa articulação de três modos fundamentais do ser-aí: o representar o ente puramente existente, o lidar com o ente disponível e o compreender-se em vista da existência. Ainda que esses três modos de ser se deem imbricados numa unidade, as consequências dessa unidade tornam-se insuportáveis e assim nós tentamos pensá-los em esferas separadas, pois dessa maneira encobrimos as relações que se estabelecem entre eles e que propriamente determinam nosso comportamento existencial. Na relação de objeto se encobre um comportamento existencial que aponta para uma transcendência em cuja ponta não aparece objeto. É o simples ser-adiante-de-si em direção à última possibilidade. A existência é essa transcendência e como tal ela não se constitui de relações com objetos, mas de comportamento – *Verhalten* – a partir de cuja dimensão significativa, o ser-no-mundo, o ter-que--ser, o sentimento-de-situação e o compreender, passam a ser os existenciais, quando então poderemos pensar corretamente as relações de objeto. Elas sempre serão de caráter secundário, chegam depois e não têm como função primeira fixar uma simetria entre sujeito e objeto, mas apontar, com a busca dessa simetria, para aquilo que com ela encobrem, em nome da completude e do preenchimento, a falta de objeto, a impossibilidade de um objeto correlato da angústia da finitude, sintoma básico do objeto perdido para sempre. "É surpreendente ver que, no momento em que faz a teoria da evolução instintual tal como esta se origina das primeiras experiências analíticas, Freud nos indica que o objeto é apreendido pela via de uma busca do objeto perdido" (Lacan, 1995, p. 13).

## — II —

Para chegarmos ao núcleo do problema da desconstrução da relação de objeto e podermos então propor uma revisão de um conceito tão central na Psicanálise, vamos introduzir a questão do comportamento como transcendência, de vital importância para radicalizar o problema do conhecimento que aqui está em questão. Não se trata de problematizarmos apenas o que poderia significar a relação de objeto enquanto representa um lugar que para a Psicanálise não possui somente uma função teórica. Já mencionamos o caráter afetivo que se oculta nessa expressão. Na medida, entretanto, em que esse elemento não é uma simples inclinação da vontade ou do amor, mas algo ligado à esfera da pulsão, temos aí um componente de caráter cognitivo não representacional, mas que resulta de um modo global de o ser humano se mover no mundo. Trata-se, portanto, de um conhecer que se apresenta como um modo-de-ser e neste modo de ser todo o movimento em direção do objeto recebe uma tonalidade afetiva que precede a relação epistêmica propriamente dita.

Possuímos diversos recursos para dar conta desse modo-de-ser-no-mundo anterior à relação sujeito-objeto que, ainda que já uma forma de conhecimento, contudo, apresenta em seu núcleo um elemento afetivo e prático.

Podemos trabalhar com a ideia de que a estrutura fundamental do lidar com os objetos que conhecemos é constituída por uma tonalidade afetiva que, ao mesmo tempo em que é uma compreensão, representa também uma espécie de investimento emocional. Se formos desenvolver esta modalidade de análise chegaremos a um ponto no qual iremos descobrir que o movimento significativo fundamental da existência consiste num compreender-se e explicitar-se de modo prático e operativo em que todos os elementos de uma relação de objeto são descobertos como enraizados numa totalidade que se articula ao modo-de-ser-no-mundo como existência. Nesse modo de compreender a relação de objeto aparece propriamente a partir de sua ausência no todo ou ao modo da privação, modalidade pela qual aquilo que buscamos com o movimento da pulsão só aparece como objeto quando falta.

Se formos seguir essa linha de desenvolvimento, podemos concluir que a relação sujeito-objeto no conhecimento constitui uma espécie de recorte daquilo que imaginamos ou representamos como posse de algo presente, e portanto, permanente. Assim, toda a operação epistêmica constitui, de certo modo, uma luta contra uma espécie de totalidade significativa da qual não somos donos, mas na qual nos movemos e pela qual somos constituídos. Dessa totalidade, justamente, enquanto existência, na expressão de Heidegger, um ser-adiante-de-si-mesmo, nos ameaça sempre a possibilidade da falta, a inutilidade do fixarmo-nos nos objetos pela representação, a contingência de qualquer ente com que nós lidamos e em que investimos.

Por esse caminho, a desconstrução da relação de objeto consiste em situá-la no todo onde ela é precedida por um comportamento ou um modo-de-ser que fragiliza a relação. Quando falávamos do modo-de-ser-no-mundo e da perturbação na relação de objeto nos referíamos a uma espécie de caráter insuportável da percepção de que a solidez da relação de objeto era desfeita pela intervenção do estranho que se anunciava ao modo daquilo do qual estávamos em fuga e que nos vinha do futuro e do passado. Esse elemento de perturbação é o que propriamente opera na angústia diante da perda real, da possível perda, ou da perda imaginada de objetos que julgávamos garantir a nossa plenitude ou nosso preenchimento.

Se o acontecimento que assim descrevemos se desse apenas numa esfera epistêmica, não se produziria propriamente nada do efeito que decrevemos. Não se trata nem simplesmente de um conhecer nem de um querer, mas de um movimento da pulsão vestida de desejo que mostra ao ser humano que ele não é autônomo como se poderia presumir a partir da liberdade e da razão. A busca do objeto, na relação de objeto, representa um movimento do desejo que carrega em si sempre uma espécie de informação de um obscuro objeto do desejo nunca atingido, cuja falta deveria ser substituída por esse ou aquele objeto. É nisto que consiste, propriamente, a duplicidade do processo que está por trás da relação de objeto. Na *outra cena* ou na esfera do outro aparece a incompletude que nos atribuímos como culpa e que se junta como sintoma profundo ao lado do outro sintoma em que qualquer elemento recalcado procura se mostrar.

Há, portanto, na relação de objeto, algo que não se expressa com esta fórmula e que aparece como o estranho, sendo esse propriamente o limite que não quiséramos aceitar no nosso desejo. Assim, todo elemento censurado de um desejo que não se reconhece, o recalcado que é o sintoma de um objeto que não foi alcançado no caminho do desejo, tem como a precedê-lo a presença do sintoma de que todo o objeto é de certo modo perdido, porque se situa numa cadeia de significantes que sempre permanecerá incompleta. O estranho é, propriamente, a invasão do cotidiano estar-junto-dos-entes (que de modo algum é apenas de caráter cognitivo), e isso não consegue integrar-se no campo da representação do sujeito. Esse estranho, no entanto, é a verdade do sujeito, na medida em que o destitui de um lugar em que se representa na posse constante dos objetos sem risco de perda. O estranho se introduz, portanto, como uma totalidade finita que negamos quando queremos consolidar a posse dos objetos na relação de objeto. A proposta de desconstrução da relação de objeto pretende exatamente situar, na relação de objeto, algo que a expressão encobre.

Com a linguagem que até agora utilizamos conseguimos mostrar a estrutura que possibilita o recalcamento do objeto não atingido pelo desejo. Vimos também que esse encobrimento não é de caráter cognitivo ou composto de elementos epistêmicos, mas isso só foi possível graças a uma espécie de desobjetivação da relação de objeto ou da remissão dessa relação ao espaço de um modo-de-ser-no-mundo, em que nossa relação com os objetos possui um caráter de compreensão e de explicitação, portanto uma forma operativa mergulhada num contexto de tonalidade afetiva. Compreendido assim, o universo da outra cena participa desta cena do cotidiano. Não há, propriamente, uma distância entre a consciência e o recalcado onde se constitui o inconsciente. Há, efetivamente, uma experiência de ruptura, mas um fundo de totalidade mantém uma unidade do fenômeno psíquico. É como se se tratasse do verso e reverso de um processo: a consciência prende-se, na superfície, à certeza da posse dos objetos e neles investe e, no momento mesmo desse investimento, o desejo do sujeito instaura a outra cena na qual se produz o espaço do inconsciente, em que o mesmo objeto, que a consciência representa, perde o seu caráter de plenitude, de simetria entre o sujeito e seu objeto e passa a remeter pelo imaginário ao objeto perdido. Aí se instala a insegurança que a relação de objeto não expressa à primeira vista, pois o elemento epistêmico sugerido na expressão reduz as proporções daquilo que está em jogo e que é um modo de ser no mundo em que um compreender-se e explicitar-se já sempre antecipam a posse do objeto pelo conhecimento e revelam que a condição humana é constituída a partir de uma antecipação da perda do objeto e de uma condição irremovível de que assim estamos constituídos na faticidade. A possibilidade da perda de objeto nesse âmbito profundo constitui efetivamente o estado de destituição do sujeito, na medida em que sua plenitude falha diante da falta da completude do objeto. É isso, como anteriormente afirmamos, que nós nos debitamos como culpa. A verdade do sujeito somente pode ser preservada na destituição pela falta e isso só é compreendido quando desconstruímos a linguagem com que a Psicanálise continua falando da relação de objeto. Sua desconstrução nos mostrou as ilusões a que ela nos pode levar e o encobrimento que produz o fato de que o que constitui propriamente a outra cena é o sintoma do objeto perdido.

## — III —

Poderíamos tentar encontrar em soluções epistemológicas aqueles aspectos que abordamos de uma certa maneira indireta no que dissemos anteriormente. Trata-se, no entanto, de esferas de análise, certamente mais complexas do que simples problemas de conhecimento. Já à primeira vista, uma problematização de como conhecemos não se adaptaria à complexidade daquilo que constitui o coração da psicanálise. A relação de objeto, ainda que ampliada até atingirmos o conceito de objeto perdido, não dá conta daquilo que na Psicanálise se apresenta para a constituição da outra cena, do que costumeiramente é apresentado como o latente em contrastre com o manifesto. É que na própria ideia de objeto e ainda mais no conceito de relação, não conseguimos identificar a unidade do processo inconsciente que se situa para além de qualquer tipo de dualidade.

Ao explorarmos recursos da analítica existencial, já podemos perceber que nos situamos aquém da relação sujeito/objeto e abrimos um espaço novo para aquilo que se quer dizer com relação de objeto ou mesmo com a expressão *objeto perdido*. Nesse nível mais profundo a palavra relação toma a forma de comportamento e a dimensão ausente do objeto para o qual se dirige o desejo representa uma falha na questão do sujeito. É como se houvesse uma falha em ambos. Podemos falar de uma espécie de oco do objeto que a relação epistêmica procura encobrir, mas que, no nível afetivo e emocional do investimento da libido, não consegue suportar, porque para ela é uma ilusão. Daí que o sujeito em falta ou destituído por esse oco de si mesmo vai além do objeto e se perde no imaginário.

Desse quadro termina aparecendo a problematicidade do conceito de relação que não possui aquela simetria que antes mencionamos, particularmente porque passa por alto a dimensão fundamental do investimento libidinal, apresentando-se, assim, o sintoma. Não queremos com a desconstrução da expressão "relação de objeto", substituí-la simplesmente pela noção de "objeto perdido", pois abriríamos apenas um lugar para a falta, sem, no entanto, pensar a modalidade de ser que torna esta falta insuprimível. O que se pretende mostrar é a própria estrutura do ser humano na medida em que, no nível profundo da finitude, se pode conhecer aquilo que introduz o estranho da falta, sem cair numa espécie de dualismo em que o oco do objeto não preenche o oco do sujeito. Outra vantagem que resulta desta abordagem é que se não suprimimos as duas faces do oculto e do manifesto que aparecem na linguagem, ao menos mostramos o lugar de onde se origina isso que, na linguagem da Psicanálise, abordamos nos enunciados afirmativos ou negativos

> Não podem deixar de ver que também aqui o objeto tem uma certa função de complementação com relação a alguma coisa que se apresenta como um furo, até mesmo como um abismo na realidade (Lacan, 1995, p. 22).

Se a *falta de objeto* pode ser pensada como uma espécie de síntese da Psicanálise, ainda que traga dificuldades típicas do nível epistêmico, com as sugestões que apresentamos atingimos o núcleo daquilo que reúne numa tonalidade afetiva e emocional a matriz da Psicanálise. Com isso não estamos fazendo uma espécie de Psicanálise de profundidade ou mesmo uma Psicanálise filosófica. Estamos apenas apontando para certas condições que permitem sustentar o discurso sobre a falta. Estamos nos movimentando como que numa região de onde se alimenta o discurso sobre a falta. É o que, na Filosofia de Heidegger, chamaríamos de espaço hermenêutico que se dá como *enquanto hermenêutico*. O *enquanto* do enunciado com que lida a Psicanálise é o enquanto *apofântico*.

Se fôssemos exprimir, por meio de camadas, essa constituição que compõe e acompanha o ser-no-mundo, poderíamos falar de um *enquanto* como estrutura do mundo, da compreensão, dos enunciados hermenêuticos e dos enunciados apofânticos. É claro que a Psicanálise como ciência se move na última das camadas. Entretanto, aquilo de que ela fala faz parte de um comportamento em que nos compreendemos e nos explicitamos e não apenas se liga a uma relação entre sujeito e objeto. Nessa camada segunda, o latente e o manifesto, o cognitivo e o elemento do desejo podem ser compreendidos na unidade de um modo de ser. Quando falamos então de perturbação da relação de objeto queremos de fato referir-nos a uma experiência que acontece contra a ideia de plenitude sugerida pelo objeto. Essa perturbação é simplesmente a insinuação de um inesperado, de um estranho, de um limite, da castração, que recusamos no nosso próprio modo de falar apofântico.

É assim que podemos presumir a presença desse estranho em que aparece, em nosso discurso de objeto, uma lacuna, uma falha ou, simplesmente, um vazio. Por mais surpreendente que possa parecer, é pela linguagem que introduzimos e ao mesmo tempo sustentamos essa dupla face do latente e do manifesto, do estranho e do familiar.

Mencionamos antes de muitos aspectos que apresenta a ultrapassagem da barreira do simples estarmos envolvidos num comportamento com os objetos disponíveis no nosso presente. Acentuamos, sobretudo, o caráter angustiante e ameaçador que nos vem da existência enquanto adiante-de-si-mesmo e da faticidade como o já-sempre-estar-jogado. Poderíamos desdobrar o que se expressa de maneira tão concentrada, mas é suficiente, para a nossa tarefa de desconstrução, mostrar que a relação de objeto representa, na verdade, uma expressão encobridora e que por isso nos dá a equívoca impressão de plenitude que aparentemente poderia não sofrer rupturas. É precisamente na introdução do nível hermenêutico, que no modo prático de nossa relação com o mundo e de nosso ser-no-mundo, que as rupturas passam a ter sentido, como privação, negação e como falta. É que a totalidade só pode ser simulada no imaginário, e mesmo ao empregar esse termo não se quer falar em fantasia, mas no elemento afetivo-emocional do processo pulsional que sustenta o desejo. É ele que erra o objeto e termina a caminho do objeto perdido porque não desiste de uma plenitude impossível.

É a insuportabilidade que nos traz algo de evidente e de ameaçador, quando irrompe nas estruturas de nosso mundo uma modalidade de ser inconclusa, que pode ser levada como uma espécie de outro lado, que nos acompanha na existência ou então como um ponto de virada no qual se inicia um novo acontecer. Freud era implacável ao se referir àqueles que apelavam para o recalcamento diante do estranho que fazia sua entrada triunfal na vida ou ao se encontrar com aqueles que pactuavam com o recalcamento, em que aparecia justamente a possibilidade de superar o compromisso podre com a existência.

Como era impossível a eliminação de qualquer nova surpresa por parte do estranho, sendo que este sempre deve ser interpretado como nossa condição de seres sexuados postos no limite pela castração ou pela lei, a expectativa de que a relação que se iria estabelecer entre analisante e analista levaria à cura, era nada mais do que a proposta de um jogo sedutor para ambos os lados: *Vamos brincar de doutor*?

É por isso que a ideia da inanalisabilidade ou da análise infinita reaparece, em várias passagens, nas obras de Freud. Não terminamos a análise porque a cura representaria uma plenitude, a supressão do objeto perdido e o encontro narcísico das primeiras experiências eróticas no nosso comportamento junto da mãe. É por isso que na análise não há regressão. Todas as situações nos põem diante da nossa incurável condição de ser-no-mundo.

Partimos do modo de ser-no-mundo e da perturbação na relação de objeto até enfrentarmos a tarefa de sua desconstrução a partir do modo finito de ser-no-mundo. Falta-nos agora apenas a tarefa de apresentar, num exemplo, como se pode observar uma situação concreta que nos mostra, a partir de um novo regime de objetos, o caráter positivo de nossa desconstrução. Não é o único caminho que podemos seguir na análise das relações entre Psicanálise e Filosofia, mas certamente o que foi exposto não permitirá mais um uso ingênuo da expressão *relação de objeto.*

## Culpa e melancolia – um novo regime de objetos[2]

### — I —

A vontade tende a se isolar como vontade, ela se inclina a arrancar de si mesmo a verdade e a dominá-la com violência. Talvez seja com uma sentença desse tipo que a ideia da finitude do *Dasein* gostaria de enfrentar as coisas para esconder o seu temor por não dispor uma estrutura individual que lhe garanta poder suportar o inelutável de seu destino. É nesse caminho que se desenvolve uma forma de crise diante do mundo; é nele que se produz uma espécie de obscurecimento daquilo que poderia ser o sentido do que realmente se quer. Nisso se infiltra, porém, algo de impensado que nos traz uma unidade pelo lado avesso do nosso modo de ser. É como se nenhuma habilidade, nenhuma aprendizagem, nos pudesse liberar da inquietude, da agitação e da angústia.

Simplesmente somos surpreendidos diante de algo que vai além do nosso querer e que não se enraíza num estado de estabilidade. Não conseguimos organizar esse sentimento com suficiente serenidade, nem seria ele eliminado pela entrega a um fatalismo, entretanto é numa emergência da responsabilidade diante da culpa do mundo que a situação é enfrentada. Parece que os instrumentos e a sobranceria com que se poderia conduzir a luta pela existência também não são suficientes para nos libertar dessa inquietude. Ela, no entanto, não faz parte da ordem do mundo, diante da qual fôssemos confessar fraqueza, covardia e comodidade. Tudo é como se tentássemos nos esquivar diante de exigências últimas.

Ao mesmo tempo que aparece a tentação de abandonarmos tudo diante do incontrolável, percebemos também um tipo de imperativo de referências mais nobres e de algo inusitado que é sustentado nesta situação que, de um lado, parece dever ser atribuído ao que está fora de nós e que de lá fere o mais suscetível e o mais vulnerável da vida do ser humano e, de outro lado, aparece como o comportamento mais íntimo diante de estados últimos em nós mesmos, que nos põem em constante ameaça e que acenam com a probabilidade do naufrágio, caso não percebamos nisso a presença de uma grandeza inusitada e de uma entrega à ordem do mundo que nós mesmos somos, para daí

[2] Esta parte do ensaio foi apresentada como conferência com o mesmo título no *Colóquio Existência e Culpabilidade*, que se realizou na PUCRS, nos dias 1°, 2 e 3 de outubro de 1997, sob a responsabilidade do Centro de Estudos Integrados de Fenomenologia e Hermenêutica do CPG em Filosofia da mesma universidade.

extrairmos as condições para recuperar o significado e a força da presença das coisas e dos objetos.

Somente uma desconstrução da relação de objeto, pensada a partir da finitude do *Dasein*, é capaz de nos mostrar a ambiguidade de nosso comportamento diante dos objetos no mundo. Eles, ao mesmo tempo que parecem ser resultado de uma relação sólida com o mundo, de outro lado são ao mesmo tempo diluídos como resultado de sua própria descontinuidade e fragmentação. Não somos senhores do mundo porque somos capazes de nos relacionar com objetos, mas somos capazes de nos relacionar com objetos porque somos senhores do mundo. Isso não quer dizer, entretanto, que sejamos donos do mundo, mas que a articulação do mundo é, ao mesmo tempo, algo que resulta de nossa existência e algo que a determina.

A desconstrução da relação de objeto tem muito a ver com a inserção de sua presença num mundo que nos constitui e que sempre aponta para além da relação de objeto. Nesse sentido, mesmo antes da Psicanálise, podemos observar na relação de objeto, a busca do objeto perdido. Isso não se diz simplesmente por amor a uma linguagem hermética. Falar de objeto perdido é reconhecer a dualidade que anteriormente descrevemos: sem a solidez dos objetos no mundo não suportaríamos a fragilidade de nosso mundo sem objetos. Poderíamos descrever tudo isso como uma simples objetificação apresentada de modo ambivalente, mas, na verdade, o que descrevemos, nesse contexto, é o imperar da experiência da própria finitude do *Dasein*.

Estamos, assim, situados num novo regime de objetos. Deles não vem a nossa segurança de estar no mundo, mas, sem a experiência da constante possibilidade de perda dos objetos, não seríamos capazes de compreender o que é ser-no-mundo. Nesse contexto se organiza o espaço no qual, ao mesmo tempo que se supera a exterioridade, se constrói uma intimidade que não vem de dentro. É isso que está na raiz de nossa inquietude e que nos converte em seres habitados pela nostalgia de uma intimidade perdida. Se fôssemos recorrer à terminologia freudiana, falaríamos da experiência do estranho e do sinistro.

A partir do que até agora foi dito, entretanto, a nossa própria condição humana oscila entre a familiaridade e a estranheza. A existência mesma é estranha e familiar. Dizer isso tudo só é possível porque a desconstrução da relação de objeto nos situou diante da busca do objeto impossível que experimentamos basicamente sempre como objeto perdido.

Não encontrar morada definitiva entre os objetos identifica em nós a fonte originária, a partir de onde se constitui a possibilidade de contato com a realidade que certamente não é simplesmente de coisas, mas que se complexifica a partir de um mundo que dela emerge. Por isso as coisas não são inteiramente inocentes para nós, elas remetem a um perigo que produz nossa ansiedade, angústia e fragilidade, mas é um perigo de tal tipo que nos permite recorrer ao poeta: "Onde está o perigo, nasce também a salvação" (Hölderlin).

O novo regime de objetos pode, portanto, ser visto como uma ameaça e uma possibilidade. A resposta definitiva nunca estará apenas de um lado, ela se constitui muito mais a partir da manifestação do próprio modo de ser da existência.

## — II —

A desconstrução da relação de objeto, a partir do lidar com o ente disponível, aqui tomado como um dos modos fundamentais do estar-aí que resultam da modificação de sua temporalidade, mostrou-nos que o regime em que se revela nossa ligação com os objetos apresenta uma profunda ambiguidade. Contra a opinião do senso comum de que nossa representação dos objetos e o lidar com eles teriam um sentido unívoco e seguro, descobrimos que a relação de objeto remete sempre a algo que se situa num campo mais amplo, onde, ao mesmo tempo que os objetos nele se enraízam, dele também recebem uma constante ameaça de perderem segurança e confiabilidade, nos jogarem no desamparo.

É por isso que o exame da duplicidade da relação de objeto que emerge da analítica existencial deve ser visto como a tentativa de nos assegurar um campo sólido de representações, mostrando-se, contudo, que ela é resultado de um trabalho de encobrimento. Certamente esse trabalho situa-se estruturalmente em nosso próprio modo de ser-no-mundo, mas, ao mesmo tempo, aparece como um fenômeno que perpassa nossa experiência cotidiana. É aí que propriamente surgem as perturbações resultantes da dificuldade em mantermos presente, na relação de objeto, algo que sustente a relação e algo que desfaça o objeto num espaço em que falamos de objeto perdido.

Nossa representação, portanto, tem um forte caráter ilusório e aponta para o mundo no qual os objetos representados são sustentados por um sentido que lhes tira o caráter de objeto. Não são os objetos que constituem a solidez de nosso mundo, mas é o mundo que nos mostra os objetos em constante processo de evanescimento. Quando se sustenta a afirmação de que os objetos não possuem a exterioridade imaginada no mundo e não participam de uma intimidade interna, somos levados a reconhecer que nossa existência empírica traz, em seu bojo, uma inconsistência que procuramos encobrir, concentrando-nos no modo de ser-junto-dos-entes (no presente). Na experiência empírica essa inconsistência mostra-se não diretamente ligada aos outros dois aspectos da existência, que são o futuro e o passado. Ela irá aparecer nas vivências do cotidiano como uma espécie de duplo do objeto, como sua sombra, como um estranho que segue de perto a familiaridade. Suportar essa vivência de dilaceramento produziria uma verdadeira paralisia de nosso agir e fazer as coisas. É por isso que realizamos um compromisso fictício conosco, como defesa contra a constante invasão de uma sensação de inutilidade de nosso esforço de consolidar nossa relação de objeto.

A experiência dessa fragmentação não consegue ser totalmente encoberta. Poderíamos falar de um modo de deslizamento que não pára, ou de um vazamento que não pode ser interrompido. Falar em finitude do *Dasein*, enquanto cuidado e temporalidade, pode parecer uma violência para o fenômeno tão essencial que nos acompanha em nossa atividade cotidiana. Já vimos em momentos anteriores, contudo, que tais filosofemas representam uma espécie de muleta, um constructo para simular todos esses elementos numa unidade.

De fato, esse dilaceramento é vivido no nosso mundo pessoal e no mundo da cultura, jogando-nos, muitas vezes, entre o imaginário e o simbólico, não nos eferecendo lugar seguro. Estamos sempre confrontados com a perda de objeto, mas incessantemente o reconstituímos pagando o preço, de um lado, do mal-estar na cultura, e, de outro, de sujeitos sempre desvanecidos pela falta.

As duas tendências de encontrar uma intimidade na cultura e uma espécie de exterioridade no sujeito terminam levando-nos, sempre, para uma forma de indolência do coração, na qual desesperamos de poder dominar os objetos e nos instalarmos de maneira definitiva na cultura.

Se quisermos focar, pois, o que nos resta como objeto perdido, após a desconstrução do objeto, somos levados a enfrentar a questão da culpa e da melancolia. De um lado, ficamos devendo a nós mesmos uma realidade sólida, porque estamos sempre remetidos ao estranho. De outro lado, a busca do objeto perdido, que nos constitui como experiência na finitude, nos impede de nos desligarmos do objeto, pois não conseguimos substituir a falta, e isso nos conduz para a melancolia.

Não nos iremos deter em análises teóricas da questão da culpa, sobre a qual já temos escutado exposições de fato importantes, nem nos iremos aprofundar na questão da melancolia do ponto de vista da analítica existencial. Também dela sabemos o essencial por estudos que nos rodeiam. Nossa intenção é explorar, pela desconstrução, a partir da visão que obtivemos do novo regime de objetos, a relação de objeto. Nosso lidar com os entes disponíveis foi analisado com a intenção de prepararmos uma interpretação de um fenômeno de nossa cultura, que nos situa, de um outro modo, diante do objeto perdido e seus efeitos sobre a cultura e a existência. Pretendemos examinar a presença do estranho que se filtra numa tendência quase onipresente na arte contemporânea. Nela são explorados elementos que nos ligam à ruína e à morte dos objetos que nos rodeavam com sentido. Trata-se de diversos tipos de expressões artísticas que exploram os restos, a sucata, o lixo e os elementos descartáveis de nosso cotidiano.

## — III —

Se o *heimlich* é a marca de nosso apego ancestral ao mundo, o signo de uma intimidade antiga e contínua com ele, qual é então, no começo deste século, o acontecimento que parece expulsar a pintura para fora desta habitação, deste lar, desta *Heimat* – de que ele possuía a guarda e o prazer, – para esta exterioridade entregue ao silêncio e à solidão, o estranho e o inquietante daquilo que ela não reconhece mais, a não ser sob o aspecto da nostalgia de uma intimidade perdida?" (Clair, 1996, p. 75).

Ao nos depararmos com uma pergunta com as dimensões da que lemos e que se refere ao problema da arte em nosso século, muitas das teses que antecipamos parecem tomar o seu verdadeiro lugar. Há, sem dúvida, nessa pergunta, o clima da melancolia e a sondagem sobre o que se pode fazer no limiar de um tempo de grande desolação.

Não se trata de tomar aqui, como objeto de análise, a estética da *metafísica* que desencadeou a difusão do tema da melancolia (De Chirico). O que nos interessa é a fragilidade do contexto de um mundo ameaçador, em que aparecem os objetos da arte.

Diante da impotência para pensarmos o luto pelo que se experimenta "de perda irremediável de seu objeto", perguntamo-nos se é possível restaurar uma cultura mediante algum tipo de ação dos indivíduos ou se nos devemos resignar diante da situação singular do ser humano, carregando em si todas as ambiguidades possíveis com o temor inconsolável de uma perda que tal pergunta descreve.

Algo semelhante vem registrado na experiência de Freud, descrito em *Uma perturbação de memória na acrópole*, quando foi atravessado por um sentimento de estranheza e alheamento. O pensador indaga:

"Tudo isso existe realmente como nós o temos aprendido na escola?" Diante da ruínas da acrópole Freud recupera repentinamente toda uma realidade composta de objetos conhecidos e, contudo, perdidos para sempre do seu contexto vivo e original. Essa invasão do estranho é causada pela ambiguidade dos objetos conhecidos e difundidos e as ruínas que mostram o transitório da experiência humana da arte.

Ao visitarmos museus contemporâneos, sobretudo exposições como a *Bienal de Veneza* ou a *Documenta de Kassel*, toda a nossa percepção da obra de arte é desconstruída e por mais que tenhamos seguido os mais variados caminhos de iniciação, o desconhecido nos interroga e não sabemos mais quem de fato somos, atingidos pelo estranhamento e pela solidão dos objetos sígnicos, cuja função seria provocar nossa participação ou nos paralisar pelo deslumbramento.

Não são apenas as formas e os modos de apresentação que nos confundem, mas é, sobretudo, a aterradora distância que se interpôs entre os objetos com que lidamos, no cotidiano, e aqueles que compõem os quadros. Nossa existência é tocada pela distorção do nosso próprio mundo que se mostra estranho e ameaçador pelos objetos familiares perdidos, num contexto em que os perdemos para sempre.

Quando Hegel falava da morte da arte, fazia-o por razões de seu sistema que lhe fornecia uma chave de interpretação e os argumentos para anunciar o seu ocaso. Se hoje novamente falamos de morte da arte, essencialmente o fazemos pela perturbação que ela é capaz de despertar nas nossas relações, aparentemente sólidas, com os objetos, mas que estão irremediavelmente perdidos num mundo que assim não faz sentido.

"A quantidade de sentido é exatamente proporcional à presença da morte e do poder da ruína", declara W. Benjamin em seu *Trauerspiel*. O que o autor queria dizer é que na medida em que os objetos aparecem deformados e tirados do contexto do nosso lidar com os entes disponíveis, somos postos diante de duas hipóteses: a) ou o estranho invade nossa experiência com a nostalgia do objeto perdido; b) ou na medida em que a história é fetichizada, sob a forma de objetos que faziam parte de nosso mundo, mas que agora aparecem reduzidos a objetos materiais, a história pode ser compreendida em seu enigma, porque paralisada.

Em sua *Filosofia da história*, Benjamin sugere opor a essa aparente compreensão da história um outro método que nos possa revelar as verdadeiras dimensões da perda. "É o método da intropatia. Ela nasce da indolência do coração, da *acedia* que desespera de poder dominar a verdadeira imagem do que acontece, aquela que brilha de maneira fugidia". A *acedia* é a fonte da tristeza entre os medievais. Nós a conhecemos como melancolia. O que está por trás desse sentimento é a culpa de que ficamos devendo algo radical com relação aos objetos. Eles não se apresentam apenas como objetos perdidos, mas revelam assustadoramente a nossa própria condição humana, incapaz de levar ao fim o luto pelo objeto perdido. Ela se paralisa diante da eterna repetição de uma perda que jamais se consuma.

## — IV —

Quando nos postamos diante de uma obra de arte para contemplá-la, não nos despimos das estruturas fundamentais que nos determinam como seres no mundo. É nesse sentido que a obra de arte nos atinge nos modos fundamentais de nosso ser. Nós não olhamos um quadro com a inocência de quem nunca presentificou os objetos com que lida. Também a obra de arte é um ente disponível, embora desejássemos nela descobrir outros aspectos de nossa existência. É por isso que não podemos evitar de transformar um quadro de um autor determinado em objeto.

Ao transformá-lo em objeto, todavia, nós simplificamos o modo como efetivamente o quadro nos atinge. Ocultamos, de certa maneira, dimensões que talvez até estejamos procurando na obra de arte, mas que nos perturbariam demasiadamente se não a víssemos apenas como um objeto no presente. Qualquer obra de arte é perturbadora quando nela aparecem, no encontro conosco, o futuro e o passado: a existência e a faticidade. As modificações da temporalidade que revelam modos de sermos no mundo também nos modificam quando estamos diante de uma obra de arte. Basicamente essa modificação representa uma invasão da totalidade em nosso estar distraídos diante de um objeto presente. O ser-adiante-de-nós-mesmos, e o já-ser-em inelutavelmente colocam-nos diante da finitude e da historicidade, diante do não ser-mais e do já-sempre-ser sem volta. Essas formas de manifestação da temporalidade perturbam o modo como estamos decaídos, perdidos no lidar com os entes como objetos no presente.

Esta é a razão pela qual também diante de uma pintura estamos em constante fuga de nós mesmos. A arte clássica conseguia dar-nos, de maneira muito sutil uma impressão de familiaridade. É por isso que a manobra de encobrimento diante do estranho fazia de maneira menos angustiante. Diante de uma obra contemporânea, sobretudo quando emprega em sua composição objetos de nosso cotidiano tomados da sucata, do lixo e do descartado, surge um estranhamento do qual dificilmente conseguimos nos esconder. Os próprios objetos do nosso cotidiano aparecem aí deformados, alienados de nosso uso e perdidos para sempre, num novo contexto. A ruína e a morte passam a constituir um sentido que nos revela não apenas algo fugaz, mas nos desmascara na vontade de fugir para a ocupação com os entes simplesmente presentes, para esquecermos o estranho e o ameaçador que vêm do futuro e do passado.

É por isso que a visita a um museu de arte contemporânea nos põe, de maneira muito forte, diante do irrecusável destino: com os objetos perdidos de nossa proximidade para sempre, a culpa e a melancolia emergem diante de um mundo que está por desaparecer e com o qual desapareceremos. A euforia da arte sinistra que nos quer chocar é um breve e transitório apelo para nos avisar: a arte hoje é uma sofisticada e generosa ilusão. Ao menos assim nos atingem as experiências que se fazem com muitas formas de arte contemporânea.

Os objetos perdidos e que, por isso, deixam de ser objetos de nosso lidar no cotidiano, nos remetem para a distância em que estamos de nós mesmos. Assim, a arte hoje é a grande forma da melancolia. Isto é, um trabalho de luto que não chega ao fim e assim se converte no movimento infinito da melancolia.

Walter Benjamin destaca, no fim de suas *Teses sobre a filosofia da história,* dando a essa melancolia um sentido histórico e político: "A natureza dessa tristeza torna-se mais evidente quando nos perguntamos com o que propriamente o historiógrafo historicista entra em *intropatia.* A resposta é inelutável: com o vencedor". E Benjamin continua: "Ora, quem quer que domine é sempre o herdeiro de todos os vencedores. Entrar em *intropatia* com o vencedor beneficia sempre, por conseguinte, aquele que domina. Não há nenhum documento de cultura que não seja, também, um documento da barbárie".

Diante dos fragmentos de nossos objetos familiares, diante do lixo, da sucata e da ruína que compõem grande parte das artes plásticas hoje, descobrimos a ambiguidade da arte. Ela, ao mesmo tempo que protesta contra a transitoriedade, alia-se a ela e utiliza a sua matéria para produzir nas obras atuais, simultaneamente, um documento de uma barbárie que quer ser também o documento de uma cultura.

Parafraseando Freud diante das ruínas da Acrópole, somos tentados a perguntar: Tudo isso existiu realmente no mundo dos objetos com que lidamos no cotidiano? Tal interrogação revela a estranheza que nos ameaça na obra de arte e que nos põe, sem máscaras, diante de nossa finitude que sempre estamos empreendendo disfarçar com a segurança de nossos objetos no presente.

Com certeza nem toda a obra de arte nos joga tão diretamente contra os nossos limites. Isso, porém, não é um defeito ou uma doença da obra. Mais que outras, talvez ela nos traga um grande número de sinais que indicam que a solidez e as regras com que nos construímos como sujeitos nos traíram e nos revelaram, porque "mudaram" nossos objetos, abrindo assim uma fresta para que aparecesse a nossa verdade.

## Singularidade e transferência

### — I —

Quisera não ter visto do homem, a primeira vez que entrou no armazém, nada mais que suas mãos; lentas, intimidadas e pesadas, movendo-se sem fé, compridas e ainda sem estarem queimadas de sol, desculpando-se por sua atuação desinteressada...

> Quisera não ter visto mais que as mãos, ter-me-ia bastado vê-las quando lhe dei o troco dos cem pesos e os dedos apertaram as notas, trataram de acomodá-las e, em seguida, enrolando-as fizeram uma bola achatada e a esconderam com pudor no bolso do casaco; ter-me-iam bastado aqueles movimentos sobre a madeira cheia de talhos cobertos de graxa e crosta, para saber que não ia curar-se, que não conhecia nada de onde tirar vontade para curar-se.
>
> Em geral me basta vê-los e não recordo ter-me equivocado; sempre fiz minhas profecias antes de informar-me sobre a opinião de Castro ou de Gunz, os médicos que vivem no povoado, sem outro dado, sem necessitar nada mais que vê-los chegar ao armazém com suas malas, com suas porções diversas de vergonha e de esperança, de dissimulação e desafio (Onetti, 1996, p. 9-10).

Na sua novela *Los adioses,*

> Onetti põe o leitor dentro da consciência do narrador que o guia numa versão verossímil e o leva a aceitar sem suspeita sua credibilidade, um narrador que, no entanto, vai compondo gradualmente um ponto de vista desconfiável e coloca a história numa deliberada zona ambígua. O que é suspeita ou conjectura do narrador se transforma em certeza e o leitor vê-se obrigado a manter continuamente – para não cair em seu jogo e sancionar uma versão falsa – dois níveis de compreensão: *a história contada* e a *história que se deve deduzi* (Vernani, 1981, p. 59-60).

O relato do narrador de Onetti põe-nos, como acontece na Psicanálise, diante da singularidade do destino e da história de um homem. E, como acontece na Psicanálise, estamos diante de uma história que é contada e de uma história que a partir da escuta se pretende "deduzir".

Qual a estratégia para sair dessa ambiguidade? Podemos identificar a história contada com alguma história que nos querem fazer presumir. Ou então podemos distinguir as duas histórias, mas para isso precisamos de critérios. Tais critérios, no entanto, não representam apenas regras de separação. Assim como em Freud, diante do caso Dora, a *história contada* e a *outra história* conduzem-no a uma dificuldade de separação, a uma ambiguidade enganosa, por mais que ele controle a técnica do trabalho analítico, e fale em "técnica psicanalítica", "regras técnicas", "trabalho técnico".

Assim, para separarmos as duas histórias, somos remetidos para uma necessidade de dominar o que *pode estar em jogo* na *história contada* e, para além dela, nos conduza então para o que deverá ser deduzido para que surja a *outra história*.

Freud esclarece que "com o exercício de um pouco de cautela, tudo o que se faz é traduzir em ideias conscientes o que já era conhecido no inconsciente" (Freud, 1963, p. 66).

O que podemos observar é que, diferente da gênese de obras de ficção,

> quando se trata da relação de um psicanalista com o seu paciente, ou do autor de um caso clínico com seu personagem central, estamos mais preparados para acreditar que as formas de confusão fantasmáticas que provavelmente encontraremos, são classificáveis como efeitos transferenciais ou contratransferenciais (Hertz, 1994, p. 146).

Uma tal situação nos impõe que *o jogo da transferência* deverá ser examinado em particulares condições e em contexto especial para que apareça a *outra história*. Esta, então, em hipótese alguma poderá ser aceita como verdadeira, assim como é apresentada e muito menos contada como na imediatidade da ficção. Na Psicanálise, *contar a história* sempre pressupõe *a outra história*, não visada diretamente, mas que entra em ação como manifestação da singularidade na transferência.

Num comentário, Onetti nos mostra o seu ponto de vista sobre a novela *Los adioses:*

> Toda a ótica da novela é marcada então, pelos preconceitos, pela mediocridade, pelos temores, e pelas fobias do narrador representado pelo dono do armazém. Esse indivíduo que também é um personagem, nos obriga a aceitar, nos impõe seu ponto de vista e ao mesmo tempo nos aconselha, de maneira sutil, que desconfiemos do que nos conta.
>
> O leitor deve meter-se na história, tem que participar, como se diz agora, e nunca estará seguro de nada, a não ser dos fatos primeiros. Mas o que significam os fatos em sua crueza total, em sua nudez? Nada. São simples gestos que é preciso traduzir, decifrar, dar-lhes sentido (Onetti, 1996, p. 1).

Na Psicanálise, traduzir, decifrar, dar sentido, separar a *história contada* da *outra história*, constitui-se numa tarefa de interpretar a transferência, isto é, fazer passar os acontecimentos pela mediação de um terceiro. Na ficção de Onetti, a *história contada* e a *outra história* se entrecruzam, deslizam, se encobrem uma a outra e mantêm uma ambiguidade que trama o próprio texto e da qual não conseguem sair nem o autor, nem os personagens, pois para isso não há método nem técnica. Onetti, porém, comentando sua ficção, talvez nos indique um caminho: "Todos os personagens e todas as pessoas nasceram para a derrota" (Verani, 1996, p. 61).

Em que consiste o elemento central que a ficção tenta nos mostrar e a Psicanálise nos descreve como o núcleo de sua ambiguidade? Ambas, a ficção e a Psicanálise, nos confrontam por caminhos próprios de cada uma, com a questão da individualidade do ser humano, com aquilo que denominamos a singularidade.

Na ficção, os destinos da singularidade são descritos por meio de formas de apresentação estética e nela a singularidade se desdobra ou é derrotada, sem que sua compreensão seja precedida por um método geral e sem que ela se confronte com o imperativo de um terceiro. Ela permanece na dimensão do empírico e o indivíduo humano na ficção, não sai da inocência e preserva uma singularidade sem mediações. O autor de uma obra narrativa pode introduzir uma lógica de implosão e de derrota, mas essas são construídas como forma literária. Certamente o autor pode lidar com elementos narrativos em que são gerados dois níveis pelo poder da ficção, permanecendo um deles a *história contada* e podendo o segundo ser denominado o nível da *outra história*. O autor, no entanto, domina soberano o destino da singularidade que aí acontece. É apenas o leitor que é surpreendido, perdendo a "inocência" de sua compreensão linear.

Na Psicanálise, a singularidade tornou-se objeto, porque ela se orienta por um pressuposto de compreensão que é uma hipótese de conhecimento e de ciência. A singularidade está submetida ao imperativo de ser, por intermédio de regras, compreendida como um caso entre muitos casos, como um destino entre muitos destinos, confirmando ou não os materiais e as ferramentas (regras, métodos), prontos para todos os casos.

Essa situação, no entanto, liga-se a uma radical ambiguidade, dado que é só por meio da hipótese de um terceiro que a singularidade se afirma em seu caráter único.

## — II —

> A Psicanálise, como prática e como teoria, propõe um conceito inédito do singular: os humanos, cuja existência e pensamento são em parte regidos pelo prazer, o desprazer e a angústia, devem transformar os fins espontaneamente ruinosos, e os objetos necessariamente incestuosos de seus desejos; essa transformação instaura a individualidade e é precisamente esse processo que o dispositivo da cura recolhe, graças à transferência e reorganiza (David-Ménard, 1998, p. 8).

Essa passagem descreve, de modo lógico, toda a complexidade da relação entre a *história contada* e a *outra história* pela qual se conduz a Psicanálise. Poderíamos falar, assim, dos equívocos da Psicanálise, ou melhor, da ambivalência que se instala, entre a *história contada* e a *verdadeira história*, que se desdobra na perspectiva da Psicanálise. Poderíamos dizer que não somos donos de nossa história, que sem a Psicanálise uma parte de nossa biografia não seria contada, pois, sem ela, representamos nossa vida com uma inocência comprometedora e somos conduzidos pelo poder sedutor de nosso imaginário.

Quando a Psicanálise pensa a nossa singularidade, fala como um conhecimento que vai além do imaginário e que ultrapassa a representação do sujeito, no discurso sobre sua singularidade, pois a Psicanálise nos descreve um cenário que se repete em cada um, em muitos, em todos os seres humanos. Ela o faz, contudo, não apenas generalizando, estabelecendo leis, indo além da individualidade. Ela nos retira da *história natural* (a história contada) da espécie humana - onde pensávamos que se afirmava a nossa singularidade – e nos situa numa *outra história* que surge, mediante um desvio marcado por um terceiro, e somente assim está condenada a uma transformação.

Para a Psicanálise, a singularidade corre o risco da naturalidade. Seu prazer, seu desprazer e sua angústia não são estados ou situações de um indivíduo na espécie, pelos quais ele passa com sucesso ou insucesso, segundo leis naturais ou mesmo conforme sua realização no mundo social. Os fins que o indivíduo busca espontaneamente são ruinosos e seus desejos se encaminham para objetos "necessariamente incestuosos". A Psicanálise nos apresenta uma concepção inédita do singular e com isso ela faz teoria e deduz daí a necessidade de uma transformação para que surja a singularidade. Quando contamos a nossa história e falamos de nossas demandas, o movimento fundamental se faz, como que pelas nossas costas, por intermédio de uma outra história. Dessa outra história falamos sempre, mas somos levados a falar por ação dela sem percebê-la. Enquanto ficamos presos ao sentido narrativo de nossa história, acontece essa outra história. Somos capazes de conquistá-la. Só que o caminho da conquista passa necessariamente pela reorganização do prazer, do desprazer e da angústia e pela passagem de nosso desejo pela experiência da plenitude impossível e do objeto perdido. É isso que a Psicanálise pretende assumir como tarefa.

Ela emprega, primeiro, a própria inércia de nossos fins que seriam ruinosos se entregues a sua espontaneidade e toma como vetor determinante, fio condutor principal, a afirmação de que nossos desejos possuem objetos necessariamente incestuosos, isto é, de que são buscados em função de uma plenitude impossível. Assim se constitui, na Psicanálise, a possibilidade do trabalho clínico, pela interpretação da transferência.

Quer no *setting* analítico, quer por outros caminhos do cotidiano, a singularidade se constitui pela mediação, por uma alteridade: isso se dá pela transferência. Por ela, a transformação que a Psicanálise produz no indivíduo humano representa a instauração da verdadeira singularidade. Nisso consiste o dispositivo da cura.

> Os humanos devem passar pelas figuras da alteridade, ao mesmo tempo alienantes e constituintes, para que os objetos de suas pulsões e de seus fantasmas, destacados sobre essas figuras do outro, estruturem seus desejos e confiram um estilo a seus pensamentos e a seus atos (David-Ménard,1998, p. 8).

O que denominamos "eu" se configura pela transferência, isto é, a partir de uma situação técnica, a partir de um terceiro, o analista, com o qual se dá a identificação imaginária com o primeiro objeto do desejo que é "uma instância cujo anonimato consiste, primeiro, em não ter relação alguma com os atos e os pensamentos que o definem (o "eu", E. S.) como sujeito. *É essa presença transformada do "isso" (Id) no "eu", que constitui a singularidade dos humanos.*" (grifo E. S.) (David-Ménard, 1998, p. 9).

A Psicanálise nos oferece, através desse caminho, um conhecimento sobre o devir sujeito, sobre a constituição de nossa singularidade que nenhuma outra ciência é capaz de apresentar. O que tal concepção de singularidade tem de específico, o que pode isso nos dar uma contribuição para as teorias filosóficas do indivíduo, do sujeito e da singularidade?

É possível aproximar um tal modo de representar a singularidade com aquilo que aparece nos filósofos? Eles falam de "categoria lógica, especificando a quantidade de um juízo" (Aristóteles); *individua substantia rationalis naturae* (Santo Tomás); *individuum est ultima solitudo entis* (Scotus); "a quantificação da variável de uma função" (Frege); "a substância do homem é a sua existência" (Heidegger). Podemos dizer que a Psicanálise não define a identidade, ela recorre antes a um processo que anteriormente analisamos, e pelo qual a singularidade vai-se constituindo pela substituição de objetos que tomam uma forma sempre específica.

Pelo processo do tornar-se singularidade, não é mais determinante a filiação genérica, a diferença específica, nem mesmo a consciência de si que dá ao indivíduo a imagem de sua unicidade. Conseguiríamos chegar, pela Filosofia, a determinar dessa maneira o ser humano, mesmo que fosse apenas por uma forma diferente. Em caso de resposta provavelmente negativa, que consequências têm para o conhecimento, como o procura determinar a Filosofia, os resultados a que chega a Psicanálise pela apresentação da tessitura da singularidade? Ou, formulando de outro modo, em que medida "a singularidade da Psicanálise como prática, como teoria ou como discurso é acolhida ou recusada pela exposição filosófica do pensamento?" (David-Ménard, 1998, p. 7).

## — III —

Para a Filosofia, a questão da singularidade significa algo extremamente delicado. Primeiro temos a afirmação de que sobre o indivíduo não se faz ciência. Há, portanto, uma primeira dificuldade que vem do fato de a Filosofia enfocar a questão da singularidade de um ponto de vista epistemológico. Ora, a singularidade não pode ser considerada simplesmente como problema do conhecimento científico que somente emite juízos sobre o geral. É por isso que, nas discussões filosóficas, se omitiu a análise da singularidade e da transferência, reduzindo-se o debate ao exame da cientificidade ou não da Psicanálise.

Com a questão da singularidade ligada à transferência surge, entretanto, um problema de caráter inovador, cujo conteúdo epistêmico representa apenas uma face dessa nova realidade. O fato de o indivíduo humano ter de se submeter a uma transformação, de ter de passar por um processo desconstrutivo e depois reconstrutivo para tornar-se "sujeito", para devir singularidade num sentido bem específico, nos leva a uma fronteira em que a Filosofia da tradição metafísica ocidental, com seu paradigma sustentado pela teoria da representação e pela teoria do objeto, carece de recursos adequados de enunciação.

Podemos arriscar a afirmação de que a singularidade na Psicanálise representa uma realidade para a qual não temos nada, a não ser a proposta epistemológica que se guia pela relação sujeito-objeto. O acontecimento que é enfrentado todo indivíduo humano nos situa, portanto não apenas nos limites da linguagem metafísica, mas apresenta um modo de ser que se situa para além de um simples exame do conhecimento.

A Filosofia enfrenta, desse modo, um estado de coisas para o qual deve repensar seu modelo de conhecimento. Na verdade, trata-se de diversos aspectos interligados: a) a afirmação de que a singularidade somente se constitui mediante um terceiro, ao mesmo tempo alienante e estruturante; b) o prazer, o desprazer e a angústia levam, sem essa mediação, o indivíduo humano, a fins que, buscados espontaneamente, terminam sendo ruinosos; c) os objetos de nossos desejos possuem uma dimensão incestuosa, ficam presos à história edípica.

A partir dessas questões percebe-se que a Filosofia deve dispor de uma dimensão não apenas cognitiva e problematizadora do caráter científico da Psicanálise. O que importa é um trabalho conceitual com categorias não mais objetivadoras que representam um paradigma da tradição ontológica da metafísica. Para pensar o acontecer da singularidade que vai além da linearidade de representações epistêmicas, é preciso introduzir uma linguagem filosófica capaz de expressar não apenas estados de coisas, mas situações em que se dão estados de ânimo, e que estão ligadas ao sentimento de situação que acompanha o modo de ser-no-mundo do indivíduo humano. Esses novos mecanismos conceituais não apenas nos levam a revisar as objetivações do pensamento filosófico tradicional, mas nos ajudam a problematizar o estatuto linguístico de que se serviu a Psicanálise para falar da relação entre singularidade e transferência. Talvez esse nosso esforço desconstrutivo possa conduzir a modos de dizer mais adequados, para dar conta do fenômeno do qual a Psicanálise falou, ainda viciada pela sua procedência metafísica.

Temos assim pela frente uma tarefa de converter nossa análise em instâncias desconstrutivas, tanto do modo objetificante como procede o pensamento metafísico, como do estilo de formulação de que se serve a Psicanálise. Ao abordar o processo de transformação que leva o indivíduo humano à singularidade pela transferência, a Psicanálise certamente trouxe para a cultura ocidental um quadro para o qual a Filosofia da representação não possuía instrumentos suficientes.

O processo de objetificação representa o modelo de conhecimento predominante, na linguagem metafísica tradicional, que não possuía outros recursos que não a singularidade da especificação das relações entre causas e efeitos. Uma desconstrução dos conceitos pode levar-nos a uma plasticidade expressiva que consiste em ser capaz de registrar o acontecimento transformador que se constitui pelo dispositivo da transferência, e assim instaura a singularidade por um processo.

O modo de ser-no-mundo do indivíduo humano não se dá ao estilo das relações de coisas. Dessa forma, não pode também ser representado apenas como um objeto que faz parte da natureza. Nem a transcendência humana é uma metáfora extrínseca de um outro mundo, ainda não atingido ou inacessível como tal. A transcendência humana é doação de sentido apenas, mas por um modo de ser radicalmente ambíguo. Ela procede da faticidade da história familiar e somente vai além dela (ou já foi sempre além dela) porque não é a história de um indivíduo numa espécie, mas é a história de cada futuro antecipado nessa história.

Essa condição, porém, não se desenrola de modo espontâneo, ela somente se resgata por uma alteridade irrecuperável na objetificação. É marcada por um acontecimento único que, entretanto, não lhe dá a possibilidade de ser um único todo. A invasão do futuro como *ser-para-a-morte*, no território do presente, leva o ser humano a constituir uma totalidade, imaginária, metáfora da primeira totalidade em que se constituiu a presença da plenitude materna. Essa totalidade é sempre buscada e se repete em todos os objetos do desejo.

A Psicanálise sabe dessa demanda de totalidade que constitui a singularidade, sempre tendendo a se iludir e somente assumindo a ilusão pelo dispositivo da transferência – na passagem pela figura da alteridade do analista que, ao mesmo tempo, é alienante e constituinte. É dessa forma que os objetos das pulsões do indivíduo humano estruturam seus desejos e dão a cada um, enquanto sujeito, um modo próprio de pensar e agir.

Para expressar um tal acontecer da singularidade, o trabalho filosófico precisa constituir-se como uma linguagem particularmente hábil e delicada. Talvez assim a Filosofia seja capaz de pensar a singularidade não como uma identificação, pois, dada a sua origem incestuosa, sempre é imaginária, mas como resposta à impossibilidade do gozo absoluto ou de uma transcendência objetivada.

Ao contrário da Filosofia, a Psicanálise não visa ao universal no sujeito, mas ao que há de mais singular no ser que fala. Esse singular termina por se constituir por meio de um modo de gozar que apenas é suplemento daquilo que propriamente é demandado e que toma a forma de um objeto perdido.

## — IV —

Para o dono do armazém, observador e narrador de *Los adioses*, de Juan Carlos Onetti, era suficiente, para antecipar a história do indivíduo humano, olhar as mãos em seus movimentos, suas dúvidas, seu constrangimento, seus pedidos de desculpas, para entrever o destino.

Como se não bastasse a direção para onde apontava a narrativa, Onetti, em comentário posterior, fulmina a *história contada* com a seguinte afirmação: "Todos os personagens e todas as pessoas nasceram para a derrota". Essa é, para Onetti, a *outra história* que representa a chave e o desfecho da *história contada*. Este é o destino da singularidade para a sua ficção literária.

Se olharmos para aquilo que é pretendido pela Psicanálise, podemos ver que a *história contada* já é esperada por uma *outra história*, e somente por um processo de transformação da primeira história, e na passagem para as consequências do reconhecimento da segunda história é que se define a singularidade como resultado de uma derrota, porque aí ela encontra seus limites, mas que define também a sua vitória como sujeito que reduz seu imaginário, no dispositivo da cura, e aceita sua entrada no universo do simbólico. O que na primeira história, a *história contada*, é esperado como superação de todo o sofrimento, termina sendo aceito, na *outra história*, como a compreensão de que o sofrimento não pode ser suprimido.

Aparentemente, a Psicanálise é implacável com o indivíduo humano, afirmando que os objetos de suas pulsões são ruinosos, quando entregues a sua espontaneidade, e que seus desejos se dirigem de modo irreversível para o objeto perdido, a recuperação de um estado primeiro de plenitude e de satisfação. Nossa primeira história se perde nesse imaginário, caso não passemos, pelo dispositivo da transferência, que nos pode preservar da ruína pela mediação de um terceiro. É nela que se desenvolve propriamente uma derrota que termina sendo um desfecho feliz, uma vez que nela se passa pela instância alienante e constituidora das figuras da alteridade.

O analista sabe que, atrás de *nossa história contada* se desenrola *uma outra história* que leva, ainda que com um sinal contrário, a mesma inscrição da ficção de Onetti: "Todos os personagens e todas as pessoas nasceram para a derrota". Sabemos, porém, de que derrota diferente se trata aqui.

Poderá a Filosofia assimilar com seu conceito de "eu" metafísico o material que a Psicanálise produz com a hipótese que examinamos até agora? Certamente a Filosofia somente poderá abrir um caminho para a compreensão do devir sujeito da singularidade, através de uma linguagem não objetificadora, em que se celebra um acontecimento no qual o indivíduo humano é pensado como ser-no-mundo e como ser-aí (*Dasein*).

Enquanto seres históricos, só nos resta, para aquilo que vivemos como nossa história consciente, acrescentar a ela uma parte de nossa história inconsciente (Freud). Como isso dificilmente pode ser realizado sem o processo de transferência de que fala a Psicanálise, teremos de avaliar as vantagens de passar pelo divã para descobrir se existem modos melhores de gastar nosso tempo na busca de nossa singularidade.

Suportamos que alguém nos fale assim do destino de nossa singularidade, se compreendermos que tal modo de falar somente pode vir de quem não deixa de ocupar o mesmo lugar que nós ocupamos e deixe cair sobre si o mesmo veredicto onettiano, mas analiticamente transformado: "Todos os personagens e todas as pessoas nasceram para a derrota", caso não deixem de ser apenas personagens de uma *história contada* e não se tornem pessoas que reconhecem sua *outra história*.

# Parte IV

# Desconstrução e semântica formal – material de apoio

## Ontologia e semântica formal

Para termos condições mínimas de compreensão para os capítulos que seguem, tentaremos uma "síntese" da posição de Tugendhat que se serve de uma tradução muitas vezes literal de sua análise da origem da Filosofia e da ontologia.

1. A ideia de ser foi posta, pela primeira vez, por Parmênides como a questão fundamental da Filosofia. É, no entanto, Aristóteles que procura introduzi-la então como a questão fundamental da Filosofia, e esta tentativa é, ao mesmo tempo, o primeiro ensaio sistemático de introduzir um conceito de Filosofia em geral. A ideia provisória de Filosofia pergunta pelo que se entende por "Filosofia". Análise ulterior para verificar como esta ideia pode ser concretamente realizada conduzirá a um conceito determinado de Filosofia (Tugendhat, 1976, p. 26).

Este conceito determinado é a ideia de um saber das causas supremas e mais universais. Este conceito provisório de Filosofia, como um saber universal e ao mesmo tempo fundante, permaneceu como elemento decisivo em toda a tradição. Mesmo Husserl determina seu conceito prévio de Filosofia como "ideia de ciência e afinal de uma ciência universal desde a fundação absoluta", como diz Husserl nas *Meditações Cartesianas*.

São dois os caminhos que levam Aristóteles a este conceito:

a) O primeiro consiste num exame do que em geral se entende com a palavra "Filosofia" (em Aristóteles "sabedoria", *sophia*);

b) O segundo caminho parte do fato de que com a palavra "Filosofia" entendemos um modo excepcional de saber ou de questionar. A Filosofia reunirá em si, de maneira suprema, aquelas qualidades que são constitutivas para o saber. Como para o saber é constitutivo que seja universal (geral) e que possa dar as razões para aquilo que sabe, o saber supremo é um saber a partir das causas últimas e mais gerais (p. 26).

> Aristóteles distingue, no comportamento cognitivo, três patamares: a percepção, a capacidade de aprendizagem (de experiência) e o saber. A esse Aristóteles atribui a generalidade e a fundamentação. A distinção dos três patamares da capacidade cognitiva, que Aristóteles faz no início da metafísica, ainda hoje não está superada. Mas, apesar disso não parecerá obrigatório construir justamente a partir destas duas características generalidade e fundamentação, que resultam desta distinção, a ideia de uma ciência suprema. Mas pode-se chegar ao mesmo resultado de modo mais direto, concedendo que apenas sob o conceito de uma ciência suprema não se deve entender de modo algum uma ciência limitada. Disto resulta que nenhuma ciência limitada em sua abrangência ou em sua fundamentação pode valer como ciência suprema (p. 28-29).

2. Esta introdução histórica do conceito de Filosofia será ela necessária? Não haverá um outro caminho? Parece, num primeiro momento, que o recurso à tradição é o único. Discutir sobre o termo "Filosofia", analisar o conceito "Filosofia", buscar o significado de "Filosofia", apelar a uma pré-compreensão, parece conduzir a pouca coisa, quando não ao arbítrio. A ciência tem um campo circunscrito, a área de seu objeto. A Filosofia, entretanto, não tem uma esfera determinada de seu objeto. Esta a grande dificuldade para determinar o que é Filosofia, sem um apelo à história.

Quando falamos de uma ciência, pensamos numa esfera objetiva particular. Quando, porém, está em questão a Filosofia, não nos podemos referir a determinado campo objetivo. Tratamos então antes de um determinado *como* do saber ou do questionar, portanto de uma espécie de agir. A não arbitrariedade, e isto quer dizer a cogência de um agir, só pode residir na não arbitrariedade da motivação que a leva a este agir. A Filosofia, portanto, não é conduzida por uma motivação arbitrária. O dado prévio para compreender o que é Filosofia não é uma esfera objetiva, nem uma atividade, mas a existência de uma motivação.

> Com isto encontramos a resposta à questão do que significa legitimar um conceito de Filosofia, não apenas historicamente, isto é, relativamente a uma pré-compreensão anterior, mas de maneira absoluta. Introduzir à filosofia e a uma determinada concepção de Filosofia significa demonstrar que a motivação para este agir é privilegiada em face de outros motivos (p. 31).

Aristóteles também o viu assim. Desde o começo, sua introdução conceitual corre paralela com uma introdução a partir da motivação. Temos prazer no processo cognitivo, na percepção, no ver particularmente; e, quanto mais alto o patamar cognitivo, tanto mais digno de ser apreciado. Para provar que é o cognitivo como tal aquilo para o qual somos motivados, Aristóteles crê dever isolar o cognitivo do contexto comportamental. "A suprema motivação no seio do cognitivo deve por isso ser atribuída ao saber sem motivo prático, à pura teoria" (p. 31). Aristóteles satisfaz-se em fazer referência a opiniões anteriores: afora isso apenas mostra que existe uma motivação para o cognitivo e que no seio do cognitivo, a mais alta motivação é atribuída à ciência e em última instância à Filosofia. Aristóteles, contudo, crê poder mostrar que a pura teoria é a atividade mais desejável em si mesma, a suprema possibilidade de ser feliz. Primeiro, porque a atividade mais desejável é aquela que basta a si mesma e é imutável, e segundo, porque a teoria é aquela atividade que possui estas qualidades. Nenhuma destas duas premissas nos parece hoje muito clara e convincente.

Em síntese:

1. A introdução de um conceito de Filosofia que, em última instância, é decisiva e que não tem como resultado apenas uma legitimação histórica e que não decorre de uma pré-compreensão (previamente) dada, é uma introdução a partir da motivação.

2. A introdução deste conceito por Aristóteles a partir da motivação, porém, não consegue convencer (p. 32).

3. "Vamos acompanhar agora como Aristóteles chega, do conceito prévio de Filosofia como uma ciência que é universal e que radicaliza ao mesmo tempo o ponto de vista da fundamentação, ao seu conceito determinado de Filosofia enquanto pergunta pelo ser ou pelo ente enquanto ente" (p. 32).

Tugendhat nos ensina que no começo da metafísica, quando Aristóteles introduz o conceito prévio, ele acena para uma concretização deste conceito prévio, que tem caráter platônico: cada ciência particular – conforme o modelo da geometria – é pensada como uma teoria dedutiva que *funda* o conhecimento possível nesta área objetiva, enquanto o deduz das supremas e *universais* premissas para esta área objetiva (axiomas desta ciência). Tanto a fundamentação como a universalidade, possíveis no seio desta ciência particular, são limitadas: a fundamentação é limitada porque os axiomas tomados como hipóteses não podem ser, por sua vez, fundamentados; a universalidade limita-se a cada área objetiva. Desta perspectiva, poder-se-ia projetar uma ciência suprema cuja tarefa seria deduzir as premissas das ciências particulares de um ou mais princípios supremos, dos quais também seriam deduzidas todas as premissas de todas as outras ciências particulares. Com isso ter-se-ia uma concepção concreta e um conjunto de tarefas para a Filosofia, em sua relação com as ciências particulares, que corresponde exatamente ao conceito prévio desenvolvido por Aristóteles: os pontos de vista da suprema universalidade e da fundamentação última coincidem na ideia de uma ciência que deduz todo o saber de princípios supremos (causas mais universais). Aristóteles recusa, porém, esta solução por causa das ciências empíricas que retiram seu conhecimento da experiência e não de premissas previamente dadas. A concepção platônica de Filosofia foi para Aristóteles a possibilidade mais próxima de dar ao seu conceito prévio um sentido concreto. Se, no entanto, se convenceu de que esta concepção era irrealizável e se, contudo, manteve fidelidade ao seu conceito prévio, era necessário um novo ponto de partida que, na esfera deste conceito prévio, determinasse de maneira fundamentalmente diferente a relação da Filosofia com as ciências. "Este novo ponto de partida é o da ontologia" (Tugendhat, 1976, p. 33).

Com a determinação da Filosofia como ontologia, a ciência suprema é definida, pela concepção platônica, de modo novo, em sua relação com as ciências particulares: a Filosofia abrange as ciências particulares não pelo conteúdo, mas formalmente. Enquanto ontologia ela tematiza aquilo que todas as ciências pressupõem formalmente, e não princípios dos quais pudessem ser deduzidos seus conhecimentos. Com isto Aristóteles destacou, pela primeira vez, uma área temática explicitamente e em si mesma e que nunca fora analisada antes.

Com a concepção da Filosofia como ontologia, Aristóteles descortina todo um horizonte novo para a cultura acidental. Perde, no entanto, com a ontologia, em fundamentação, o que a Filosofia ganha em universalidade. É o que se mostrará ao analisarmos o objeto da ontologia, dirá Tugendhat.

4. Só no início do livro IV de sua metafísica Aristóteles introduz sua nova concepção de Filosofia: "Há uma ciência que considera o ente enquanto ente...". O elemento específico desta ciência, em comparação com as outras, é que estas consideram cada uma das esferas particulares do ente, enquanto aquela considera, de maneira geral, o ente enquanto ente. A excepcionalidade do conceito de ente reside para Aristóteles no fato de ser o conceito mais universal. De tudo pode-se dizer que é. Tudo pode ser designado mais universal (p. 35).

Como é possível perceber, Aristóteles constrói seu novo conceito de Filosofia, deixando de lado o ponto de vista da fundamentação que analisara em seu conceito prévio de Filosofia, atendo-se unilateralmente ao ponto de vista da suprema universalidade. É desde aí que chega ao conceito de ente. A ciência suprema privilegiada, chamada filosofia, deve ser universal e contudo não estar numa relação de fundamentação com as ciências particulares. Esta concepção leva, portanto, na medida em que se orienta no conceito de ente (*on*), a uma concepção de Filosofia como ontologia (p. 35).

A concepção de Filosofia como ontologia tem por objetivo o conceito de ente, ou melhor, o ente enquanto ente. Este é para nós um termo artificial, o que não era para os filósofos gregos, que o tiraram da linguagem ordinária: O ente (*on*) é particípio do verbo "ser" (*einai*). Como a palavra "é" tem muitos significados, surge logo uma série de dificuldades (p. 36).

Assim como não encontramos na realidade o objeto enquanto objeto, não encontramos também o ente enquanto ente. Como tematizar o ente enquanto ente? Na experiência, não se nos dá nem o objeto enquanto objeto, nem o ente enquanto ente. Também não o atingimos pela abstração.

Tugendhat continua: Aristóteles, portanto, enquanto determina a Filosofia como ontologia, estabelece a relação formal com as ciências particulares. Como ontologia a Filosofia tematiza aquilo que todas as ciências pressupõem formalmente. O que significa isso para Aristóteles? O filósofo não possuía o conceito de formalização, apenas o de generalização. Enquanto a ciência particular se ocupa com os objetos de uma determinada área, a temática da ontologia não pode ser procurada numa hiperesfera. Então só resta, para atingir esta temática, que reflitamos sobre o modo como se estabelece nossa relação com os objetos. Um tal questionamento foi apenas desenvolvido na atualidade, o que explica porque Aristóteles não tinha possibilidade de utilizar um conceito como o da formalização. Surge então a questão: como estabelecemos uma relação com os objetos? Nossa relação com os objetos nós a estabelecemos por meio de expressões linguísticas. Então a questão: como podemos tematizar a objetividade dos objetos ou o ente enquanto ente? Recebe a resposta: só na reflexão sobre o uso das expressões linguísticas correspondentes.

"Aristóteles, e com ele toda a ontologia pré-moderna, não tinha nenhuma possibilidade de tornar compreensível, através de que os conceitos formais que são examinados na ontologia, se distinguem de outros conceitos" (Tugendhat, 1976, p. 39). Um questionamento explicitamente semântico era desconhecido para Aristóteles. Por isso determinou ele as determinações predicativas, em parte como *onta* (entes), em parte como *legomena* (o dito). Esta indecisão tornou-se, na Idade Média, o ponto de partida para o debate do nominalismo. Dado que Aristóteles não tomou conhecimento da dimensão semântica, viu-se obrigado a conceber o significado dos predicados, mesmo contra sua vontade, com Platão, como objeto autônomo, a objetivá-los simplesmente (Assim se chega a uma estranha ampliação do conceito de ente (*on*). Ele é – junto com os conceitos de *um* e de *algo* – mais abrangente que o de objeto (*tode ti*)) (p. 45-46).

5. A palavra "ontologia" torna-se ambígua. Teria um sentido unívoco se fosse introduzido, como é comum na Filosofia analítica, partindo do conceito de objeto, ou partindo, o que conduz ao mesmo, do conceito de ser no sentido de existência. "Ontologia" significa então "teoria do objeto". A introdução da ontologia por Aristóteles, que se tornou decisiva para a tradição, contém, pelo contrário, uma tensão não liquidada na tradição. A tensão é consequência do fato de Aristóteles orientar-se de um lado, na fórmula objetivada "o ente enquanto ente", e de outro lado, na fórmula verbal "é"; mas enquanto a fórmula "ente enquanto ente" permanece decisiva, a consideração formal que em si conduziria para fora dos limites da problemática do objeto cai de novo numa terminologia objetivista. A ontologia de Aristóteles ultrapassa a teoria formal do objeto na direção de uma semântica formal, mas de tal maneira que o que aí se mostra é mal interpretado, desde uma perspectiva da teoria do objeto por causa da falta de uma consciência da dimensão semântica (p. 46).

Se, portanto, se considera a formação tradicional (essencialmente determinada por Aristóteles) da ideia de uma disciplina fundamental como ontologia, de uma perspectiva da analítica da linguagem (refletindo sobre o significado das palavras), esta mostra-se insuficiente, de acordo com os dois pontos de vista apresentados no próprio conceito prévio de Filosofia de Aristóteles:

a) Primeiro, no que se refere à fundamentação: à disciplina formal de Aristóteles, orientada objetivisticamente, falta um fundamento reflexivo, e um tal fundamento – não sabemos se é o único possível – seria fornecido por uma semântica formal;

b) Segundo, no que se refere à abrangência: a universalidade pretendida só podia ser compreendida enquanto se estava orientado nos objetos. A orientação para tudo, entretanto, o que significa para todos os objetos, também, aparece como limitada, tão logo se examina a esfera do próprio formal. A perspectiva sobre objetos corresponde então apenas a uma forma semântica entre outras (p. 47).

Dois aspectos da crítica à ontologia do ponto de vista analítico devem ser particularmente ressaltados: Primeiro, esta crítica não vem de fora. Ambas as falhas, porém, apresentam dificuldades imanentes. A perspectiva analítica não foi necessária para mostrá-las, mas só para suprimi-las. Segundo: esta crítica tem um efeito produtivo sobre a pergunta da analítica da linguagem pela sua própria concepção de filosofia (p. 47).

Podemos seguir Aristóteles em seu projeto de um conceito prévio de Filosofia, observa Tugendhat. Podemos segui-lo também na formação de um conceito prévio para a concepção de uma disciplina filosófica fundamental, que não se relaciona com as outras ciências, fundando dedutivamente seu saber, mas que tematiza o que todas elas formalmente pressupõem.

> E então apenas teremos que examinar os dois pontos fracos de sua concepção de ontologia com uma disposição de refletir sobre o significado das expressões lingüísticas, para descobrir que a ontologia tradicional de si aponta para uma nova concepção de uma ciência formal que está na base de todas as ciências, e que apresenta a forma de uma semântica formal. a) A semântica formal é, de um lado, uma empresa da Filosofia analítica: ela é semântica, analisa, portanto, o significado das expressões lingüísticas; b) De outro lado, ela é formal no mesmo sentido em que foi a ontologia. E já que elimina as fraquezas da ontologia que eram insolúveis na imanência da ontologia, pode ela apresentar a pretensão de ser sua legítima sucessora.

Conclui o filósofo.

6. Dessa tentativa de extrair o essencial das lições 2 e 3 de seu livro, podemos concluir o seguinte: "Ontem, hoje e sempre, quando perguntamos pelo ser, entramos em aporia". Essa afirmação da metafísica não revela apenas uma perplexidade de Aristóteles. Nela vem manifesta toda a radicalidade do impasse de sua ontologia. Iríamos longe demais se fôssemos apresentar as diversas interpretações desse impasse. Parece que detectamos um aspecto fundamental ao apontarmos o objetivismo em que o filósofo caiu na construção de sua ontologia. Também a falta de uma visão da semântica fez com que ignorasse todas as implicações da formalização ao lado da generalização, o que novamente o levou a confundir o significado de uma expressão linguística com o objeto. Aristóteles, na verdade, não conseguiu definir a verdadeira relação de sua ontologia com a realidade. Ela não lida com os objetos como as ciências. O ente enquanto ente não é algo real como uma árvore é. Aristóteles partiu da forma da proposição predicativa singular e sobre este fundamento construiu, contudo, uma ontologia objetivística.

A partir deste objetivismo, Aristóteles caiu numa perigosa reduplicação da realidade. Há uma realidade de que se ocupam as ciências (ontologias regionais). E há uma outra realidade superior, posto que objeto de uma ciência superior, que fundamenta e explica os objetos das ciências (Isso, em vez de analisar as condições formais de possibilidade do conhecimento das ciências). Esta duplicação conduziu, de uma maneira diferente da de Platão, a dois mundos. O mundo das ciências e o mundo da Filosofia passaram a ocupar os filósofos do Ocidente. Passou, assim, para nossa cultura já platônica de modo latente uma outra teoria dos dois mundos nascida de um mal-entendido de Aristóteles.

Desta situação, para a aceitação da metafísica como um livro que trata de uma transfísica, foi apenas um passo. Assim um nome circunstancial (a localização dos textos após a Física) passou a representar todo o conteúdo de um mundo que, na verdade, não é. Da ontologia como uma ciência formal universal passou-se para a metafísica como núcleo da Filosofia, não como metaciência do mundo formal dos objetos das ciências, mas como uma ciência de um metamundo real de objetos que as ciências não atingem. É claro que tudo isto constitui um enorme reforço do platonismo no Ocidente.

É natural que Aristóteles passasse a qualificar a ontologia (Filosofia) de ciência do divino, uma vez que o Deus "parece ser uma das causas e um princípio" e certamente era considerado o centro daquele metamundo. Torna-se então difícil de separar, em Aristóteles, na metafísica, entre ontologia e teologia.

Por outro lado a *teoria*, o *theorein*, é cada vez mais assimilado a este metamundo e o conhecimento, despojado das circunstâncias materiais e envolvido com o objeto imaterial, é o mais digno e desejado. Daí, o ideal da pura teoria à imagem do *theós* do livro 12 da Metafísica.

Por que esta posição de Aristóteles? A passagem para o outro mundo corresponderia ainda às pretensões de definir o que é Filosofia e de convertê-la em ontologia, a ciência do ente enquanto ente? Que significa a transformação da ontologia em teologia e que dizer do fato de se privilegiar a *teoria* pura que se ocupa do divino e de que o divino se ocupa?

## Uma aproximação de Heidegger e Tugendhat a partir da crítica à metafísica como objetificação?

### A Filosofia não trata de objetos

Wittgenstein afirmou, numa preleção de 1930-1935, que é da essência da Filosofia ser independente da experiência. Dizia que temos que elaborar e apresentar, na Filosofia, um método. Na Filosofia não se podem ensinar novas verdades (Wittgenstein, 1984, p. 271).

A Filosofia analítico-linguística segue passo a passo esta afirmação de Wittgenstein, na medida em que o que se pretende com os recursos lógico-semânticos é esclarecer expressões linguísticas que precedem e acompanham toda a nossa compreensão.

Ernst Tugendhat afirma, no seu livro *Lições introdutórias à Filosofia analítica da linguagem*, que se aceita para a Filosofia um modo de experiência que lhe é própria e, portanto, não é empírica. E ele continua: "A Filosofia é *a priori* na medida em que a sua tarefa consiste em esclarecer pressupostos fundamentais de todo o compreender, chegando a isto através da reflexão sobre o nosso compreender" (1976, p. 19).

Só que a diferença entre este *a priori* e o *a priori* da tradição kantiana clássica é que, na compreensão da qual falamos, o *a priori* não tem um caráter sintético, mas analítico, como revela a própria expressão *Filosofia analítica*.

Em que consiste este caráter analítico? Em primeiro lugar, não se quer repetir Kant que, mediante a postulação de juízos sintéticos *a priori*, pretende dar as bases para o conhecimento empírico. Não se trata, portanto, de uma busca da fundamentação do conhecimento no sentido da sua *Crítica da razão pura*.

Tugendhat afirma, numa outra passagem da mesma obra, que "a Filosofia analítica se insere na concepção tradicional da Filosofia como um conhecimento *a priori* e interpreta este *a priori* como analítico" (1976, p. 18).

Isto significa, com relação à temática filosófica dada há pouco, a explicitação de um saber prévio contido em todo o nosso compreender, como saber de significados e expressões linguísticas nas quais se articula todo o nosso compreender. Dito isto, Tugendhat apresenta os seguintes problemas:

> Podemos entender, então, que as duas objeções que se podem fazer contra o chamado conhecimento analítico da Filosofia, seriam, primeiro, negar que existe um conhecimento filosófico *a priori* e a outra objeção seria afirmar que só existe um conhecimento *a priori* sintético e não analítico (p. 20).

Esta é a primeira questão central. A grande tentação é acharmos que esta espécie de espaço *a priori*, de âmbito *a priori* da compreensão com a qual se ocupa a Filosofia analítica na explicação destas expressões linguísticas, também é de caráter empírico como todo o conhecimento das ciências naturais.

O próprio Tugendhat, num texto publicado dez anos após este já citado, destaca que o que denominamos *a priori* são conceitos cuja aquisição não é menos obtida por condicionamento quanto todos os outros tipos de conhecimento de cuja ausência sentiríamos uma perda insuportável em nossa orientação no mundo (1989, p. 305-317).

A posição de Tugendhat, portanto, resvala com isso para uma posição semelhante àquela que foi desenvolvida, por exemplo, por Quine, sobretudo no seu livro *Os dois dogmas do empiricismo* e, depois, no seu livro principal *Palavra e objeto* (Quine, 1960), na medida em que nestes textos parece afirmar-se que todo o conhecimento *a priori*, se existe, é empírico. Naturalmente Quine afirma, como Tugendhat, que todo o conhecimento filosófico é analítico. Conhecimento analítico significa, para Quine, analítico *a priori*. E proposições são designadas analíticas se sua verdade ou sua falsidade simplesmente se tornam claras, são verificáveis, se se impõem a partir do significado das expressões linguísticas que aparecem nestas proposições (ver Frank, 1991).

Neste sentido, analítico significa que compreendemos um enunciado, uma frase, quando sabemos sob que condições e circunstâncias ela pode ser verdadeira. Quando compreendemos o *a priori* ao qual se atém a analítica da linguagem como sendo um *priori* de caráter analítico, isso significa que em todo o nosso compreender prévio, no qual proferimos sentenças, já existe como base e como fundamento o conhecimento do significado, ou seja, o conhecimento do modo de usar expressões linguísticas, nas quais é articulado o nosso compreender.

Na Filosofia analítica não se trata de explicitar qualquer tipo de proposição, de frase, de sentença. Trata-se de esclarecer e explicitar analiticamente aquelas expressões linguísticas pelas quais se acena ou se anuncia algo relativo ao nosso compreender como um todo.

O que ocorre neste tipo de operação é a negação de que os objetos que conhecemos são imagens ou conceitos do espírito ou são representações de coisas. Assim, não concebemos na Filosofia analítica os conceitos como sendo conceitos figurativos dos objetos, desaparecendo assim, nesta maneira de falar, a teoria figurativa do significado. O significado não é, portanto, um espelhamento direto do objeto que temos à nossa frente.

Quando queremos definir algo que conhecemos, temos de referir as expressões linguísticas e apontar para o modo de uso que fazemos delas. Assim, Filosofia analítica da linguagem, como a própria expressão *analítica*, caracteriza aquilo que lhe é próprio, a analiticidade, as condições de possibilidade da compreensão que são implicações analíticas do modo de uso das palavras com que articulamos a proposição.

E disso se conclui uma coisa essencial: que a Filosofia depois da virada linguística da tradição anglo-saxônica apresenta um programa de Filosofia transcendental. Só que neste programa o pressuposto *a priori* a ser esclarecido não é o conhecer, mas o compreender. E, se nós fazemos a crítica, desde uma Filosofia analítica, da Filosofia representacionista, como a teoria da consciência, fazemo-la justamente porque ela não dá conta deste todo do nosso compreender por meio da explicitação das expressões linguísticas. Este é o motivo básico da crítica que a Filosofia analítica faz ao pensamento da tradição continental.

Os problemas filosóficos eram postos pela Filosofia da tradição, mas ela não tinha os meios para resolvê-los. Daí que a crítica que a Filosofia analítica faz à Filosofia aristotélica, à Filosofia kantiana, às filosofias da consciência e da representação, é uma crítica à própria metafísica, porque esta tinha a pretensão de trazer novidades para a pesquisa empírica e, de outro lado, de produzir novos sentidos para o pensamento humano.

Ora, a Filosofia analítica resiste a estas duas tentações. Por isso a Filosofia se converte, basicamente, para ela, em método. "Diz-me como usas determinada expressão linguística e eu direi qual o seu significado".

### A Filosofia trata do *como* (Wie)

Se a Filosofia analítica, segundo Tugendhat, não trata de objetos, mas trata do modo como se dão os objetos, como se dão em nosso compreender, e trata do nosso compreender enquanto ele pode ser explicitado por meio das expressões linguísticas nas quais ele se articula, então a Filosofia analítica sempre trata de um *como*. Ela trata de um *Wie*. Ela não trata de um *that*, mas de um *how* – *como* se chega a algo.

Este *como se chega a algo* é intimamente ligado à questão do método. É por isso que Wittgenstein diz na lição de 1930 que a Filosofia não ensina nada de novo, nada de verdades novas. Ela deve contentar-se em apresentar o seu método. Esta é a questão. Somente por intermédio dela bem explicitada podemos entender qual é efetivamente o trabalho da Filosofia analítica.

Tugendhat acusa Aristóteles de ter tentado construir uma nova teoria do objeto com a sua metafísica. A intenção de Aristóteles teria sido encontrar na metafísica princípios universais e necessários com os quais se fundamentaria o conhecimento empírico ou matemático. Para fundamentar o conhecimemnto empírico, no entanto, Aristóteles desenvolveu uma nova teoria do objeto, que é a sua metafísica. Tugendhat diz que o que se esperava de Aristóteles era que ele desenvolvesse uma teoria do significado, isto é, que desenvolvesse uma teoria daquilo que está implicado em todo o conhecimento empírico e que é a totalidade do nosso compreender.

Para Aristóteles, portanto, teria faltado uma teoria suficientemente universal que desse conta deste *como* que está implicado quando explicitamos as expressões linguísticas, porque este *como* se dá por meio do nosso compreender e a universalidade do nosso compreender não é dada por uma espécie de super-abstração generalizadora pela qual podemos afirmar que com isto apanhamos o todo, porque por mais abstração que façamos do objeto, ainda estamos em contato com ele no espaço e no tempo e não com o significado.

O que é, então, este *como*, este *Wie*, este *how* de que a Filosofia analítica se ocupa? Sabemos que este *como* nasce diretamente da seguinte afirmação: sujeitos somente se podem relacionar com objetos do mundo pela mediação do sentido, do significado. Assim, o *como* é o âmbito no qual nos relacionamos com os objetos. Este âmbito é a condição de possibilidade (é o elemento transcendental). Compreender é exatamente operar este *como* e explicitar como se articula o nosso compreender em expressões linguísticas; é dar conta deste *como*. Até que ponto, porém, temos que distinguir o *como* (*wie*) do *enquanto* (*als*)

Tugendhat é um estudioso competente de Aristóteles. Seu primeiro grande livro se intitula *Ti katá tinós* (*Algo enquanto algo*) e trata da estrutura e formação dos conceitos fundamentais em Aristóteles. Para Tugendhat, Aristóteles tinha a noção deste "como" em que estaria o máximo de universalidade que justificaria o nosso conhecimento empírico, só que a solução que ele deu na definição deste *como* foi uma solução objetificante, na medida em que objetificou o significado numa teoria chamada metafísica. Esta objetificação recebeu o nome de ontologia. Aristóteles criou uma ciência do ente enquanto ente, só que sempre que falamos do ente enquanto ente estamos falando ainda de objetos.

Ora, justamente este *como*, em que se dá a totalidade do nosso compreender e que resulta da explicitação das nossas expressões linguísticas, não se resolve com o pensamento objetificador, com o pensamento que considera que o fundamento do conhecimento empírico é outro objeto, por mais universal que seja. Dessa forma, podemos dizer que o que falta em Aristóteles são os meios. Será que estes meios são o *como* para resolver os problemas filosóficos que ele havia percebido? Faltam os meios, falta o *como*, falta o método na sua ontologia? Será que aqui não há uma identificação do *como* e do *enquanto*? No capítulo final veremos que esta distinção é necessária. E nos perguntaremos até que ponto o autor caiu numa ambiguidade na determinação de sentido e significado.

Aristóteles, e toda a Filosofia depois dele, trataram de uma maneira errada, com intrumentos errados, com um método errado aquilo que propriamente estava certo, que era o problema do ser do ente. Em lugar de tratar do ser do ente, sendo o ser o elemento mais universal possível. Isto pode ser explicitado por meio de um pensamento objetificador. *Ser* é o termo que tem um caráter tão universal que se coloca na ordem do significado e não na ordem do objeto. A metafísica como pensamento chamado objetificador, objetifica cada um dos conceitos com os quais pensava encontrar o fundamento das coisas, como substância, ideia, Deus, etc. Como ela objetificava mediante cada um destes nomes que ela dava ao ser, foi na direção certa, mas usou os instrumentos errados, não teve a verdadeira concepção de método para chegar ao conhecimento com que propriamente trabalha a Filosofia, que é, justamente, a análise do *a priori*, análise daquilo que é previamente dado, daquilo que é o todo do nosso compreender que precede qualquer tipo de proposição.

Em outras palavras, faltou em Aristóteles uma concepção de semântica. Ele tinha uma teoria do objeto, mas não tinha uma teoria do significado. Quer dizer, Aristóteles identificava ainda a máxima universalidade com um objeto maximamente universal. Ora, a máxima universalidade é da ordem do significado e não da ordem do objeto. Na palavra *ser*, todavia, que não trata de um objeto, temos um termo que apresenta um caráter de universalidade tal que só podemos pensá-lo na diferença com o ente, na diferença com os objetos. Nesse sentido, ser era um nome que Aristóteles havia identificado, mas ao mesmo tempo, objetificado de tal maneira que se trataria apenas de uma diferença maior ou menor com o ente, mas não de uma diferença absoluta. Seria a *diferença ontológica* de Heidegger, aquele lugar onde se decide a relação com os entes, a diferença que remete para o *enquanto* e não *como*?

Teríamos, então, o *enquanto* e não o *como*, o modo de, o método com que temos que tratar a questão do ser está ligado à totalidade do nosso compreender. A questão do ser já sempre está subentendida quando nos confrontamos com a experiência e com os entes.

Existe uma pequena frase de Heidegger na qual isto é resumido plasticamente: "O ente somente pode ser descoberto, seja pelo caminho da percepção ou seja por qualquer outro caminho de acesso, quando o ser do ente já está revelado" (Heidegger, 1975, p. 102). Isto quer dizer quando o compreendo. A expressão *ser do ente* que acompanha todas as nossas expressões linguísticas sempre subentendidas, revela uma espécie de familiaridade com o modo de ser. E essa familiaridade é o sentido, é o significado daquele tipo de ente do qual tratamos no âmbito do conhecimento empírico. Essa familiaridade é a condição de possibilidade de podermos conhecer determinado ente como objeto. É a objetividade que no fundo é garantida por meio da questão do significado.

É interessante como neste momento, na teoria de Tugendhat, apoiando-se sobretudo em Tarski e Davidson, aparece a expressão *semântica formal*. A semântica formal é o tipo de procedimento pelo qual chegamos a este *como* do método analítico. Este *como* do método analítico, e com isto a semântica formal, consiste em nos voltarmos para o modo de uso das expressões linguísticas que sustentam a totalidade do nosso compreender (Tugendhat, 1976). Mas esta deve ser tratada a partir do *enquanto*.

## "É" e "enquanto", algo enquanto algo

Aqui é que se dá a virada para compreendermos por que a Filosofia analítica tem razão e por que Tugendhat tem razão ao criticar Aristóteles em nome da Filosofia analítica e, ainda, porque temos razão em julgar que Tugendhat tem razão.

Evidentemente este *enquanto* da totalidade do nosso compreender, este método, tem de ser convertido, transformado ou interpretado estreitamente vinculado com as expressões linguísticas. As expressões linguísticas são frases e estas frases contêm dois tipos de termos, os chamados termos singulares e os termos gerais. É por isso que precisamos tentar explicitá-los nos enunciados assertóricos. Tugendhat pensa que o lugar privilegiado onde podemos encontrar esta passagem é na análise dos termos singulares que se encontram nos enunciados assertóricos predicativos singulares.

Trata-se de perceber que nas expressões predicativas aparece sempre a ideia de ser, a ideia do *é*, a ideia deste não mais apenas universal, mas este universal propriamente dito que está subentendido em qualquer tipo de afirmação.

A pergunta que nos fica é: como é que se comportam as asserções predicativas e como é que nelas está contida a compreensão do ser?

Para isso vejamos uma passagem de Manfred Frank:

> Já Aristóteles apontara para o fato de que cada predicado pode ser reformulado numa expressão que contém um "é", por exemplo, "a ironiza b" em "a é irônico com b". Entretanto, Aristóteles colocou este "é" da cópula também entre as categorias dos entes, dos objetos e, exatamente através deste "é" deve ser designado aquele ente em lugar do qual está o predicado. [...] Já uma simples reflexão sobre o uso linguístico esclarece que "é irônico" não pode de maneira alguma se colocar em lugar do objeto. Para isso se exigiria que primeiro se nominalizasse a expressão predicativa e então a convertesse em "ironia". "É irônico" estaria, portanto, em lugar de ironia como objeto. Que esta explicação não tem sentido, se torna claro quando se coloca esta expressão nominalizada na originária expressão predicativa, pois, assim, não teriamos mais nenhum tipo de proposição corretamente formada. O significado de "é assim" ou "assim" deve, portanto, ser compreendido de maneira diferente que a expressão dos termos singulares que se relacionam com objetos. Uma expressão classificatória não está em lugar de um ente e,

portanto, esta expressão também não se situa na esfera de competência da ontologia enquanto teoria do objeto. O mundo não é a totalidade dos objetos, mas daquilo que pode ser determinado em proposições sobre estes objetos que é os estados de coisas. A estrutura fundamental do compreender é a estrutura do algo enquanto algo. Esta também é a estrutura de qualquer enunciado assertórico. O sentido próprio de "ser", seu significado nuclear é, portanto, ser verdadeiro (Frank, 1991, p. 186-188).

Temos, portanto, diante de nós a questão do "como", do método próprio da Filosofia analítica e este método consiste na explicitação do nosso compreender que está articulado nas expressões linguísticas. Estas expressões linguísticas trazem em si, se examinarmos os enunciados assertóricos predicativos singulares, a ideia de *ser* que não tem de modo algum um caráter objetificante ou objetivo, mas um caráter de uma universalidade extremamente especial que chamaríamos uma universalidade de caráter transcendental ou uma universalidade onde se dão as condições *a priori* de possibilidade.

A questão central que encontramos no *modo*, no *como* do trabalho analítico enquanto seu método, se expressa na estrutura do próprio enunciado enquanto todo enunciado tem a estrutura de "*algo enquanto algo*" (*etwas als etwas*). O acesso a algo nunca é direto e objetificante, o acesso a algo é pela mediação do significado e do sentido. É o que se afirmava no começo: não existe acesso às coisas sem a mediação do significado.

Então, se não existe acesso às coisas sem a mediação do significado, não podemos compreender as coisas sem que tenhamos um modo de compreender que acompanha qualquer tipo de proposição, e este modo de compreender é exatamente este *como* que sustenta a estrutura fundamental do enunciado assertórico enquanto *algo enquanto algo*. Esta expressão revela que não temos acesso aos objetos assim como eles são, mas sempre de um ponto de vista, a partir de uma clivagem, a cadeira enquanto cadeira, a árvore enquanto árvore. Isso é a mediação do significado.

O objeto só nos é acessível pela mediação do significado. Esta mediação do significado é uma operação que não é da esfera da objetificação. Significado não é objeto, significado é da ordem de uma universalidade, de uma transcendentalidade, de uma aprioridade com a qual operamos.

### Semântica formal e diferença ontológica

Quando Tugendhat substitui a ontologia pela *semântica formal*, isso resulta da crítica à metafísica que onjetificou o significado. A crítica de Heidegger à ontologia leva-o à diferença ontológica e ao programa de destruição da metafísica que Derrida irá traduzir como *desconstrução*. Essa desconstrução se torna uma tarefa porque a metafísica ocidental entificou o ser, encobrindo a diferença entre ser e ente, e assim objetificando o ser.

Os dois autores se aproximam pela crítica à objetificação, mas a interpretam em direções opostas: a *semântica formal* vai na direção do significado e se torma a base da filosofia analítica como Tugendhat a defende; a *diferença ontológica* vai na direção do sentido e se torna a base da ontologia fundamental e da hermenêutica.

Manfred Frank formula essa aproximação da seguinte forma a partir da crítica dos autores a Aristóteles:

> O sentido de "é" Aristóteles de vez enquando expressa como *on hos aletés* (o ser no sentido de ser verdadeiro). Isto faz parte da forma de qualquer enunciado assertivo negável e é o significado nuclear do "é" na medida em que com ele não se junta uma expressão de sujeito e uma expressão de predicado, mas na medida em que com este "é" se apresenta antes de tudo uma pretensão de verdade... É impossível nos relacionarmos com um estado de coisas como um fato, sem ligar, com o "é" do enunciado assertórico, uma pretensão de verdade. Se entendermos com "ser" o ato da afirmação no sentido de apresentar uma pretensão de validade, então vemos que e porque ser não é um ente. Aristóteles, que ainda subsume o ser, contudo, sob a categoria de ente, fazendo uma ontologia, não percebeu a diferença ôntico-ontológica e, com isto, levou a Filosofia ocidental para um beco sem saída do qual nos tentam tirar, ao mesmo tempo, a Filosofia analítico-lingüística e a ontologia fundamental de Heidegger (Frank, M. 1991, p. 186-187).

Que beco sem saída é este? Este beco sem saída se chama metafísica. Tanto a Filosofia analítico-linguística quanto Heidegger, há mais de 50 anos, criticam a metafísica porque ela é uma teoria objetificadora do ser, em lugar de perceber o ser numa dimensão puramente lógico-semântica ou formal-semântica.

> A metafísica é basicamente, se pensarmos a coisa mais profundamente, o nome para um pensamento objetificador que não tem a percepção da diferença entre objeto e significado. A tese da diferença entre ser e ente, que Heidegger denomina *diferença ontológica*, pode ser aproximada, em certos aspectos, daquilo que na terminologia de Tugendhat é designado *semântica formal*. Em ambos os casos se trata de uma dimensão que pretende superar a metafísica e remete a uma dimensão não-objetificadora. Temos, portanto, dois autores que visam à desconstrução da objetificação da metafísica. Mas Tugendhat pretende substituir a ontologia, o ser, pelo *como* do significado. Isso o conduz à Filosofia analítica. Heidegger leva a ontologia, o ser, ao *enquanto* da compreensão do ser e do sentido. Isso o conduz à hermenêutica (Frank, M. 1991, p. 187).

## Significado e estado de coisas

No *como* do método analítico está contido um tipo de discussão que quer impedir que confundamos objetos com significados, que efetivamente ao dizermos que compreendemos um enunciado, tenhamos compreendido o uso dos termos do enunciado feito pelo falante e que, portanto, possamos justificar aquele enunciado mediante uma análise explicitadora das expressões linguísticas que nele estão contidas.

O que, portanto, nos chega não é a *coisa*, o *fato*, mas um *estado de coisas* nos é dito, nos é mostrado e é o *significado* que nos dá este *estado de coisas*. Ora, isto nos faz apresentar uma vinculação imediata entre o *como*, que é o método analítico, e o *algo enquanto algo*, estrutura da proposição, não há como fugir desta ligação. Método analítico é a análise das expressões linguísticas que constituem os enunciados. Como o método analítico, entretanto, não é um método empírico que produz afirmações sobre objetos, mas procura dar conta do modo como construímos enunciados para expressar *estados de coisas*, então o método analítico necessariamente trata de algo *a priori*, algo que é condição de possibilidade para a apresentação de enunciados.

E, justamente, esta condição de possibilidade de podermos apresentar enunciados é condição transcendental ou, ainda, é a fundamentação da compreensão que temos do todo quando dizemos determinadas frases com as quais queremos expressar objetos ou, melhor dizendo, estados de coisas, nos quais figuram objetos.

Há, portanto, uma vinculação direta entre método e elementos enunciativos, mas não método no sentido positivo de uma ciência, mas método no sentido descritivo analítico das condições de possibilidade e também não método como explicitação linguisticista de frases como fazem as teorias semânticas das linguagens naturais. Trata-se do método que deve ser entendido como explicitação do compreender que já sempre subjaz e acompanha qualquer tipo de enunciado. Trata-se, então, de um significado que é formal, anterior aos significados que se expressam em determinado enunciado assertórico predicativo singular e estrutura da compreensão, do sentido.

Se aproximarmos Heidegger e Tugendhat na ideia de superação da metafísica, devemos, no entanto, distinguir o modo de superação proposto e a direção a ser imprimida à Filosofia. Tugendhat realiza uma desconstrução da metafísica na direção do *como* (*wie*) do método analítico-linguístico que determina o significado. Heidegger desconstrói a metafísica na direção do acontecer do sentido, do *algo enquanto* (*als*) *algo*, da estrutura do compreender. Ambos mostram que a metafísica é o beco sem saída da objetificação. Heidegger mostra, no acontecer do *enquanto* (*als*), a condição de possibilidade do *como* (*wie*).

## Não podemos dizer as mesmas coisas com outras palavras

Esta análise não tem a pretensão de resolver certos problemas, como a teoria do significado ou a teoria da verdade, mas tem a ver com o núcleo que sustenta propriamente o debate filosófico no que constitui a analiticidade ou não da Filosofia.

Vou começar pela seguinte questão:

Se olharmos para a estrutura de uma sentença, diremos que ela se compõe, no mínimo, de três elementos fundamentais: o termo singular, o termo geral e o conteúdo proposicional. Em geral, ao falarmos de uma sentença, estamos assim falando de uma sentença de caráter empírico. Se tivéssemos, entretanto, apenas, como ouso dizer, sentenças de caráter empírico e sentenças de caráter lógico, não teríamos propriamente mais necessidade de fazer Filosofia. Faríamos, assim, uma ampliação a mais extensa possível de sentenças de caráter empírico e ampliaríamos as sentenças de caráter tautológico, no universo da lógica. Diz-se que as sentenças metafísicas são sem sentido, mas queremos justamente tentar mostrar como há algo mais entre o tautológico e o empírico que se torna necessário para que se possam discutir adequadamente questões filosóficas.

Poderíamos tomar esta questão por vários lados, mas vamos partir da seguinte divisão: sempre ouvimos falar em sintaxe, semântica e pragmática. A sintaxe trata de uma relação de sinais com sinais, a semântica trata de sinais com coisas, com objetos, e a pragmática trata da relação do falante ou do utilizador de sinais com os sinais. Se disséssemos que a Filosofia deveria ser uma simples gramática, portanto, comandada pela sintaxe e o importante seria purificar a linguagem para que fosse simplesmente uma linguagem sem equívocos – portanto sintaticamente clara – estaríamos executando uma tarefa importante, mas que não seria uma tarefa filosófica. Se usássemos a frase de Wittgenstein que diz: "A Filosofia se faz quando a linguagem está em férias", isto é, quando podemos fazer um discurso livre da gramática, do controle e das regras da gramática. Não quero aqui discutir qual o sentido de gramática de Wittgenstein. Eu ousaria inverter sua frase e diria: "Quando nós nos ocupamos apenas de gramática, a Filosofia está de férias". Isso significa que para a Filosofia começar a funcionar temos de ultrapassar uma pura relação de sinais com sinais, uma pura relação de caráter estruturante e estruturado do dizer da linguagem natural. Quando deixamos a gramática de lado, porém, começa um problema e com isso se aprofunda a questão e, ao mesmo tempo, se introduz na história da Filosofia o que Aristóteles tinha pela frente.

Aristóteles, no *Peri hermenéas* e também nas Categorias mas, sobretudo, no seu livro sobre interpretação, diz o seguinte: "As categorias são *to logon e to on*, as categorias são conforme o dizer e conforme o ser". Alguns hoje sugerem que as categorias são, ao mesmo tempo, segundo o dizer e segundo o ser. Aristóteles, como não dispunha a não ser de uma concepção gramatical de linguagem, simplesmente tinha que deixar oscilando o discurso propriamente filosófico que construía por meio das categorias e que tinham um sentido muito especial no filósofo. Elas, posteriormente, na Idade Média, viriam a se chamar *predicamenta*. Os *predicamenta* tratam de elementos de caráter não simplesmente empírico, mas de um caráter *a priori* ou transcendental.

Se Aristóteles tivesse tido uma ideia de semântica ou uma noção de significado, ele poderia ter dito com segurança que as categorias se utilizam e se predicam conforme o dizer, e não conforme o ser, porque a semântica, num sentido bem formal, seria a capacidade de poder dominar um determinado campo e aplicar este campo não realmente, mas potencialmente, a objetos. Com isso fica introduzido o elemento da semântica, a questão do significado.

Numa proposta como a do empirismo lógico, por exemplo, em que se reduzem as proposições ou ao seu caráter lógico ou ao ser caráter empírico e se diz que as proposições de caráter metafísico são sem sentido, pretende-se uma analiticidade. De que caráter é esta analiticidade? Pretende-se uma analiticidade das proposições de caráter empírico? O que estaria implícito nessa analiticidade das proposições de caráter empírico? O que estaria posto como elemento problemático é o seguinte: existe uma base para estas proposições de caráter empírico, para podermos proceder de uma maneira analítica? Ao perguntarmos isso, no fundo nos reportamos à estrutura da sentença. A sentença, de uma maneira simples, é aquilo que dizíamos no começo, compõe-se de um termo singular pelo qual individualizamos algo pela referência, e de um termo universal pelo qual classificamos algo por meio da predicação e de um terceiro elemento, que seria o do conteúdo proposicional.

Na tradição filosófica temos o nominalismo medieval que dizia que as palavras são simples *flatus vocis*, as palavras são simples movimento do ar, ruído de discurso. Esse nominalismo puro da Idade Média não se manteve, contudo ele queria algo muito importante, ou seja, que desaparecessem todos os falsos problemas da Filosofia. Talvez pudéssemos dizer que é para isso que serve a navalha de Occam. Essa navalha afastaria todos os entes multiplicados à toa, eliminaria todas as afirmações que pretendessem ultrapassar o universo cuidadoso e controlado da linguagem. Nesse sentido é que se fala na navalha de Occam.

No nominalismo, ainda não se trata de uma semântica, porque ainda não se conhecia uma semântica como a conhecemos hoje, como uma teoria do significado. Então a questão a ser respondida é a seguinte: A analiticidade que seria garantida pela semântica é ela como tal possível? Podemos nós substituir significados por outros e encontrar entre eles uma espécie de sinonímia perfeita? Quine nega essa possibilidade de uma sinonímia perfeita.

Na Filosofia, nós não lidamos simplesmente com termos, a partir de regras sintáticas, e nela devemos nos perguntar qual seria o papel da analiticidade na semântica. Aqui surge, portanto, a seguinte questão: sempre que proferimos uma sentença de caráter empírico, ela precisa ter condições de possibilidade para poder ser proferida. Interpretamos essas questões de possibilidade para proferir sentenças. Pois se não dermos condições de possibilidade à sentença de caráter empírico, temos de fundamentar essa sentença numa outra sentença de caráter empírico. Assim se iria ao infinito, fundamentando uma sentença de caráter empírico em outra sentença de caráter empírico. Para não ir ao infinito, a Filosofia inventou uma espécie de justificação para uma sentença. A Filosofia dirá que no próprio ato de proferir uma sentença de caráter empírico, em que executamos uma série de habilidades que temos de dominar para poder construir enunciados assertóricos predicativos, trazemos implícito conosco, nessa sentença, um caráter de aprioridade.

De que maneira falaremos dessa aprioridade? A sentença de caráter empírico é sempre uma sentença de caráter empírico que se constitui por termos gerais, termos singulares, conteúdo proposicional e um *a priori*, este, de certa forma, implícito para não sermos levados, na justificação, a um regresso ao infinito.

Assim, a tradição filosófica que chegou até nós por meio do que é chamado de *virada linguística*, deve ser examinada com muito cuidado. Teríamos que poder, ao analisar cada um dos filósofos analítico-linguísticos, dizer claramente onde se situa tal filósofo. Qual é a teoria com que ele se apresenta, como filósofo analítico ou como filósofo a propor uma simples análise lógica de tradição carnapiana. Para podermos dizer de cada um como pensa, contudo, teríamos de conhecer cada um dos sistemas, cada uma das concepções. Nem sempre conseguimos dominar todos os autores para podermos dizer que esse se guia por isso e aquele se guia por aquilo. Essa é a razão pela qual temos de ter uma espécie de regra geral para podermos julgar o que é, para a Filosofia, a proposta analítico-linguística. Temos de ter algo como uma proposta geral. Tomemos uma discussão interessante que servirá como um exemplo para podermos ir adiante.

Tomaremos três filósofos, Tugendhat, Apel e Habermas, que dizem ter aderido ao paradigma analítico-linguístico. Os três desenvolveram teorias que acabaram recebendo nomes. Tugendhat fala em *semântica formal*, Apel fala em *pragmática transcendental* e Habermas em *pragmática universal*. Os três, portanto, apresentam modos fundamentais de se falar da Filosofia sem, entretanto, coincidirem entre si e mesmo criticando-se mutuamente.

Qual é, então, o ponto de partida de Tugendhat? Ele afirma que na ontologia de Aristóteles, se ele tivesse tido à disposição uma semântica, uma teoria do significado, o objeto (o ser) teria sido apresentado como significado. Não haveria assim uma ontologia de conteúdos, uma ontologia de um mundo paralelo que fundamentava todos os enunciados do mundo científico da época. Se Aristóteles tivesse tido, realmente, uma concepção da teoria dos significados, ele teria procurado encontrar uma outra condição de possibilidade, não como objetificação de qualquer enunciado de caráter empírico. Como, no entanto, não dispunha de uma teoria do significado, constituiu uma metafísica na qual implicitamente está suposto o mundo transfísico objetificado que dá universalidade, fundamentação e necessidade ao mundo físico. Então Tugendhat diz que "temos hoje uma teoria do significado, portanto, nós que conhecemos semântica não precisamos mais colocar a fundamentação e a justificação de nossos enunciados num mundo transfísico, num mundo objetivado além de nós".

Uma teoria geral do significado poderá ser o substituto da ontologia, que para ele é semântica formal. Essa teoria geral do significado, entretanto, para Tugendhat, não é uma teoria geral do significado puramente empírico, de sentenças empíricas. Essa teoria do significado refere-se ao todo de nosso compreender. Ele diz muito bem, num artigo sobre o problema do método, que "duas são as funções da Filosofia: clarificar conceitos e se ocupar não com a totalidade dos objetos, mas com a totalidade de nosso compreender". Quando fala em totalidade de nosso compreender, quer dizer que "nós temos que nos ocupar com a explicitação das expressões linguísticas implicadas na totalidade de nosso compreender". Essas expressões linguísticas, porém, não são da linguagem natural, de que trata a semântica das linguagens naturais. Quem trata desse tipo de expressões linguísticas é uma semântica formal, uma semântica filosófica, que se ocupa propriamente com as condições de possibilidade, sob as quais se dão enunciados assertóricos predicativos, sob as quais se dão sentenças de caráter empírico com um conteúdo proposicional de caráter empírico.

A linguagem filosófica, todavia, não se submete a uma analiticidade da semântica das línguas naturais. Trata-se nela de uma semântica filosófica. Tugendhat, portanto, propõe uma concepção analítico-linguística da Filosofia. E uma das afirmações mais importantes da concepção analítico-linguística da Filosofia para ele consiste no seguinte: "Negar o *a priori* analítico na Filosofia seria terminar com a Filosofia; afirmar um *a priori* sintético na Filosofia seria desconhecer o que é Filosofia". O *a priori* sintético, segundo Kant, é aquele que acrescenta ao nosso conhecimento mais conhecimento; contudo, a função da Filosofia não é produzir mais conhecimento, a função da Filosofia é de caráter analítico, ainda que seja de caráter analítico *a priori*.

Tugendhat, portanto, recusa, o *a priori* sintético e com isso situa seu método no campo da Filosofia da linguagem. Com essa concepção de uma analiticidade das expressões linguísticas com que falamos do todo do nosso compreender, portanto do *a priori* que está pressuposto nas sentenças em geral, Tugendhat ocupa um lugar a partir do qual pode olhar criticamente os outros filósofos. Uma das suas posições fundamentais justamente consiste no seguinte: não podemos defender uma teoria própria antes de ter analisado todas as teorias anteriores, criticando-as ou delas assumindo algo ou até mesmo toda a teoria que parece justa e coincide com a que possuímos.

O que Tugendhat critica em Apel, em primeiro lugar, na pragmática transcendental? É a ideia da chamada *autocontradição performativa*. Apel quer introduzir pragmaticamente, pelo dizer, um princípio que comandaria toda reflexão filosófica teórica e também prática, no campo da ética. Esse princípio, porém, é de tal tipo, ele é *a priori*, ele não é só universal, mas de caráter transcendental, segundo Apel. De tal maneira que a pragmática transcendental pressupõe uma teoria mais ampla, que é a semiótica transcendental. A semiótica transcendental representa propriamente o contraponto da semântica formal de Tugendhat. Para este, é impossível uma semiótica transcendental constituída pragmaticamente. Isso significa que Tugendhat poderia talvez aceitar em Apel o caráter transcendental, não aceitando o elemento pragmático, porque não pode ser fundamentado por meio de um princípio que coincide com o princípio da não contradição. O princípio da não contradição é uma lei do dizer, é uma lei que se coloca no campo da semântica e não no campo da pragmática. Tugendhat concordaria com o "transcendental" em Apel, mas não concordaria com o "pragmático".

Por outro lado, Tugendhat critica em Habermas a ideia de uma pragmática universal, na medida em que não é por um simples consenso que se pode introduzir a verdade no nosso discurso. Trata-se da teoria consensual de verdade de Habermas que está implícita na sua pragmática universal. Tugendhat afirma: "Não é o consenso que é a critério da verdade, mas a verdade é o critério do consenso". De certo modo, portanto, Tugendhat critica Apel e Habermas, porque ambos partem de uma teoria do dizer e não de uma teoria do dito. A semântica é uma teoria do dito, a pragmática é uma teoria do dizer.

Penso, no entanto, que Tugendhat tem um problema com a analiticidade. Ele não é um lógico-analítico apenas. Ele não gostaria de ser um empirista lógico, que dá simplesmente voz absoluta à sintaxe lógica da linguagem. Tugendhat quer algo mais com sua semântica formal, entretanto, na medida em que propõe a analiticidade, ele apresenta a possibilidade de uma semâtica pura. Uma espécie de semântica absoluta.

Sabemos por Quine que não existe sinonímia perfeita entre os sinais que designam coisas. Entre "não casado" e "solteiro" há uma diferença, ainda que possamos apresentá-los como sinônimos. O *a priori* que acompanha a nossa atividade de clarificação das expressões linguísticas é comunitário, apreendido, faz parte de um comportamento que se desenvolve como habilidade. Nesse sentido, não é um fundamento autossuficiente que garante a semântica em sua formalidade.

Por que a sinonímia não pode ser perfeita? Porque na teoria semântica que significa a relação entre sinal e coisa, existe sempre um "mais" que não conseguimos explicitar. Por isso a ideia de uma semântica formal que pretende fundamentar-se numa pura analiticidade se defronta com um problema, a analiticidade pura só seria possível se pudéssemos sobrepor e justapor significados idênticos. Como isso não é possível, no âmbito da pura analiticidade, analiticidade pressupõe outra coisa em seu bojo, que é a aprioridade. Tugendhat insiste na aprioridade analítica das expressões que tratam do todo de nosso compreender e que, portanto, não são enunciados de caráter empírico. Depois, contudo, procura uma analiticidade formal, portanto análise lógica da linguagem para dar conta do objeto da Filosofia. Quando falamos em posição analítico-linguística queremos dizer o seguinte: estamos baseados na clarificação dos conceitos por meio da análise lógica da linguagem. Não há algo mais que isso no pensamento de Tugendhat?

O *linguistic turn* tem a pretensão de uma analiticidade perfeita, de uma analiticidade total. A pura analiticidade, contudo, pressupõe uma transparência na semântica e nós sabemos que não há semântica transparente. A revolução analítico-linguística não é apenas analítico--linguística. É uma revolução que tem um elemento a mais. A analiticidade perfeita é uma preocupação que nunca consegue realizar--se, porque não existe a sinonímia perfeita. Não existe a possibilidade de sobrepor significados com o mesmo sentido. A revolução lógico--analítica é, ao mesmo tempo, linguística, no sentido da analiticidade e semântica, e nisso reside uma diferença extremamente importante. Se tomarmos uma sentença composta por um termo singular que identificamos pela referência e um termo geral pelo qual classificamos aquele elemento singular em uma classe determinada, por exemplo, na frase "esse livro é preto", isto é, esse livro faz parte da classe dos livros pretos, nós só podemos dizer e ser compreendidos pelos outros ao proferir nossa sentença porque os outros também sabem fazer a mesma coisa, ou seja, construir um enunciado assertórico predicativo, construir uma sentença igual à nossa, eles conseguem compreender a nossa sentença. Ora, eles não compreendem a nossa sentença porque se dirigem ao objeto a que nós nos referimos como conteúdo proposicional. Seria, aliás, perturbador, pois cada vez que proferíssemos uma sentença, teríamos que levar a pessoa ao objeto. A sentença se tornaria supérflua. Assim sendo, os interlocutores têm que compreender a sentença a partir de uma outra coisa que não se constitui pela remissão ao objeto. Essa outra coisa é comum a nós e aos nossos interlocutores, mas ela não é o objeto empírico. Não posso, portanto, por meio da remissão ao objeto empírico, nem pela construção de uma outra sentença de caráter empírico, fundamentar o fato de termos uma comunidade de compreensão, de termos um todo do compreender, em que nos movimentamos. Necessitamos de algo mais do que simplesmente esses elementos. O todo é um *a priori*. Ele vem complementar a impossibilidade da analiticidade completa e a impossibilidade de uma semântica formal como teoria que viria substituir a ontologia de Aristóteles. Não é igual ao *a priori* de Tugendhat este algo de que falamos. Este filósofo não aceitaria a posição que remete a Heidegger e que tentaremos mostrar brevemente. Aqui fica, portanto, um problema: em Tugendhat há uma Filosofia que vai além da semântica e que ele não explicita, mas também não deixaria aproximar-se da solução heideggeriana.

Introduzamos na Filosofia um *outro mundo* do qual a filosofia trata. A filosofia só trata e só conhece o que a ciência conhece. Ela não conhece mais do que a ciência conhece. Não existe o sintético *a priori*. Não há multiplicação do conhecimento pela Filosofia. Ela não conhece mais do que os enunciados assertóricos predicativos trazem de conteúdos proposicionais. Ela, porém, trabalha com aquilo que está implícito naquilo em quem produz enunciados assertóricos predicativos e opera, porque é possível, além do significado, como conteúdo proposicional dos enunciados assertóricos predicativos, um sentido comum para todos, que todos já compreendem sempre. É disso que a Filosofia trata. Isso é o caráter *a priori* que alguns chamam de transcendental. É um elemento que está ligado à linguagem, mas é mais do que linguagem empírica. É isso que se quer dizer quando se declara que a linguagem filosófica trata do todo do nosso compreender. A analiticidade da Filosofia não é somente uma analiticidade de enunciados de caráter empírico, mas é uma analiticidade de todas as expressões linguísticas com que expressamos o nosso compreender.

A semântica não pode ser o ponto de partida da Filosofia. E a sintaxe está livre da Filosofia. Quando Wittgenstein diz que a Filosofia se faz quando a linguagem está de férias, podemos deduzir que ele diz isso porque tem uma concepção sintática, gramatical da linguagem, mas ele trabalha com a questão do significado. A pergunta seria, então, se ao trabalharmos com o significado, nós fazemos Filosofia quando a linguagem está de férias? Desse modo, quando ampliamos a gramática, a sintaxe, para uma espécie de semântica, esta não poderia ser uma semântica no sentido comum de semântica das linguagens naturais. Como disse antes, não é quando a linguagem está de férias que fazemos Filosofia, mas se quisermos fazer Filosofia apenas pela pura sintaxe ou semântica ou análise lógica, a Filosofia está de férias. Isto significa que então estamos longe da Filosofia. Ficamos então num universo lógico-linguístico.

Nesse sentido, ao lado das sentenças de caráter lógico-tautológico e das sentenças de caráter empírico, existe um outro tipo de sentenças que tratam do todo do nosso compreender, tratam daquilo que está implícito no próprio processo de proferir sentenças de caráter empírico, está implícito, mas sempre é mais do que isso. O que é esse elemento comum? Vamos dar uma resposta. Não é necessariamente a resposta. É uma das respostas e que tem parentesco em vários filósofos. Vamos dá-la a partir de uma expressão de Heidegger. Em síntese, ele diz o seguinte: "A estrutura do nosso compreender, a estrutura da sentença, do enunciado e a estrutura do mundo têm algo em comum".

Esse algo comum é exatamente aquilo que é pressuposto ao sermos capazes de proferir sentenças de caráter empírico. Ele está presente, também está presente compreendermos, junto com outros, essa sentença. Nesse viés, no nosso compreender está presente essa estrutura e essa estrutura está presente até no nosso modo de lidar com as coisas que nos rodeiam. Há sempre uma espécie de estrutura dupla. Que estrutura é essa? Heidegger dirá que existe uma estrutura prévia de sentido e que o significado só é sustentado porque, ao proferir uma sentença no âmbito lógico-semântico ou como Heidegger escreve, apofântico, de discurso, só podemos dizer isso porque de antemão já compreendemos algo que está nesse dizer. Todos compreendem que faz parte da estrutura do nosso compreender; é a ideia de que nós não conhecemos objetos, mas objetos sob um certo ponto de vista, e o conteúdo de cada sentença é um certo ponto de vista. É o conteúdo proposicional. Esse certo ponto de vista se expressa por meio do algo como algo. Não conhecemos algo. Não conhecemos o livro, mas o livro preto, portanto algo como algo, clivado sob um certo ponto de vista. Conhecemos um estado de coisas, não um objeto, mas o objeto *enquanto algo,* isto é, *enquanto verdadeiro.*

Assim, como na sentença, construímos na linguagem algo que tenha essa estrutura, em que o singular *livro* recebe uma universalidade mediante a predicação *preto*, portanto, o indivíduo é posto numa classe determinada, assim, só podemos fazer isso porque desde sempre o nosso compreender já é assim. Nunca compreendemos a nós mesmos, aos outros e ao mundo simplesmente de modo opaco. Há, porém, uma estrutura que Heidegger denomina *enquanto hermenêutico*, diferente do *enquanto apofântico*. Como hermenêutico é um como prático que desde sempre nos acompanha. Quando pegamos o gravador, não o tomamos como peça eletrônica, como uma peça de qualquer tipo, mas como gravador. Nunca temos uma relação direta com o objeto, mas uma relação com o significado, com um estado de coisas.

Heidegger diz que o mundo no qual estamos, mundo no qual vivemos no sentido significativo, desde sempre já está organizado assim. No mundo tudo é algo como algo. Então, o algo enquanto algo, esse núcleo proposicional que cada sentença contém, pressupõe uma estrutura que é a estrutura do algo como algo, que não é de caráter empírico, mas que já trazemos conosco *a priori*, enquanto ser-no-mundo. A possibilidade de proferir uma sentença de caráter empírico, ou de lidar com enunciados assertóricos predicativos pressupõe *a priori* que já sempre carreguemos conosco aquilo que é a marca fundamental do significado que vem substituir a coisa, denominar um estado de coisas e não a coisa. Quer dizer, a coisa num certo estado, sob um certo ponto de vista, num certo *enquanto* que é de caráter *a priori*. Esta é uma marca que vem da ideia de mundo, vai da compreensão até a estrutura dos enunciados, onde se situa o algo enquanto algo como *ser-verdadeiro.*

A Filosofia sempre se dedicou a pensar esse problema. Como é que os objetos singulares, que identificamos por meio da referência, se tormam universais. Como é que conseguimos torná-los universais, de uma classe, por meio da predicação, do termo universal? Como se realiza isso? Os filósofos explicaram isso de várias maneiras. A explicação que trouxemos é uma explicação possível. Podemos fazer isso e sermos compreendidos pelos outros justamente porque é uma estrutura comum, não apenas da sentença, do nosso compreender, mas do modo de nos movermos no mundo. Sempre nos sentamos numa cadeira sabendo que é uma cadeira, não precisamos dizer "*é uma cadeira*".

Existe, portanto, como complemento, como compensação de uma semântica imperfeita que impede um significado absoluto, uma espécie de elemento anterior, simultâneo, mas anterior como possibilitante de podermos proferir sentenças, enunciados de caráter assertórico predicativo.

Como, entretanto, no nosso falar e dizer não existe uma perfeita superposição de significados, na nossa explicitação *nunca conseguimos dizer a mesma coisa com outras palavras*, pois não há sinonímia perfeita, temos que pressupor que aquilo que nos faz compreender o todo é algo anterior e é uma compensação da impossibilidade de uma analiticidade perfeita.

Com a análise feita não estamos, de maneira alguma, recusando a revolução linguística. Existe a reviravolta linguística ou *linguistic turn*, mas nela os filósofos visam apenas à analiticidade. Para discutir isso não podemos seguir o caminho de Quine. Nele também há um limite para a analiticidade. Esse limite, contudo, é empírico. A impossibilidade da analiticidade perfeita de que falamos não é de caráter empírico.

Vejamos, agora, porque para ele a analiticidade total é impossível. Pelo fato de Quine ser um empirista, ele não admite o que os adeptos da analiticidade também não querem, em geral, admitir: o *a priori*, o transcendental. Quine, em seus textos básicos, diz que o *a priori* não existe, mas para ele a superfície é o todo. Salvando a superfície, tudo será salvo. Quine é, nesse sentido, um empirista. Todo aquele que falasse apenas do problema de uma analiticidade das línguas naturais na Filosofia, seria um empirista. Aquele que reconhece, no entanto, na linguagem filosófica, expressões linguísticas de tal caráter que fazem parte do todo do nosso compreender que, portanto, são de caráter *a priori*, esse foge do empirismo.

Fugir do empirismo não quer dizer cair no nominalismo. Este é o nosso problema. Boa parte dos filósofos dos quais falamos são indiretamente nominalistas, porque, para eles, há uma sinonímia perfeita, há uma analiticidade perfeita, há uma teoria do significado que permite uma superposição de significados. A Filosofia, porém, não é nem empirista, nem nominalista. Ela tem um caráter *a priori*, transcendental. Ela busca condições de possibilidade ou de justificação dos enunciados.

Para mostrar isso há duas frases notáveis de Wittgenstein: "Mundo é aquilo que acompanha todos os nossos enunciados verdadeiros ou falsos, mas dele mesmo não podemos predicar *verdadeiro* ou *falso*". Mundo, portanto, é algo *a priori*. Outra frase famosa em *Sobre a certeza*: "Se o verdadeiro é o fundamentado, então o fundamento não pode ser nem verdadeiro, nem falso". Isso que Wittgenstein refere com a ideia de mundo é o que procuramos dar a entender: que não existem sentenças ou enunciados de caráter assertórico predicativo, verdadeiros ou falsos, sem um fundamento, sem uma justificação. O nosso discurso sobre o fundamento, então, não pode ser nem verdadeiro, nem falso. Nesse caso, temos que insistir naquilo que afirmamos no início; ou vamos ter de fundamentar um enunciado assertórico predicativo em outro ou uma sentença empírica em outra sentença empírica e então vamos ao infinito, ou então temos de pressupor uma estrutura prévia de sentido que não resulta por via analítica. Não há, portanto, como recusar um limite para a analiticidade. Ou aceitamos o limite que propusemos ou a analiticidade perfeita termina em aporia.

Sendo assim, a grande questão é: nessa divisão do tratamento da linguagem, a que tipo de atividade pertence o trabalho filosófico? A uma atividade gramatical, sintática, a uma atividade semântica, analítica simplesmente, ou então, a uma atividade "pragmática", não no sentido simplesmente prático, mas pragmático, no sentido em que nós já sempre estamos mergulhados num contexto em que sabemos praticar a referência, identificando coisas, em que sabemos classificar um objeto pela predicação e dar-lhe um traço de universalidade. Estamos situados num contexto prático no qual nos movemos. Wittgenstein o chama de mundo, que não pode ser descrito em enunciados verdadeiros ou falsos, mas que é pressuposto como uma estrutura prévia de sentido que garante a possibilidade do significado, como pensa Heidegger. Aí está o limite da analiticidade.

## O que significa ter uma posição Filosófica?

### — I —

Quando trabalhamos com textos filosóficos, nossa interpretação leva-nos na direção de provas, de argumentos. Não se trata simplesmente de aderir ao tema em discussão ou de aceitar as soluções que são apresentadas. No confronto devem predominar os melhores argumentos.

Podemos naturalmente tomar os textos ou parte deles como um todo e lidar com eles como dignos de exame, como verossímeis, como interessantes e úteis. Então fazemos uma adesão que pode ser revista e assim nos levar a examinar melhor o texto com seus argumentos. Somente assim diminuem as interpretações ornamentais e simplesmente aproximativas.

Quando se trata da comparação de vários textos e temas de diferentes autores, temos efetivamente em mente uma avaliação dos argumentos apresentados para certos temas ou para um debate.

Os autores, no entanto, exibem diversos pontos de partida e suas posições filosóficas irão divergir entre si. Isso pode acontecer a partir da concepção de Filosofia ou a partir do lugar que os autores julgam próprio para os temas numa determinada Filosofia.

Os resultados que se busca na leitura dos autores irão depender do modo como se aplicam critérios para a avaliação dos autores.

Como em textos filosóficos não temos o recurso ao mundo empírico para resolver problemas, o intérprete não pode se eximir de basear seus critérios numa posição filosófica própria.

É possível assumir uma posição filosófica própria sem saber o que é uma *posição filosófica como tal*.

Temos condições para mostrar que é possível determinar o que constitui a posição filosófica e a partir dela definir o modo como se irão tratar textos de filosofia para avaliá-los.

Filosofia, dizia Hegel, é para o comum entendimento o mundo invertido. A Filosofia não é, portanto, o pensamento discursivo do mundo da empiria.

Com esta afirmação, terminamos introduzindo um conjunto de distinções muito importantes:

1. Há uma diferença essencial entre o empírico e o filosófico;

2. A distinção implica em separarmos entre a atitude ingênua e objetivista e a atitude reflexiva e crítica;

3. Defendermos então que o pensamento filosófico nos leva a supor, em qualquer texto que tenha validade filosófica, uma estrutura que pode não estar explícita, mas ela se impõe como uma forma que sustenta a unidade do discurso e estabelece um limite para a linguagem;

4. Há, portanto, uma linguagem filosófica propriamente dita que é originada da posição filosófica;

5. A posição filosófica termina fazendo com que a linguagem filosófica e a abordagem dos temas adquiram uma autonomia do mundo da experiência empírica e assim não podem ser interpretados pela remissão a elementos empíricos. Nós somente compreendemos as expressões linguísticas pela sua explicitação. Isso significa em que a leitura irá recorrer, para a interpretação, aos recursos da analítica da linguagem, como a uma hermenêutica reduzida;

6. Mesmo que a hermenêutica ampla ou filosófica nos permita buscar o sentido de textos, ela não nos ajuda na determinação das relações entre os textos de vários autores. Ainda que nela apareça a dimensão filosófica da linguagem, ela tem mais como função desdobrar a historicidade do sentido. A hermenêutica filosófica não constitui uma posição filosófica, menos ainda a posição filosófica como tal. Para ser hermenêutica filosófica ela teve de renunciar ao caráter específico da transcendentalidade;

7. Com esta palavra, chegamos ao elemento característico da posição filosófica, desde a modernidade: o transcendental. Não se trata mais de afirmar a solução kantiana da Filosofia como certa. Não podemos, contudo, eliminar da posição filosófica a herança kantiana do transcendental.

*Esse*, porém, agora *livre* do recurso às condições da experiência possível, subjetivamente necessárias, *exerce*, no entanto, a função de fixar os pontos de limite do conhecimento material e, ao mesmo tempo, ser o fundamento transcendental da experiência objetiva;

8. Esse transcendental que resulta da destranscendentalização kantiana nos deixa com a posição da Filosofia, ainda transcendental, mas reduzida;

9. Hoje a posição filosófica como tal liga-se ao transcendental a partir da linguagem, mas não mais como algo que se reduz à linguagem, apenas vista como semântica. Nesta área se apresentam muitos reducionismos. Como, porém, já foram superadas as posições que colocariam uma significação essencial que garantiria o fundamento da significabilidade da relação linguagem-mundo, esta não deve ser procurada além da linguagem. A linguagem continua o essencial, mas agora concebida como lugar em que *"aparece, na e com a linguagem, aquilo que, como excesso da relação linguagem-mundo transcendendo o juízo, já sempre está aberto na linguagem, sem que enquanto tal excesso (Mehrbestand), possa ser identificado univocamente do ponto de vista lógico"* (Glauner, F., 1998, p. 272, n. 4);

10. Se então distinguimos entre o empírico e o transcendental para dar ênfase ao que denominamos posição filosófica é porque, na função que o transcendental exerce após Kant na Filosofia, se preserva o lugar a partir do qual podemos ver criticamente os textos que se apresentam na Filosofia, sobretudo quando se trata de mais autores. Assim podemos avaliar os temas desses textos e as soluções que eles apresentam. A partir da posição filosófica temos então recursos para a crítica e para a real comparação da originalidade e da produtividade das posições filosóficas.

## — II —

Como exemplo dos problemas de uma posição filosófica, apresentamos a seguir a posição de Tugendhat.

No seu artigo "Fenomenologia e análise linguística" (Bubner; Cramer; Wiehl, 1970, p. 3), E. Tugendhat afirma:

> O confronto aqui visado entre a fenomenologia e a análise da linguagem é um empreendimento relativamente simples. Mais difícil – e mais significativo também – seria o debate entre a análise da linguagem e a hermenêutica. Com a fenomenologia a análise da linguagem concorda, por exemplo, no tocante ao tema, é no método que se distinguem. Aqui, é de se esperar que as duas posições não se completem, mas, ao contrário, se excluam, que apenas uma, portanto, sobreviva ao confronto. Quanto à temática filosófica, a hermenêutica é, em igual medida, mais abrangente do que a análise da linguagem e do que a fenomenologia. Apesar de sua origem na fenomenologia, ela está mais próxima metodicamente da análise lingüística. Pode-se considerar a análise da linguagem como uma hermenêutica reduzida, como o primeiro andar de uma hermenêutica. O que ainda lhe falta é a dimensão histórica e um conceito mais amplo do compreender.

Queremos destacar deste texto: "Aqui, é de se esperar que as duas posições (Grifo E.S.) não se complementem, mas, ao contrário, se excluam, que apenas uma, portanto, sobreviva ao confronto".

A posição filosófica de Tugendhat não vem expressa aqui metaforicamente. Sua posição é radical e se baseia em argumentos. É por isso que ele afirma na nota prévia a *Selbstbewusstsein und Selbsterkenntnis* (Tugendhat, 1979, p. 7) que só há um método na Filosofia: o método analítico-linguístico.

As posições filosóficas dos filósofos parecem ser assim peremptórias, mas em geral trazem as razões para sustentá-las. Apenas a estrutura que as sustenta não vem explícita e nem sempre é facilmente explicitável. Não se trata de razões de ordem lógica apenas, pois essas são sustentadas por elementos transcendentais. E para a apresentação delas o caminho, às vezes, exige uma vida inteira de idas e vindas. Nisso, todavia, a posição filosófica toma sua forma.

Cada filósofo tem o seu caminho, e nele a posição filosófica é o que importa, a partir dela o resto se articula.

Anos depois o autor volta ao problema com a seguinte afirmação:

> Parece-me importante para o tratamento analítico de textos filosóficos, aprender a vê-los de forma não tão monolítica, como eles mesmos se apresentam. O método hermenêutico, que só quer entender a um autor e que considera sua obra como um todo unitário, leva a que não se tome posição nenhuma frente à verdade do dito, ou leva a que só se possa aceitá-lo ou recusá-lo em sua totalidade. Mas a pretensão de verdade de um filósofo só pode ser levada a sério quando se distinguem e consideram, em separado, os diferentes passos e os distintos aspectos de um processo de pensamento (Tugendhat, 1979, p. 180-181).

Aqui nos fala da posição filosófica o segundo período: "O método hermenêutico que só quer entender a um autor e que considera sua obra como um todo unitário, leva a que não se tome posição nenhuma frente à verdade do dito, ou leva a que só se possa aceitá-lo ou recusá-lo em sua totalidade".

Apesar de assumir uma posição filosófica que se apresenta com essa convicção, o caminho de Tugendhat possui seus problemas. É isso que examinaremos para clarear, a partir de um dos melhores exemplos, o que significa sustentar uma posição. Há uma complexidade que somente se compreende quando se avança até a perplexidade do filósofo.

A herança heideggeriana na teoria do significado está presente na análise lógico-analítica de Tugendhat.

Há, no entanto, uma certa *oscilação* entre empirismo e transcendentalismo na analiticidade tugendhateana. Ela é a expressão de sua posição de *hermenêutica reduzida* presente em sua análise lógico-analítica da linguagem. É o *als* (enquanto) hermenêutico em conflito com o *wie* (como) metodológico. Disso decorre sua afirmação de dupla função da Filosofia: ela é, ao mesmo tempo, *explicitação de conceitos* (*wie*) na medida em que são expressões linguísticas, mas referidas ao todo do nosso compreender (*als*).

É isso que é introduzido pela expressão ominosa da *hermenêutica reduzida*. Nela se expressa a tensão entre hermenêutica e analiticidade em Tugendhat e que se transmite para sua posição filosófica.

*A hermenêutica* pretende resolver o problema da *linguagem como um todo*, a *analítica* pretende apresentar o melhor método para fazer a hermenêutica da *linguagem filosófica* (o todo da linguagem).

— III —

A questão toda irá instalar uma tensão na *linguagem filosófica*. Ela possui um *caráter analítico* e ao mesmo tempo preserva um certo *caráter transcendental*. A linguagem filosófica possui uma semântica própria – a *semântica filosófica*, em que se dá o *todo de nosso compreender* (o sentido).

Essa semântica própria, no entanto, se estrutura a partir de *enunciados assertóricos predicativos*, cujo elemento principal é o *significado*.

Se observarmos a fundo a obra da Filosofia teórica de Tugendhat, podemos perceber a tentativa de preservar uma *original* relação entre sentido e significado, entre o *als*, o *enquanto*, no seu lado hermenêutico, e o *als*, o *enquanto*, no seu lado analítico (apofântico) que se mostra como um *wie* – o *como* formal metodológico.

Há uma simpatia pela hermenêutica porque ela consegue se *opor ao método* (hermenêutica plena), mas há, ao mesmo tempo, uma *opção pelo método* analítico-linguístico em que se salva a tarefa da Filosofia como tarefa de clarificação das expressões linguísticas (hermenêutica reduzida).

Se a *hermenêutica* perde em clareza é porque sua pretensão de compreensão vai além da linguagem filosófica e pretende tratar da *linguagem como um todo* (a inclinação é para o todo, a historicidade, o sentido que estão presentes no todo da linguagem), a analítica de Tugendhat pretende salvar a linguagem filosófica (apenas!) e por isso a separa das linguagens naturais, mas a inclinação se dá para o *todo como linguagem* (a analiticidade), o *significado*, que o filósofo pretende tratar na Filosofia, naquela linguagem que é filosófica.

É por isso que Tugendhat descobre, na leitura de *Ser e tempo* de Heidegger, um núcleo de fascínio e motivos de repulsão que teimosamente o levam à obra (afirma que é a mais importante do século), mas que ao mesmo tempo suscitam a sua crítica. A ambivalência pode ser exemplificada na sua leitura da questão da dupla estrutura. Se Heidegger afirma a estrutura de *algo como algo* como sendo a primeira no nível da compreensão, no nível hermenêutico, no nível do sentido, Tugendhat dirá que ele transportou (erradamente), a dupla estrutura do enunciado, o *algo como algo*, primeiro no nível apofântico, no nível de significado, para o nível hermenêutico, afirmando então que esse é primeiro, o sentido.

Tugendhat afirma sua posição diante da metafísica, alertando que ela, e talvez toda a Filosofia, depois de Aristóteles tratou de uma maneira errada, com instrumentos errados e com um método errado, aquilo que como problema estava certo, o ser do ente. A metafísica tratou o *ser* de modo objetificador, porque o pensou como objeto e não como significado, diz Tugendhat. Assim a metafísica se tornou um pensamento objetificador que é preciso ser superado. A superação tugendhateana, porém, traz em si uma tensão por causa do conflito entre hermenêutica e analiticidade, entre historicidade do sentido e método do significado. Podemos dizer que a desconstrução da metafísica que Tugendhat realiza não quer superar a objetificação na direção do sentido, mas radicalizá-la na direção do significado.

Daí decorre a incompreensão do lado hermenêutico de *Ser e tempo* e a interpretação pelo viés apenas analítico. A dupla estrutura de *Ser e tempo*, entretanto, está presente na obra de Filosofia teórica de Tugendhat e se revela na tensão entre sentido e significado, entre hermenêutico e analítico, entre o *als*, o *enquanto* visto mais como *als* e menos como *wie*, e o *wie*, o *como* do método visto mais como *wie*, método, e menos como *als* o *enquanto*, o lugar, o espaço da diferenciação. A oscilação se dá entre identidade (Aristóteles) e diferença (Heidegger).

A consequência disso é a ambiguidade na obra teórica de Tugendhat, que o levou a interromper seu projeto de ir além de Heidegger com *uma nova proposta*, elaborada a partir da questão formal do filósofo, mas substituindo o ser pela negação (nada).

Ainda que por momento possa parecer que a obra teórica de Tugendhat sugere um quase-naturalismo analítico como apresentado em Quine, na medida em que este afirma a analiticidade de todas as proposições e o caráter empírico do *a priori*, a presença da tensão entre hermenêutica e analiticidade afasta-o da proximidade do filósofo de *Word and Object* (Quine, 1960).

Tugendhat, em primeiro lugar, visa à analiticidade das proposições filosóficas. Ele tem repetido, ao longo de toda a sua Filosofia teórica, que está ocupado com a explicitação das expressões linguísticas da Filosofia, com a semântica filosófica, com o método analítico-linguístico aplicado, que procura afirmar-se diante dos outros métodos filosóficos, particularmente do método preso ao modelo de fundamentação baseado no esquema sujeito-objeto.

Em segundo lugar, a *procedência fenomenológica* de Tugendhat já o afastaria de qualquer naturalismo, mas particularmente o levaria a reconhecer *verdadeiros problemas* levantados pelo método heideggeriano, ainda que afirme que há uma falta de clareza, são por *demais* intuitivos, e por isso devem ser e podem ser explicitados pelo método analítico-linguístico.

Em terceiro lugar, Tugendhat está interessado em temas e problemas para cuja análise e solução não se prestam as hipóteses do naturalismo epistemológico de Quine.

Não se pode negar, entretanto, que o autor às vezes parece sugerir que talvez fosse melhor abandonar a distinção entre empírico e transcendental (*a priori* não empírico). Nesse caso, ficaria o problema dos limites da analiticidade, para o qual Quine introduz a impossibilidade da sinonímia perfeita. Não temos a possibilidade de estabelecer perfeita simetria entre significados, de tal maneira que eles se cubram perfeitamente, garantindo a total analiticidade. *Não se pode dizer as mesmas coisas com outras palavras.*

Podemos, no entanto, descobrir que Tugendhat talvez não se possa livrar inteiramente de uma acusação de ser um empirista lógico, porque deixa entrever, por vezes, que seu *a priori* é adquirido ou comportamental, sendo, portanto, empírico. As coisas, porém, não são assim. Tudo indica que a semântica formal que ocupa o lugar da ontologia, a delimitação da sua semântica como instrumento de explicitação das expressões filosóficas, exclui a semântica das linguagens naturais, designando-se por isso semântica filosófica, pressupondo um *a priori* não empírico. Aqui aparece de novo o problema que observamos no caso da objetificação. A semântica formal substitui a ontologia – o ser pelo *como* do significado – em lugar de pensar a diferença ontológica – o ser pelo *como* da compreensão do ser em direção do sentido.

Podemos aproximar, assim, a questão da semântica em Tugendhat da tensão entre analiticidade e hermenêutica. Os limites da analiticidade se dão pelo próprio objeto que são as expressões linguísticas ligadas ao "todo de nosso compreender". A analítica pressupõe e se desenvolve paralelamente à hermenêutica. Isso lhe põe um limite, e desfaz a impressão de uma analiticidade pura. O *a priori* para a analítica flui da hermenêutica (reduzida!) que surge do "todo do nosso compreender".

Se lermos a Filosofia de Tugendhat por esse viés, ele não deve ser pensado como um empirista lógico ou simpático de um naturalismo semântico.

O que aqui efetivamente nos importou, sobretudo, foi mostrar como uma posição filosófica tem seu caminho próprio. Quisemos deixar entrever como a apoditicidade é uma espécie de horizonte que buscamos. A posição filosófica não se esgota no método, nem apenas em bons argumentos lógicos. Ela é um caminho.

# Referências


ARISTÓTELES. De anima, Livro G 8, 431 cap. 21.

CLAIR, Jean. *Malinconia* – Motifs saturniens dans l'art de l'entre-deux-guerres. Paris: Gallimard, 1996.

DAVID-MÉNARD, Monique. "Singularité" dans la psychanalyse, singularité de la psychanalyse. In: *Rue Descartes/22*. Paris: PUF, 1998.

DERRIDA, J. *L'écriture et la difféerence*. Paris: Le Seuil, 1967.

——. *La dissémination*. Paris: Le Seuil, 1972.

——. *Marges de la philosophie*. Paris: Minuit, 1972.

——. *Gramatologia*. São Paulo: Perspectiva, 1998.

——. *Lettre à um ami japonais*. In: Psyché, Paris: Galilée, 1987.

——. *Psyché. Inventions de L'autre*. Paris: Galilée, 1987.

——. *De l'esprit. Heidegger et la question*. Paris: Galilée, 1987.

——. Points de suspension. Paris: Galilée, 1992.

FINK, Eugen, F. *Studien zur Phänomenologie, 1930-1939*. Den Haag: Martinus Nijhoff, 1966.

FRANK, M. *Das Sagbare und das Unsagbare*. Frankfurt am Main: Suhrkamp, 1989.

——. *Selbstbewusstsein und Selbsterkenntnis*. Stuttgart: Reclam, 1991.

——. *Conditio Moderna* – Essays, Reden, Programm. Leipzig: Reclam, 1993.

FREUD, S. *Jenseits des Lustprinzips*, Gesammente Werke, London: Imago, Vol. 13, 1940.

——. *Neue Folge der Vorlesungen zur Einführung in die Psychoanalyse*, Gesammelte Werke. London: Imago, 1940

——. *Fragment of an Analysis of a Case of Hysteria*. In: Dora: An Analysis of a Case of Histeria, ed. Philip Rieff, New York: Collier, 1963.

——. *Übersicht der Übertragungsneurosen*. Ein bisher unbekanntes Manuskript. Darmstadt, 1985.

GADAMER, H.-G. *Hermeneutik im Rückblick*. Tübingen: J. C. B. Mohr (Paul Siebeck), 1995.

——. *Et pourtant: Puissance de la bonne volonté (une réplique à Jacques Derrida)*. In: Revue Internationale de Philosophie, Bookkhaven (U.S. only) Presses Universitaire de France, ano 38, fasc. 4, 1984.

GADEA, O. P. "Onetti" *Ahora*, Montevideo, 1973.

GLAUNER, F. *Der transzendentaler Ort der Rede von Sprachtranszendenz*. Zu den Grundlagen einer Metakritik der sprachanalytischen Kantkritik. In: *Kant-Studien*, ano 89, vol. 3. Berlin: Walter de Gruyter, 1998.

GUMBRECHT, H-U, *Déconstruction desconstructet*. Philosophische Rundschau. München: Mohr Siebeck, ano 33, 1986.

HEIDEGGER, M. *Grundprobleme der Phänomenologie*. Frankfurt a.M.: Vittorio Klostermann. G. A., 1975. vol. 24.

——. *Sein und Zeit*. Tübigen: Max Verlag, 14. ed. 1977a.

——. *Sein und Zeit*. Tübingen: Neomarius Verlag, 1949.

——. *Wegmarken*. Frankfurt: a. M., Vittorio Klostermann, 1967.

——. *Sein und Zeit*. Max Niemeier Verlag. 14. ed. revista. Tübingen, 1977b.

——. *Bremer und Freiburger Vorträge*. Frankfurt: a. M.: Vittorio Klostermann, 1994.

——. *Beiträge zur Philosophie (Vom Ereignis)*. GA v. 65, Frankfurt a.M.: Vittorio Klostermann, 1989.

——. *Hölderlins Hymne Andenken*, GA, v. 52, Frankfurt a.M.: Suhrkamp, 1982.

——. *Holzwege*, Frankfurt: a. M., Vittorio Klostermann, 1952.

——. *Jenseits des Lustprinzips* – Gesammelte Werke, London: Imago. V. 13.

——. Letre à um ami japonais. In: *Psyché*, Galilé, 1987.

——. *Über den Humanismus*. Frankfurt a. M.: Vittorio Klostermann: Surhkamp, 1947.

——. *Einführung in die Metaphisik*, GA v. 40, Frankfurt a. M.: Vittorio Klostermann, 1983.

——. *Lettre a Monsieur Beaufret*. In: Lettre sur L'humanisme. Trad. por Roger Munier. Paris: Aubier, 1957.

——. *Der deutsche Idealismus*. Fichte, Schelling e Hegel. Frankfurt: a. M.: Vittorio Klostermann, 1997.

——. *Metaphysische Anfangsgründe der Logik*. Frankfurt: a. M.: Vittorio Klostermann, 1978.

——. *Sobre a essência do fundamento*.

——; ARENDT, H. *Briefe*. Frankfurt: am Main: Vittorio Klostermann, 1998.

——; JASPERS, K. *Briefwechsel*. Frankfurt: a. M., Vittorio Klostermann, 1990.

HERTZ, N. *O fim da linha* – ensaios sobre psicanálise e o sublime. Rio de Janeiro: Imago, 1994.

LACAN, J. *O Seminário*. Livro 4. A relação de objeto. Rio de Janeiro: Jorge Zahar Editor, 1995.

ONETTI, J. C. *Los adioses*. Bogotá: Grupo Editorial Norma, 1996.

QUINE, V. V. O. *Word and Object*. New York, 1960.

RÖTZER, F. *Französiche Philosophen im Gespräch*. München: Boer, 1987.

SAFRANSKI, R. *Ein Meister aus Deutschland*. Heidegger und seine Zeit. Frankfurt: a. M., Fischer, 1997.

STEIN, E. *Seis estudos sobre Ser e tempo*. Petrópolis: Vozes, 1990

TAYLOR, Ch. *Argumentos filosóficos*. Barcelona: Ediciones Paidós Ibérica, 1997.

TUGENDHAT, E. *Phänomenologie und Sprachanalyse*. In: BUBNER, R.; CRAMER, K.; WIEHL, R. (Ed.). *Hermeneutik und Dialektik*. Tübingen: J. C. B Mohr (Paul Siebeck), 1970.

——. *Selbstbewusstsein und Selbstbestimmung*. Sprach-analytische Interpretationen. Frankfurt: a. M.: Suhrkamp, 1979.

——. *Einführung in die Sprachanalytische Philosophie*. Frankfurt: a. M.: Suhrkamp, 1976.

——. *Überlegungen zur Methode der Philosophie aus analytischer Sicht*. In: Zwischenbetrachtungen. Im Prozess der Aufklärung. Axel Honneth et alii Frankfurt: a. M.: 1989.

VERANI, H. *La ambigüedad como factor estético: Los adioses*. In: A propósito de J. C. Onetti y su obra. Bogotá: Editorial Norma, 1996.

WAELHENS, A. de. *Nature humaine et compréhension de l'être*. In: Revue Philosophique de Louvain. Editions de l'Institut Supérieur de Philosophie, Tome 59, n. 64, 1961.

WITTGENSTEIN, L. *Vorlesungen 1930-1935*. Frankfurt: a. M.: 1984.

***Impressão:***
Evangraf
Rua Waldomiro Schapke, 77 - POA/RS
Fone: (51) 3336.2466 - (51) 3336.0422
E-mail: evangraf.adm@terra.com.br